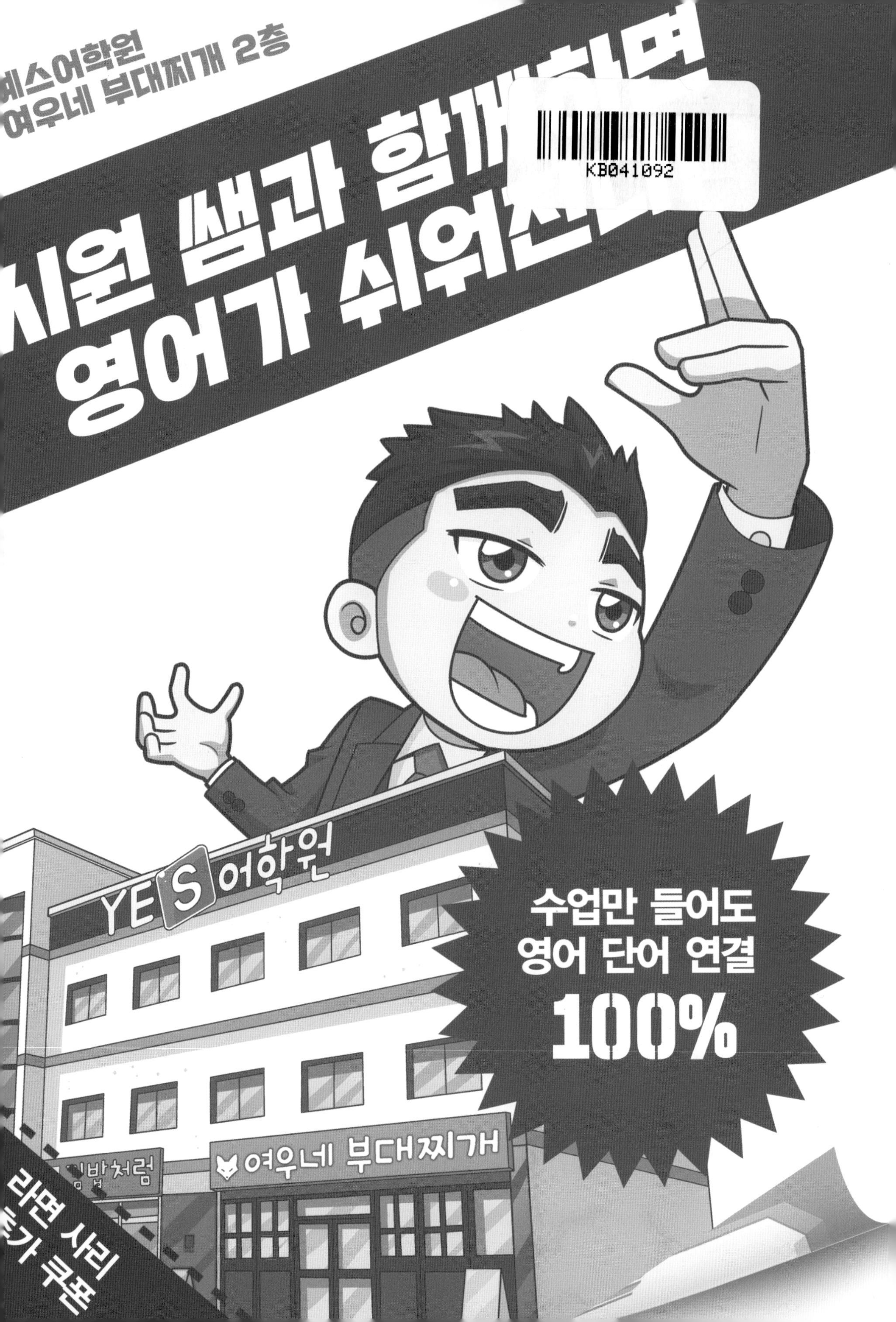

예스어학원
여우네 부대찌개 2층
시원 쌤과 함께
영어가 쉬워
수업만 들어도
영어 단어 연결
100%
YES어학원
여우네 부대찌개
라면 사리
가 쿠폰

예스잉글리시 신입 단원 모집

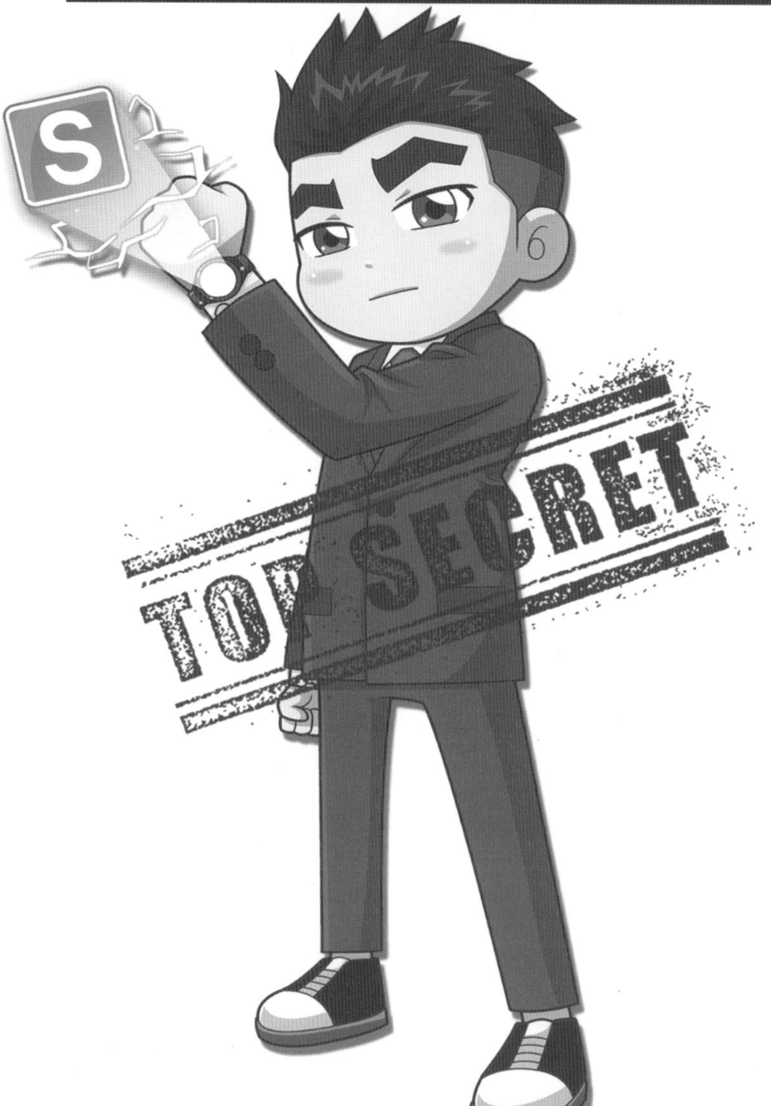
S
TOP SECRET

코드 네임 : 에스원 요원과 영어 유니버스를 구하라!

English Adventure
이시원의 영어 대모험

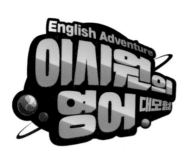

일러두기

이 책의 만화에 나오는 영어 문장 중 일부는 이야기의 자연스러운 이해를 위해 의역했습니다.
그 외의 영어 문장은 학습적인 이해를 돕기 위해 직역했습니다.

이시원의 영어 대모험 ⑥
현재 진행형

기획 시원스쿨 | **글** 박시연 | **그림** 이태영

1판 1쇄 발행 | 2020년 11월 18일
1판 3쇄 발행 | 2023년 7월 1일

펴낸이 | 김영곤
이사 | 은지영
키즈스토리본부장 | 김지은
키즈스토리2팀장 | 윤지윤 **기획개발** | 최지수 강혜인
아동마케팅영업본부장 | 변유경
아동마케팅1팀 | 김영남 황혜선 이규림 정성은
아동마케팅2팀 | 임동렬 이해림 안정현 최윤아
아동영업팀 | 한충희 강경남 오은희 김규희 황성진
디자인 | 임민지

펴낸곳 | (주)북이십일 아울북
등록번호 | 제406-2003-061호
등록일자 | 2000년 5월 6일
주소 | 경기도 파주시 회동길 201(문발동) (우 10881)
전화 | 031-955-2107(기획개발), 031-955-2100(마케팅·영업·독자문의)
브랜드 사업 문의 | license21@book21.co.kr
팩시밀리 | 031-955-2177
홈페이지 | www.book21.com

ISBN 978-89-509-8497-7
ISBN 978-89-509-8491-5(세트)

• 잘못 만들어진 책은 **구입하신 서점**에서 교환해 드립니다.
• 가격은 책 뒤표지에 있습니다.
⚠ 주의 1. 책 모서리가 날카로워 다칠 수 있으니 사람을 향해 던지거나 떨어뜨리지 마십시오.
      2. 보관 시 직사광선이나 습기 찬 곳을 피해 주십시오.

•제조자명 : (주)북이십일
•주소 및 전화번호 : 경기도 파주시 회동길 201(문발동) / 031-955-2100
•제조연월 : 2023.07.01
•제조국명 : 대한민국
•사용연령 : 3세 이상 어린이 제품

만 화 로 시 작 하 는 이 시 원 표 초 등 영 어

English Adventure

이시원의 영어 대모험 6

기획 시원스쿨
글 박시연
그림 이태영

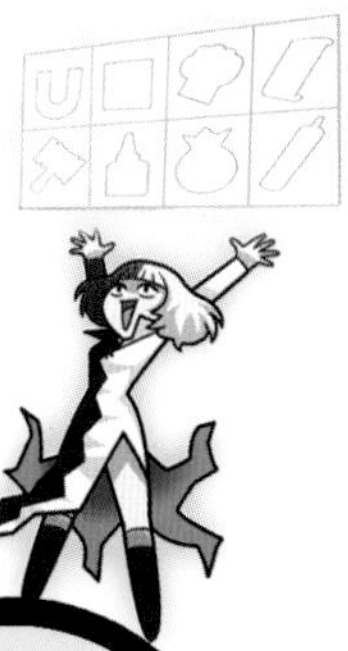

현재 진행형

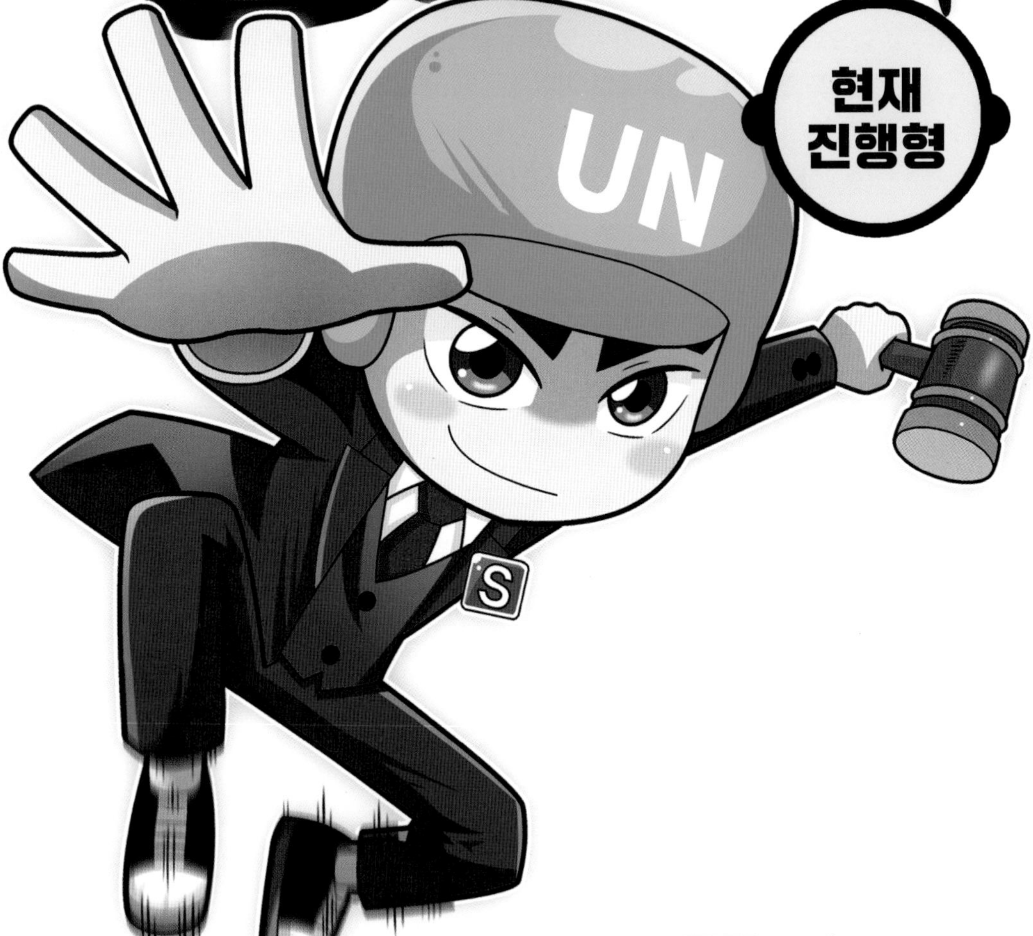

UN
S

아울북 × S 시원스쿨닷컴

작가의 말

안녕하세요? 시원스쿨 대표 강사 이시원 선생님이에요. 여러분은 영어를 좋아하나요? 아니면 영어가 어렵고 두려운가요? 혹시 영어만 생각하면 속이 울렁거리고 머리가 아프진 않나요? 만약 그렇다면 지금부터 선생님이 영어와 친해지는 방법을 가르쳐 줄게요.

하나, 지금까지 배운 방식과 지식을 모두 지워요!

보기만 해도 스트레스를 받고, 나를 힘들게 만드는 영어는 이제 잊어버려요. 선생님과 함께 새로운 마음으로 영어를 다시 시작해 봐요.

둘, 하나를 배우더라도 정확하게 습득해 나가요!

눈으로만 배우고 지나가는 영어는 급할 때 절대로 입에서 나오지 않아요. 하나를 배우더라도 완벽하게 습득해야 어디서든 자신 있게 영어로 말할 수 있어요.

셋, 생활 속에서 자주 쓰이는 표현을 배워요!

우리 생활에서 쓸 일이 별로 없는 단어를 오래 기억할 수 있을까요? 자주 사용하는 단어 위주로 영어를 배워야 쓰기도 쉽고 잊어버리지도 않겠죠? 자연스럽게 영어가 튀어나올 수 있도록 여러 번 말하고, 써 보면서 잊지 않게 하는 것이 중요해요.

이 세 가지만 지키면 어느새 영어가 정말 쉽고, 재밌게 느껴질 거예요. 그리고 이 세 가지를 충족시키는 힘이 바로 이 책에 숨어 있어요. 여러분이 〈이시원의 영어 대모험〉을 읽는 것만으로도 최소한 영어 한 문장을 습득할 수 있어요.

단어와 단어를 연결하는 방법도 자연스럽게 익히게 될 거예요. 게다가 영어에 관련된 흥미로운 이야기들을 알게 되면 영어가 좀 더 친숙하고 재미있게 다가올 거라 믿어요!

자, 그럼 만화 속 '시원 쌤'과 신나는 영어 훈련을 하면서 모두 함께 영어의 세계로 떠나 볼까요?

시원스쿨 기초영어 대표 강사 **이시원**

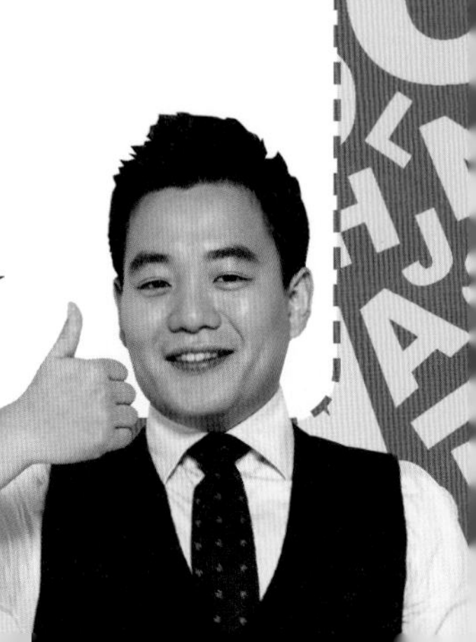

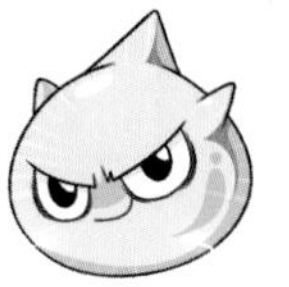

영어와 친해지는 영어학습만화

영어는 이 자리에 오기까지 수많은 경쟁과 위험을 물리쳤답니다. 영어에는 다른 언어와 부딪치고 합쳐지며 발전해 나간 강력한 힘이 숨겨져 있어요. 섬나라인 영국 땅에서 시작된 이 언어가 어느 나라에서든 통하는 세계 공용어가 되기까지는 마치 멋진 히어로의 성장 과정처럼 드라마틱하고 매력적인 모험담이 있었답니다. 이 모험담을 듣게 되는 것만으로도 우리 어린이들은 영어를 좀 더 좋아하게 될지도 몰라요.

영어는 이렇듯 강력하고 매력적인 언어지만 친해지기는 쉽지 않아요. 우리 어린이들에게 영어는 어렵고 힘든 시험 문제를 연상시키지요. 영어를 잘하면 장점이 많다는 것은 알지만 영어를 공부하는 과정은 어렵고 힘들어요. 이 책에서 시원 쌤은 우리 어린이 주인공들과 영어 유니버스라는 새로운 세계로 신나는 모험을 떠난답니다.

여러분도 엄청난 비밀을 지닌 시원 쌤과 미지의 영어 유니버스로 모험을 떠나 보지 않을래요? 영어 유니버스의 어디에선가 영어를 좋아하게 된 자신의 모습을 발견하게 될지도 몰라요.

글 작가 **박시연**

영어의 세계에 빠져드는 만화

영어 공부를 시작하는 어린이들은 모두 자기만의 목표를 가지고 있을 거예요. 영어를 잘해서 선생님께 칭찬받는 모습부터 외국 친구들과 자유롭게 영어로 소통하는 모습, 세계적인 유명인이 되어서 영어로 멋지게 인터뷰하는 꿈까지도요.

이 책에서는 어린이들이 공감할 수 있도록 영어를 배우며 느끼는 기분, 상상한 모습들을 귀엽고 발랄한 만화로 표현했어요. 이 책을 손에 든 어린이들은 만화 속 인물들에게 무한히 공감하며 이야기에 빠져들 수 있을 거예요. 마치 내가 시원 쌤과 함께 멋진 모험을 떠나는 것 같은 기분을 느낄 수 있도록요.

보는 재미와 읽는 재미를 함께 느낄 수 있는 만화를 통해 영어의 재미도 발견하기를 바라요!

그림 작가 **이태영**

차례

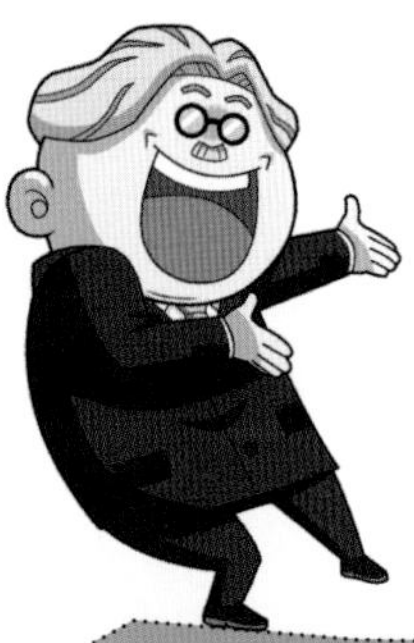

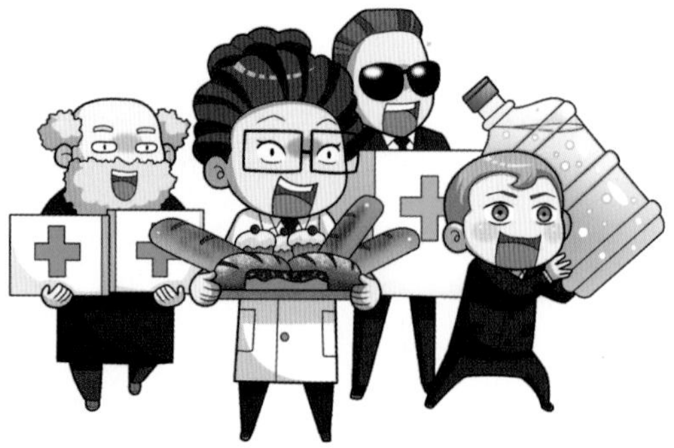

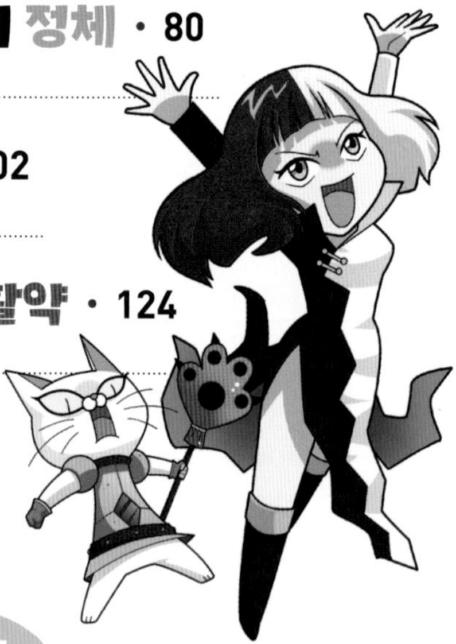

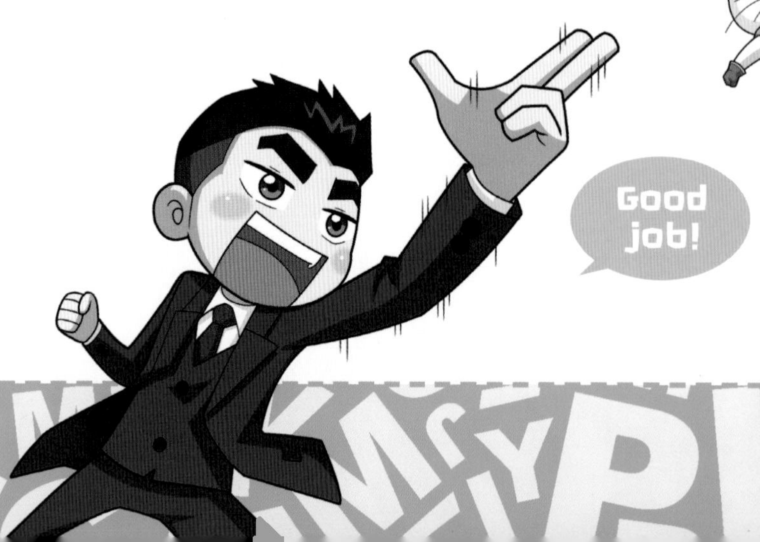

Good job!

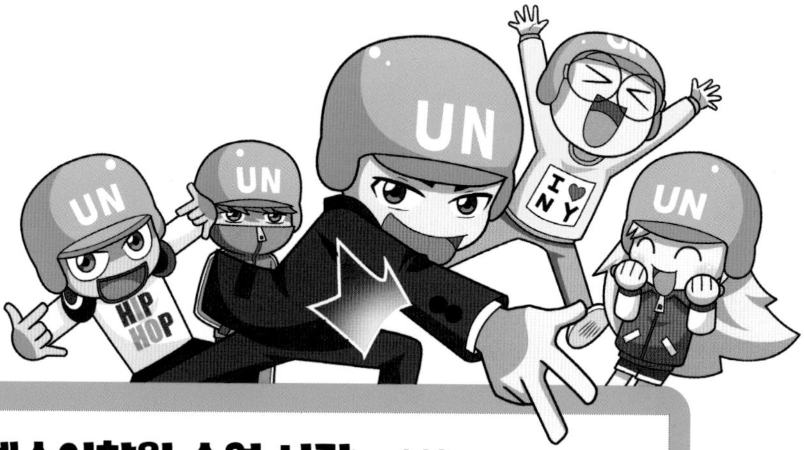
UN
UN
UN
UN
HIP HOP
I NY

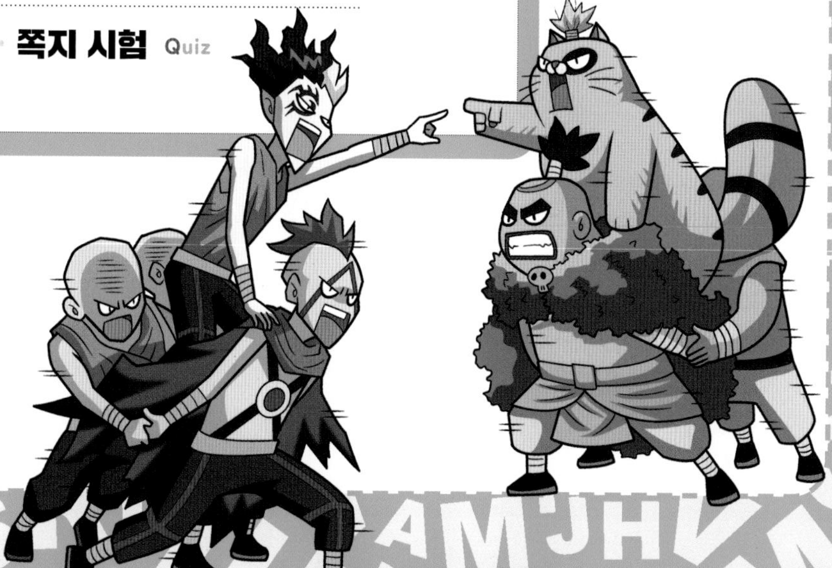

등장인물

영어를 싫어하는 자,
모두 나에게로 오라!
굿 잡!

시원 쌤

비밀 요원명 에스원(S1)
직업 영어 선생님
좋아하는 것 영어, 늦잠, 힙합
싫어하는 것 노잉글리시단
취미 연설하기
특기 깜짝 공연하기
성격 귀차니스트 같지만 완벽주의자
좌우명 영어는 내 인생!

부대찌개 먹으러
우리 가게에 와용,
오케이?

폭스

비밀 요원명 에프원(F1)
직업 여우네 부대찌개 사장님

영어가 싫다고?!
내가 더더더 싫어지게
만들어 주마!

트릭커

직업 한두 개가 아님
좋아하는 것 영어 싫어하는 아이들
싫어하는 것 영어, 예스잉글리시단
취미 분장하기
특기 이간질하기
성격 우기기 대마왕
좌우명 영어 없는 세상을 위하여!

냥냥라이드에 태워 줄 테니
쭈루 하나만 줄래냥~!

빅캣

좋아하는 것 캐트닙, 쭈루
싫어하는 것 예스잉글리시단

내 방송 꼭 구독 눌러 줘!

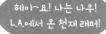

헤이~요! 나는 나우! L.A.에서 온 천재 래퍼!

...

역시 예스어학원으로 옮기길 잘했어!

루시

좋아하는 것 너튜브 방송,
            후의 생각 읽기
싫어하는 것 나우
좌우명 일단 찍고 보자!

나우

좋아하는 것 랩, 힙합,
            루시 골탕 먹이기
싫어하는 것 영어로 말하기,
            혼자 놀기
좌우명 인생은 오로지 힙합!

후

좋아하는 것 축구
싫어하는 것 말하기
좌우명 침묵은 금이다!

리아

좋아하는 것 시원 쌤 응원하기
싫어하는 것 빅캣 타임
좌우명 최선을 다하자!

파~ 하하하! 나만 믿고 따라와!

유엔 사무총장

흥흥! 진짜 주인공은 나야!

Chapter 1

유엔에서 온 초대장

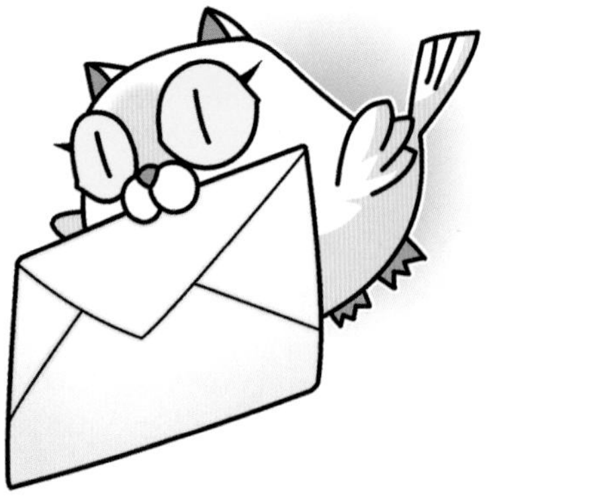

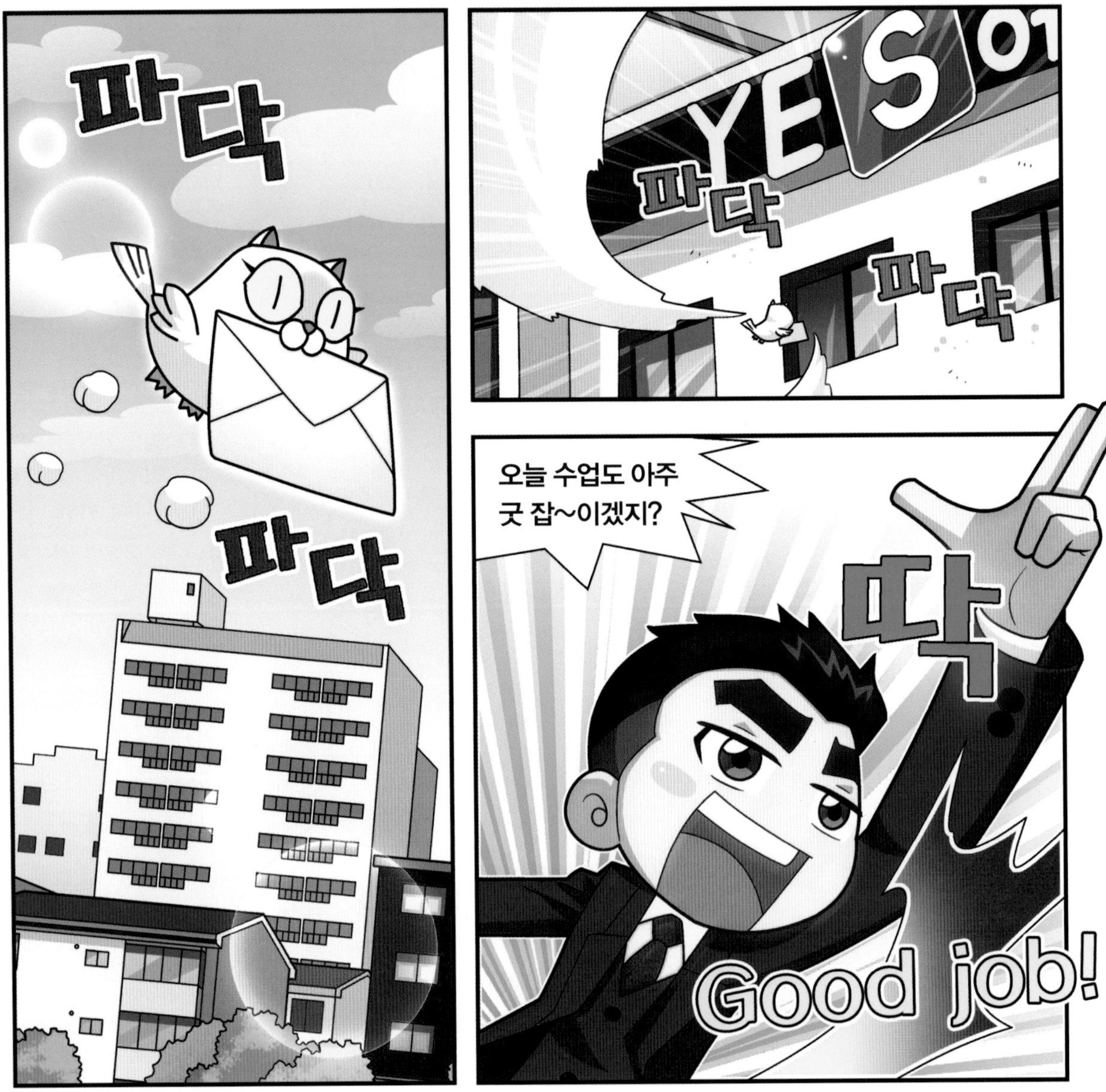

파닥
파닥
YES
파닥
파닥
오늘 수업도 아주 굿 잡~이겠지?
딱
Good job!

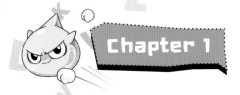

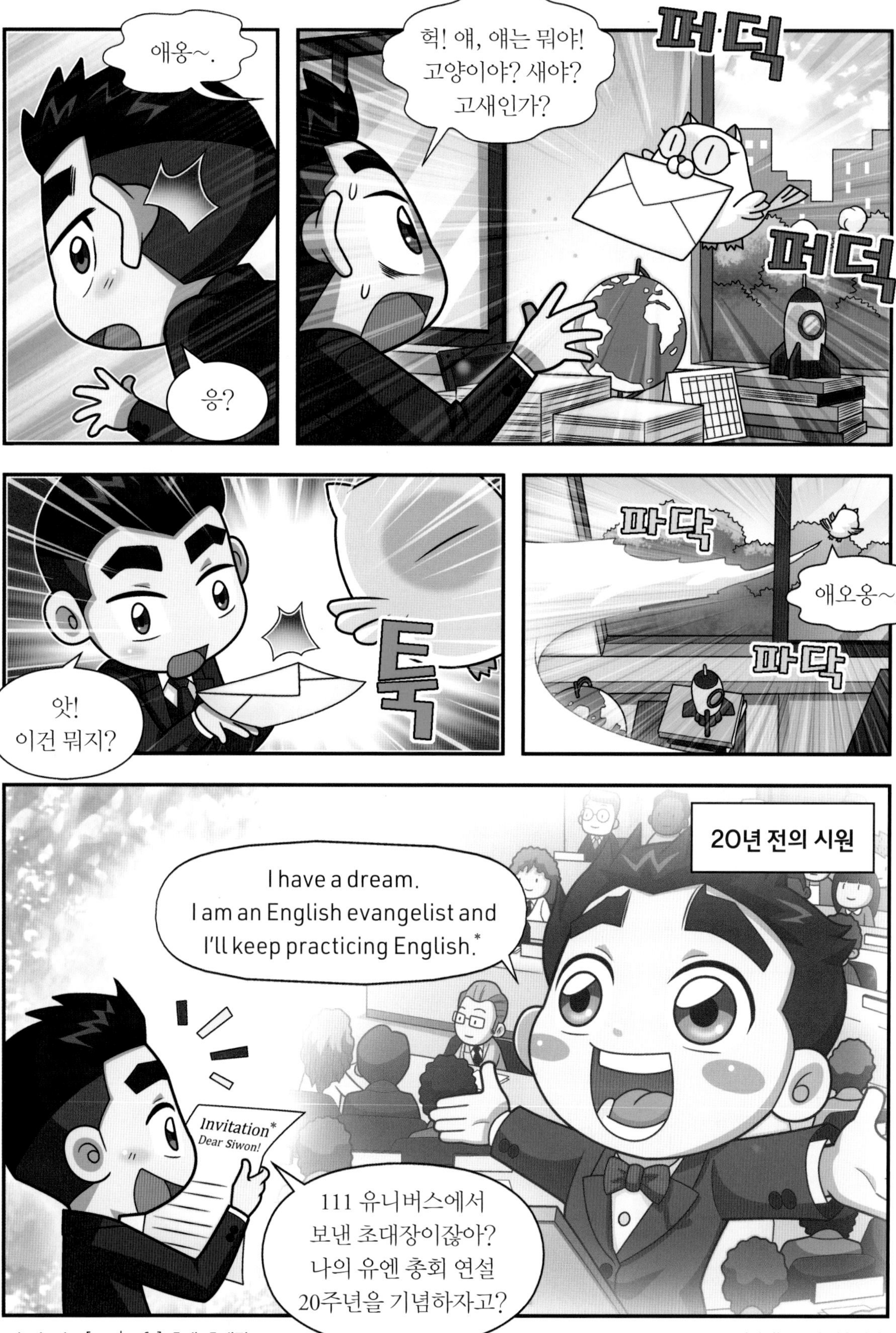

애옹~.
응?
헉! 얘, 얘는 뭐야!
고양이야? 새야?
고새인가?
퍼덕
퍼덕
톡
앗!
이건 뭐지?
파닥
애오옹~.
파닥
20년 전의 시원
I have a dream.
I am an English evangelist and
I'll keep practicing English.*
Invitation*
Dear Siwon!
111 유니버스에서
보낸 초대장이잖아?
나의 유엔 총회 연설
20주년을 기념하자고?

* invitation[ˌɪnvɪˈteɪʃn]: 초대, 초대장.

* 저에게는 꿈이 있습니다.
저는 영어 전도사이며, 영어 실력을 계속 갈고닦을 거예요.

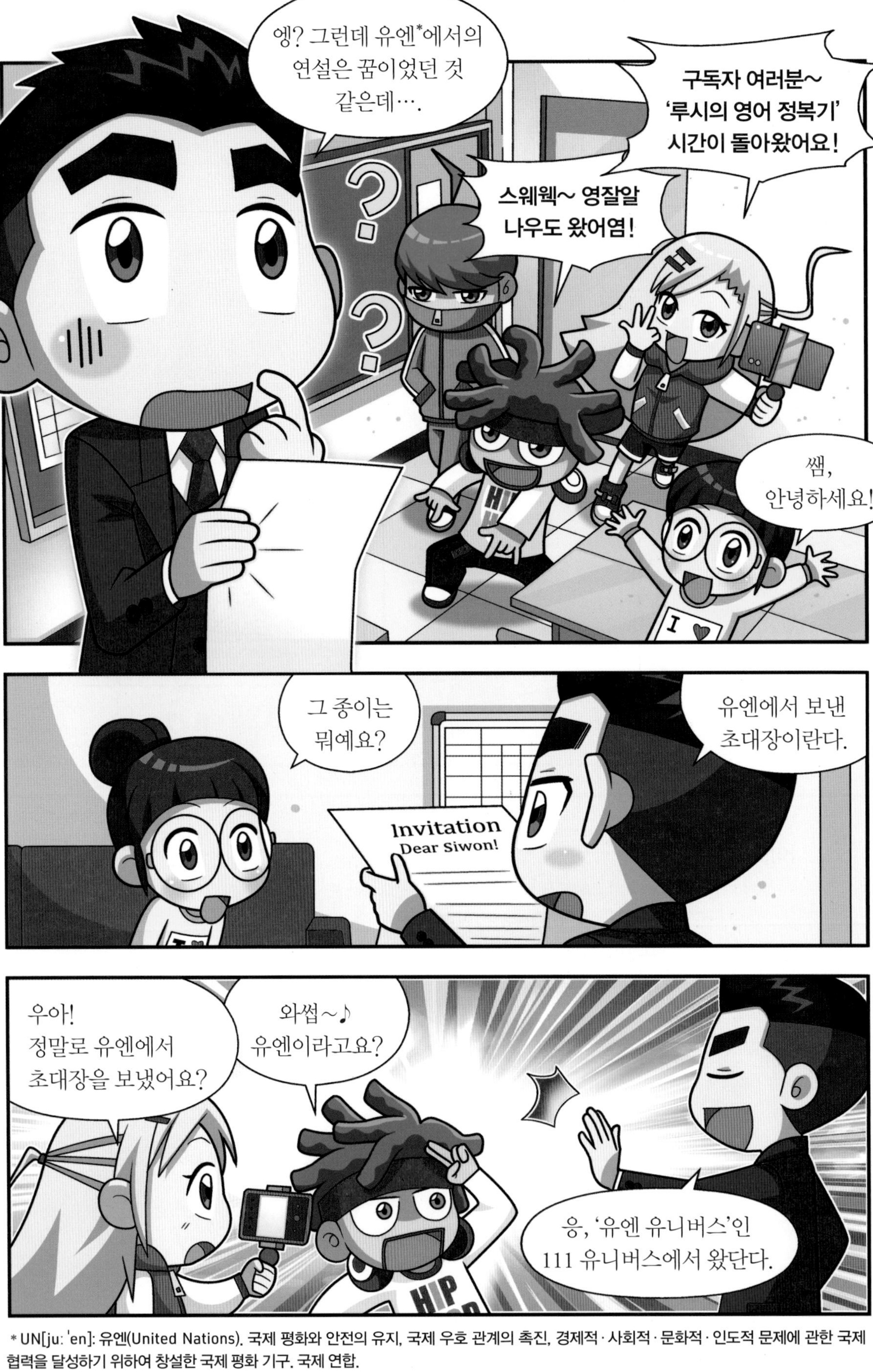
엥? 그런데 유엔*에서의 연설은 꿈이었던 것 같은데….
구독자 여러분~ '루시의 영어 정복기' 시간이 돌아왔어요!
스웨웩~ 영잘알 나우도 왔어염!
쌤, 안녕하세요!
그 종이는 뭐예요?
유엔에서 보낸 초대장이란다.
Invitation
Dear Siwon!
우아! 정말로 유엔에서 초대장을 보냈어요?
와썹~♪ 유엔이라고요?
응, '유엔 유니버스'인 111 유니버스에서 왔단다.

* UN[juː ˈen]: 유엔(United Nations). 국제 평화와 안전의 유지, 국제 우호 관계의 촉진, 경제적·사회적·문화적·인도적 문제에 관한 국제 협력을 달성하기 위하여 창설한 국제 평화 기구. 국제 연합.

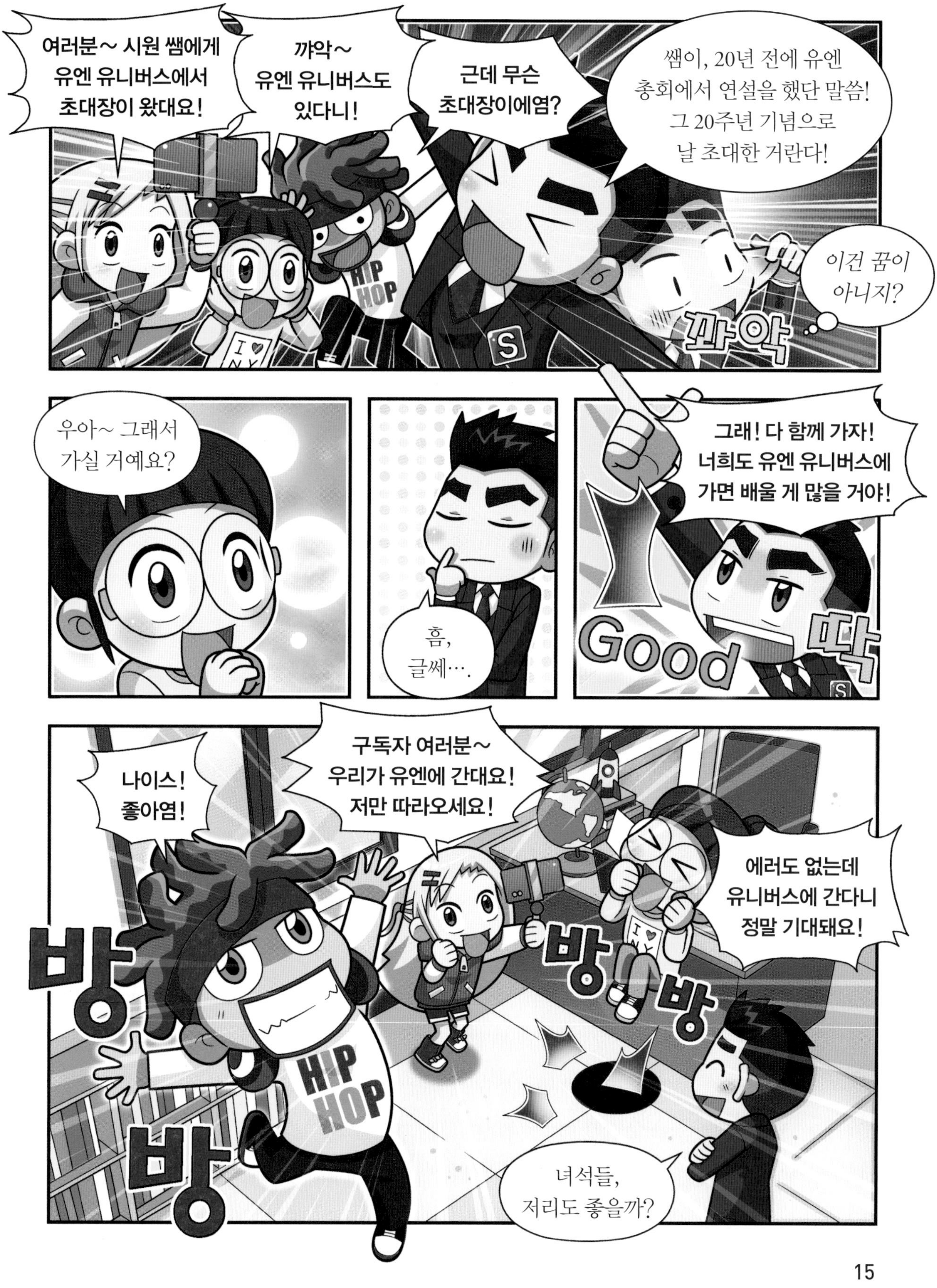

여러분~ 시원 쌤에게 유엔 유니버스에서 초대장이 왔대요!
꺄악~ 유엔 유니버스도 있다니!
근데 무슨 초대장이에염?
쌤이, 20년 전에 유엔 총회에서 연설을 했단 말씀! 그 20주년 기념으로 날 초대한 거란다!
이건 꿈이 아니지?
꽈악
우아~ 그래서 가실 거예요?
흠, 글쎄….
그래! 다 함께 가자! 너희도 유엔 유니버스에 가면 배울 게 많을 거야!
Good
딱
나이스! 좋아염!
구독자 여러분~ 우리가 유엔에 간대요! 저만 따라오세요!
에러도 없는데 유니버스에 간다니 정말 기대돼요!
방방
방방
녀석들, 저리도 좋을까?

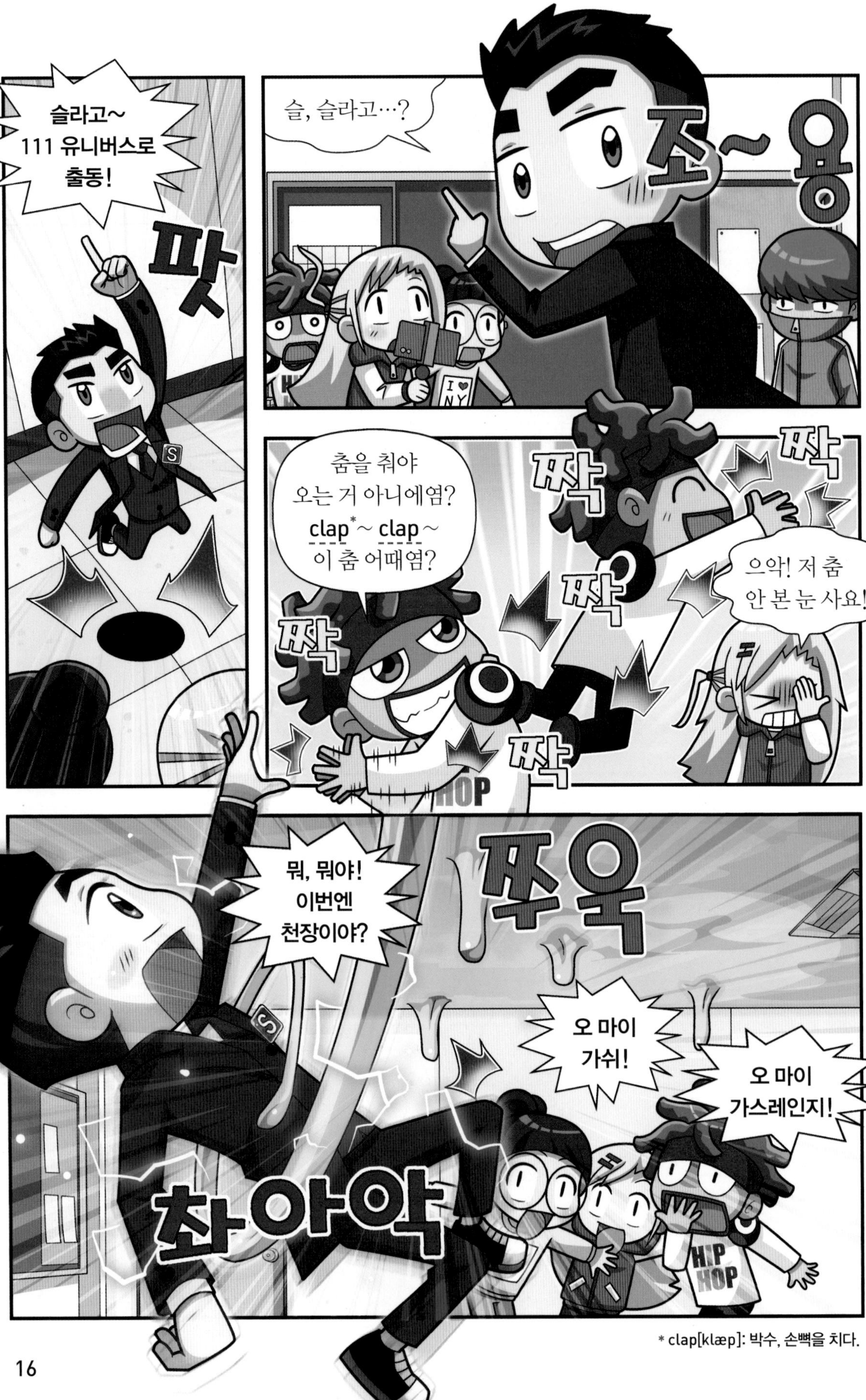
슬라고~ 111 유니버스로 출동!
팟
슬, 슬라고…?
조~용
춤을 춰야 오는 거 아니에염? clap*~ clap~ 이 춤 어때염?
짝
짝
짝
짝
짝
으악! 저 춤 안 본 눈 사요!
HOP
뭐, 뭐야! 이번엔 천장이야?
쭈욱
오 마이 가쉬!
오 마이 가스레인지!
촤아악
HIP HOP

* clap[klæp]: 박수, 손뼉을 치다.

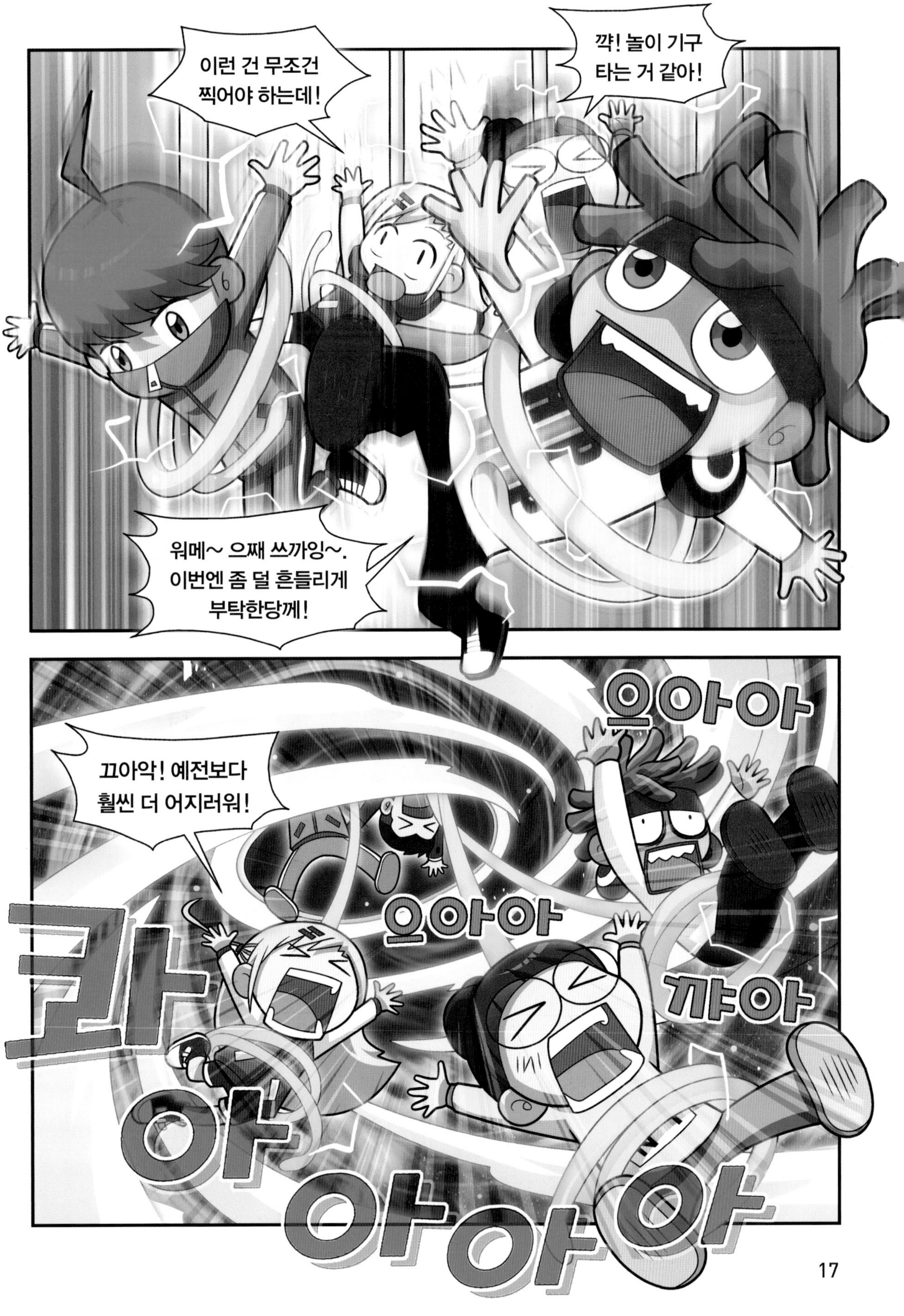

이런 건 무조건 찍어야 하는데!
꺅! 놀이 기구 타는 거 같아!
워메~ 으째 쓰까잉~. 이번엔 좀 덜 흔들리게 부탁한당께!
으아아
끄아악! 예전보다 훨씬 더 어지러워!
으아아
꺄아
콰아아아아

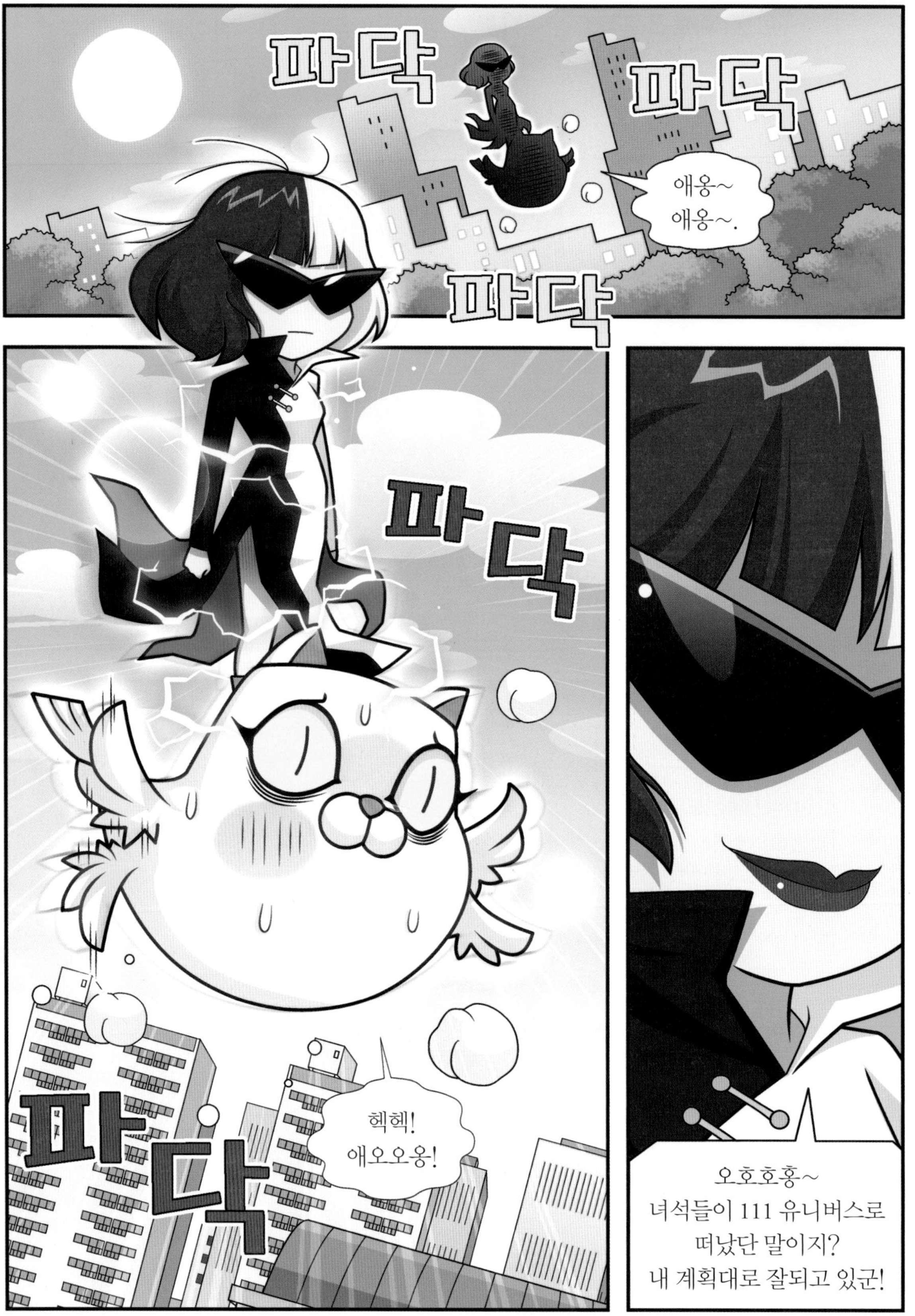
파닥
파닥
애옹~
애옹~.
파닥
파닥
파닥
헥헥!
애오오옹!
오호호홍~
녀석들이 111 유니버스로
떠났단 말이지?
내 계획대로 잘되고 있군!

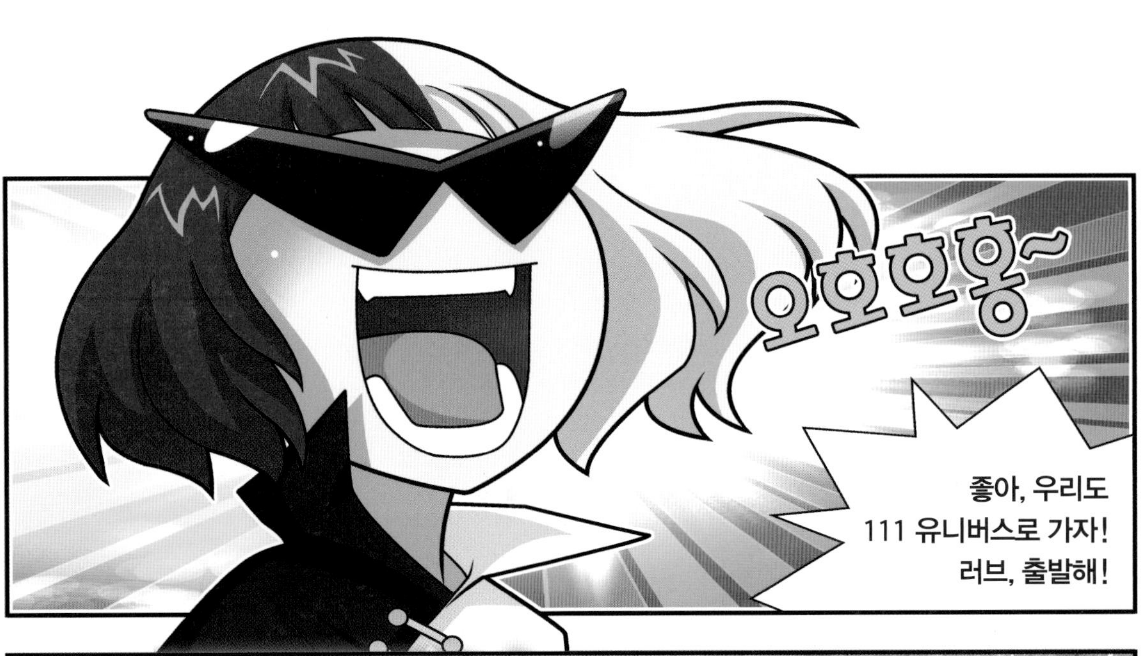
오호호홍~
좋아, 우리도
111 유니버스로 가자!
러브, 출발해!

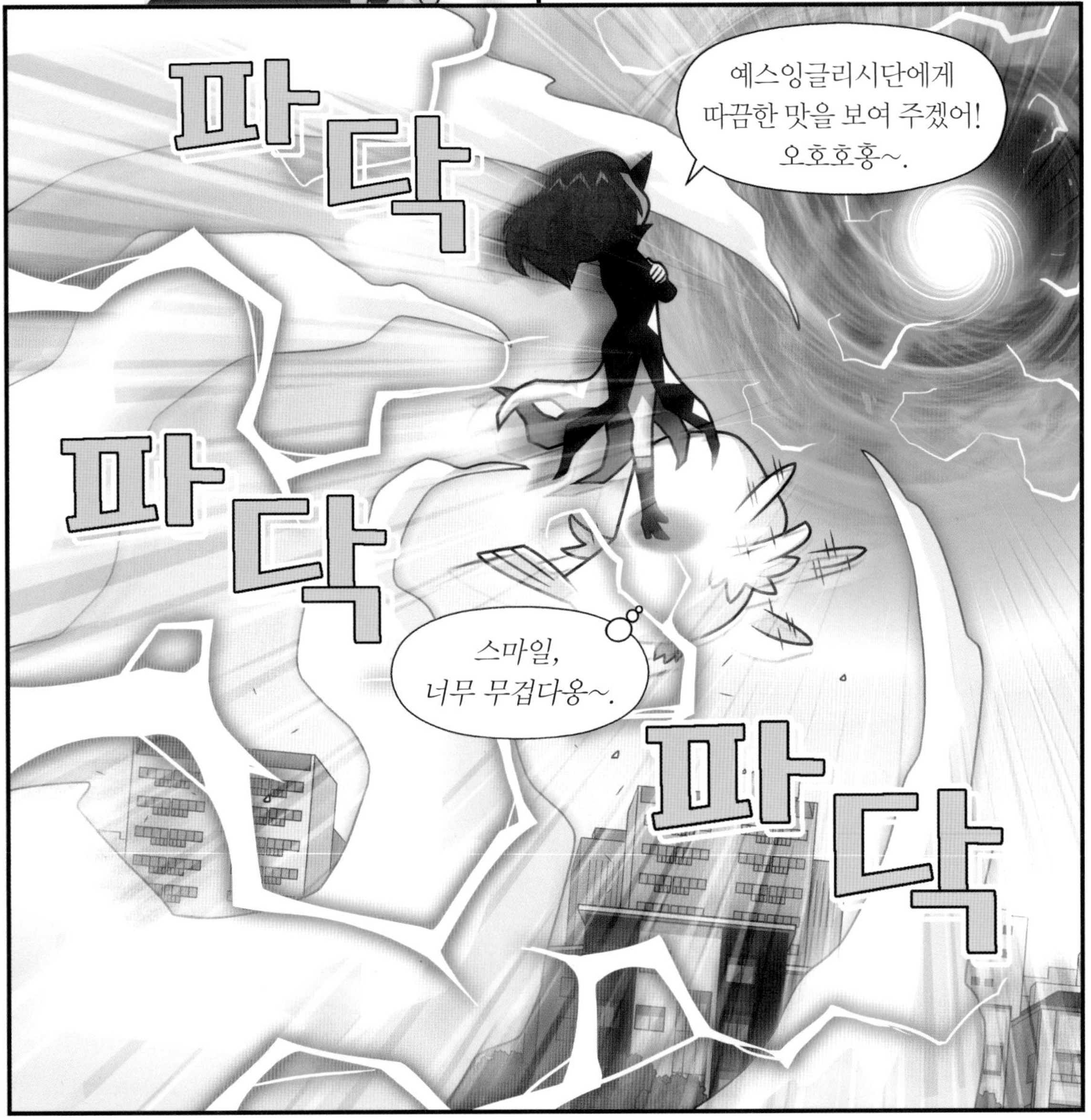
파닥
예스잉글리시단에게
따끔한 맛을 보여 주겠어!
오호호홍~.
파닥
스마일,
너무 무겁다옹~.
파닥

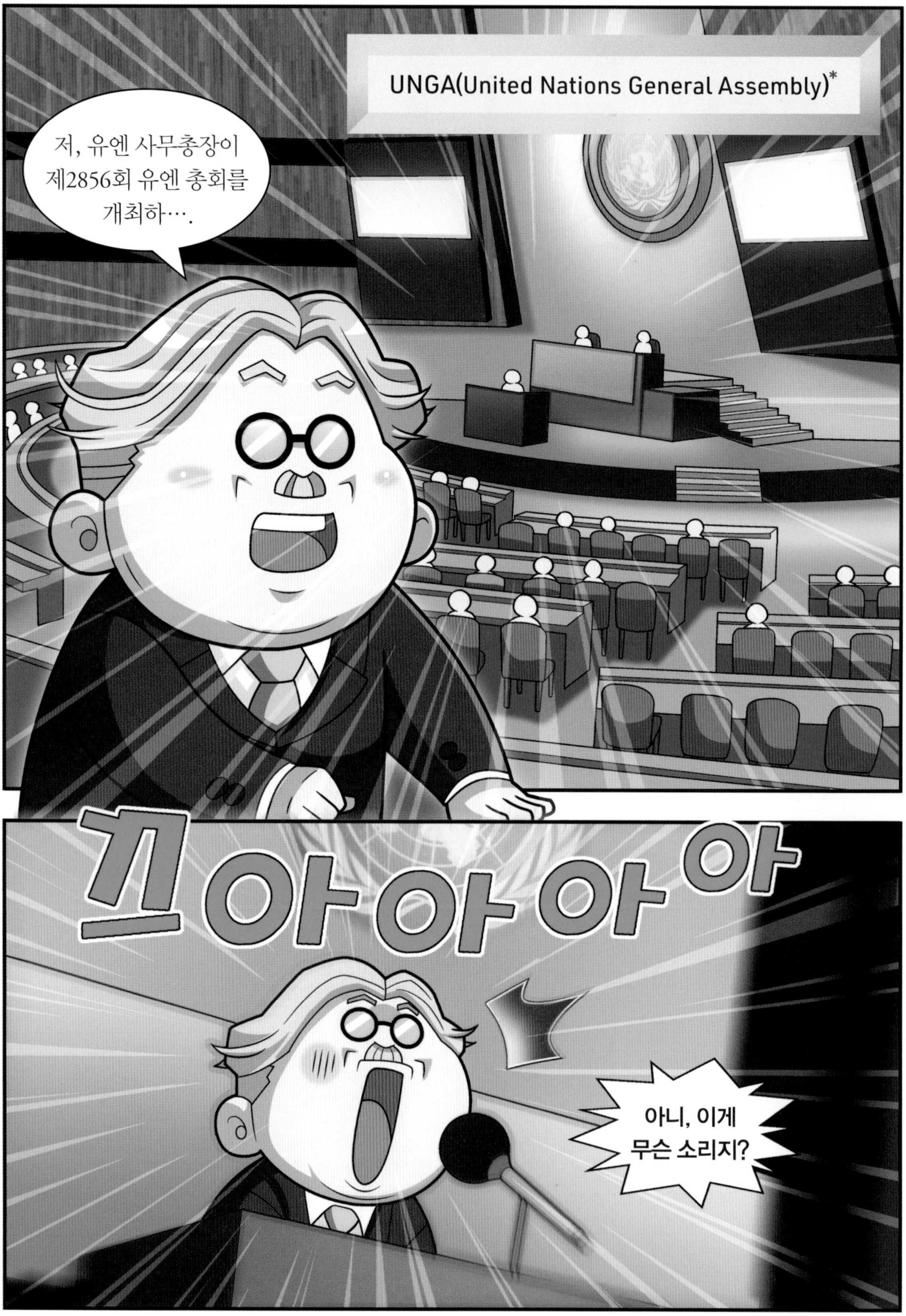
UNGA(United Nations General Assembly)*
저, 유엔 사무총장이 제2856회 유엔 총회를 개최하….
끄아아아아
아니, 이게 무슨 소리지?

* UNGA: 유엔 총회. 유엔의 모든 업무를 결정하는 최고 의사 결정 기관.

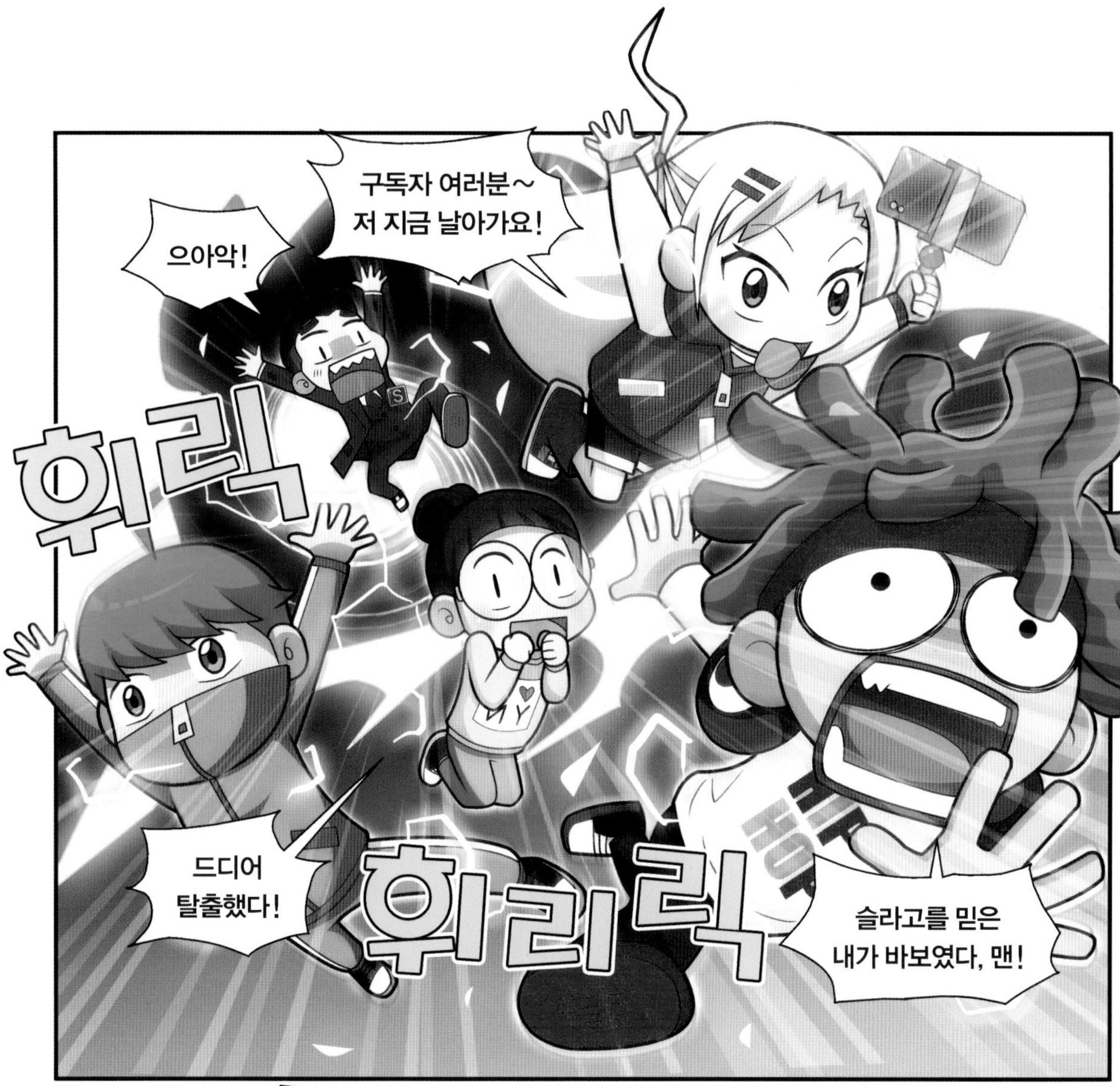
구독자 여러분~
저 지금 날아가요!
으아악!
휘리릭
드디어
탈출했다!
휘리리릭
슬라고를 믿은
내가 바보였다, 맨!

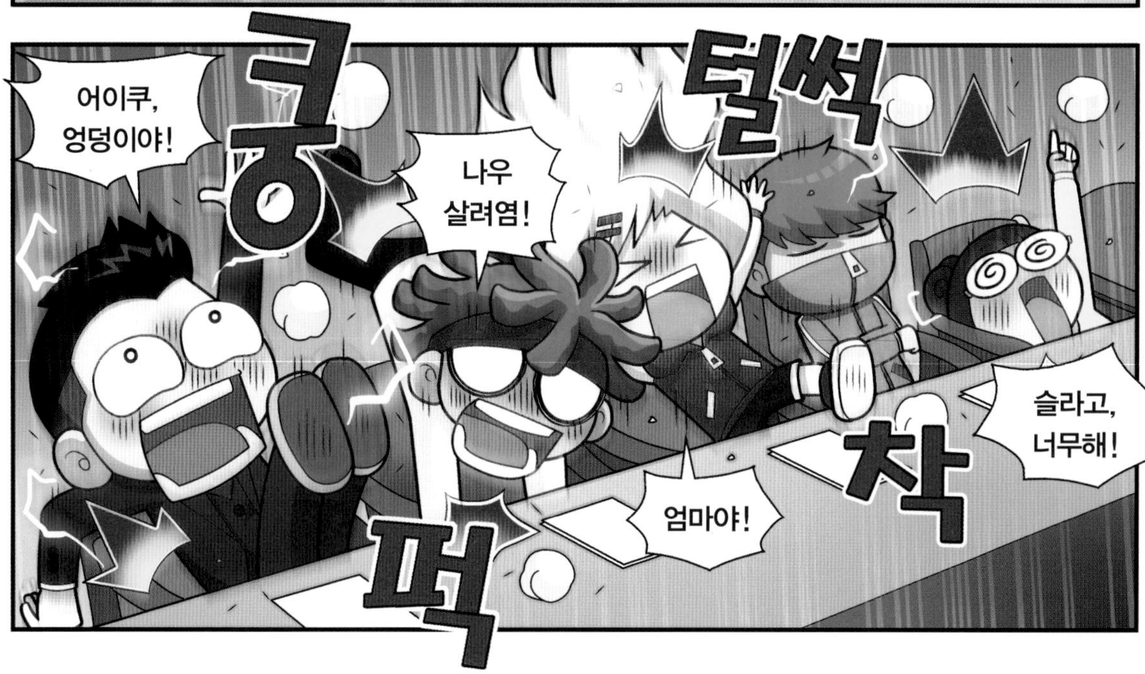
어이쿠,
엉덩이야!
쿵
털썩
나우
살려염!
슬라고,
너무해!
착
엄마야!
퍽

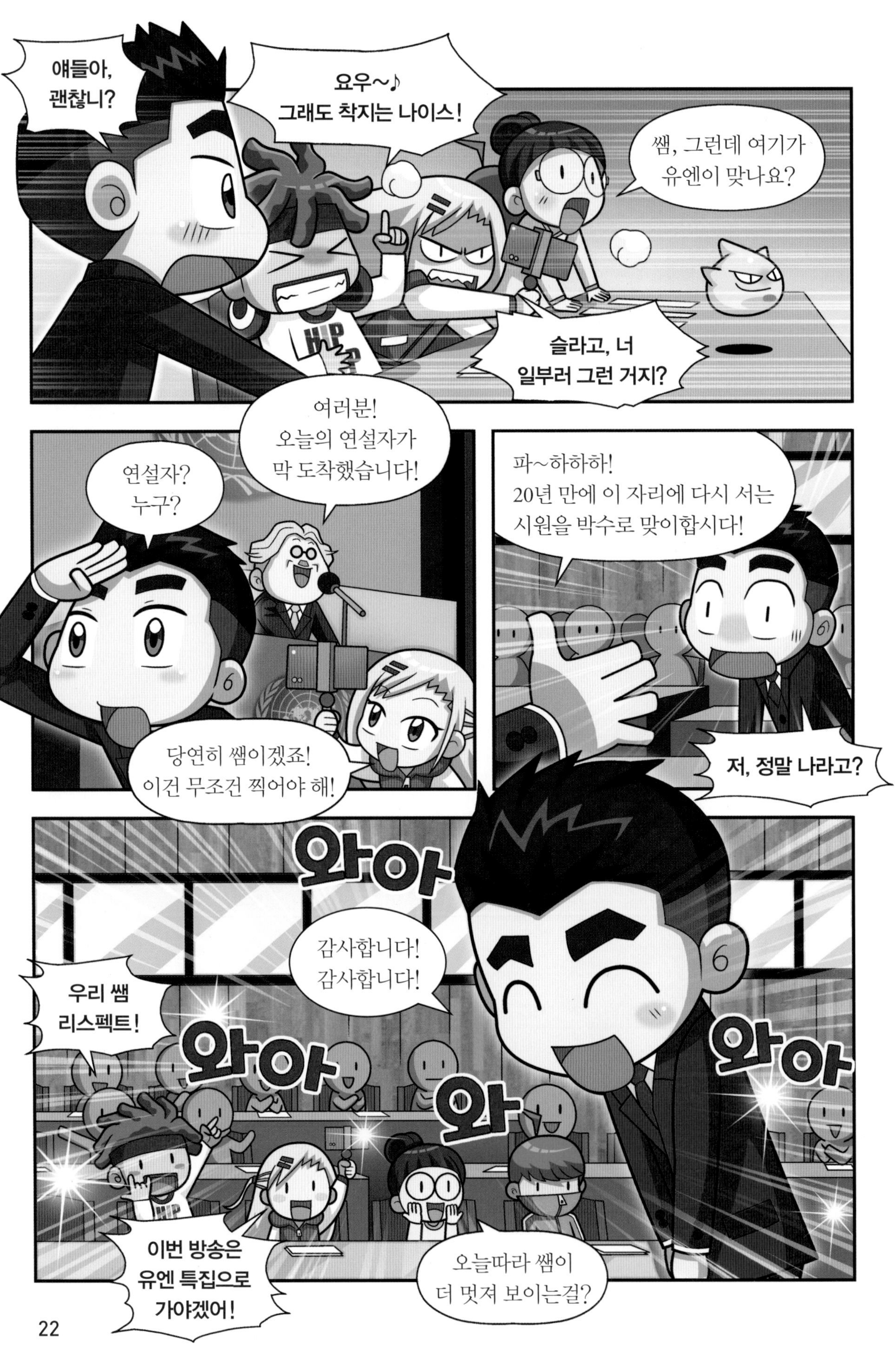
얘들아,
괜찮니?
요우~♪
그래도 착지는 나이스!
쌤, 그런데 여기가
유엔이 맞나요?
슬라고, 너
일부러 그런 거지?
연설자?
누구?
여러분!
오늘의 연설자가
막 도착했습니다!
당연히 쌤이겠죠!
이건 무조건 찍어야 해!
파~하하하!
20년 만에 이 자리에 다시 서는
시원을 박수로 맞이합시다!
저, 정말 나라고?
와아
감사합니다!
감사합니다!
우리 쌤
리스펙트!
와아
와
와아
이번 방송은
유엔 특집으로
가야겠어!
오늘따라 쌤이
더 멋져 보이는걸?

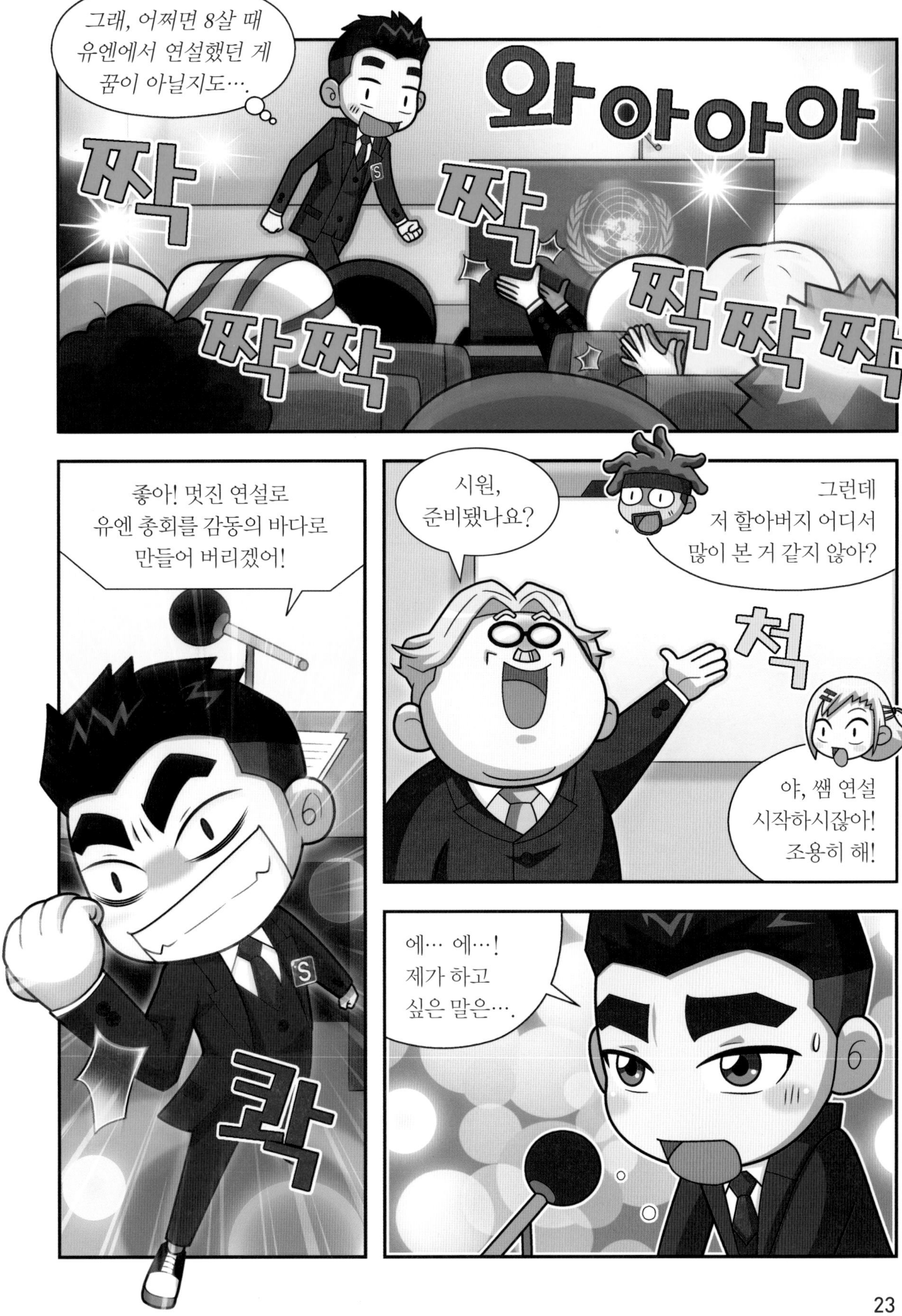
그래, 어쩌면 8살 때 유엔에서 연설했던 게 꿈이 아닐지도….
와아아아
짝
짝
짝짝
짝짝짝
좋아! 멋진 연설로 유엔 총회를 감동의 바다로 만들어 버리겠어!
콱
시원, 준비됐나요?
척
그런데 저 할아버지 어디서 많이 본 거 같지 않아?
야, 쌤 연설 시작하시잖아! 조용히 해!
에… 에…! 제가 하고 싶은 말은….

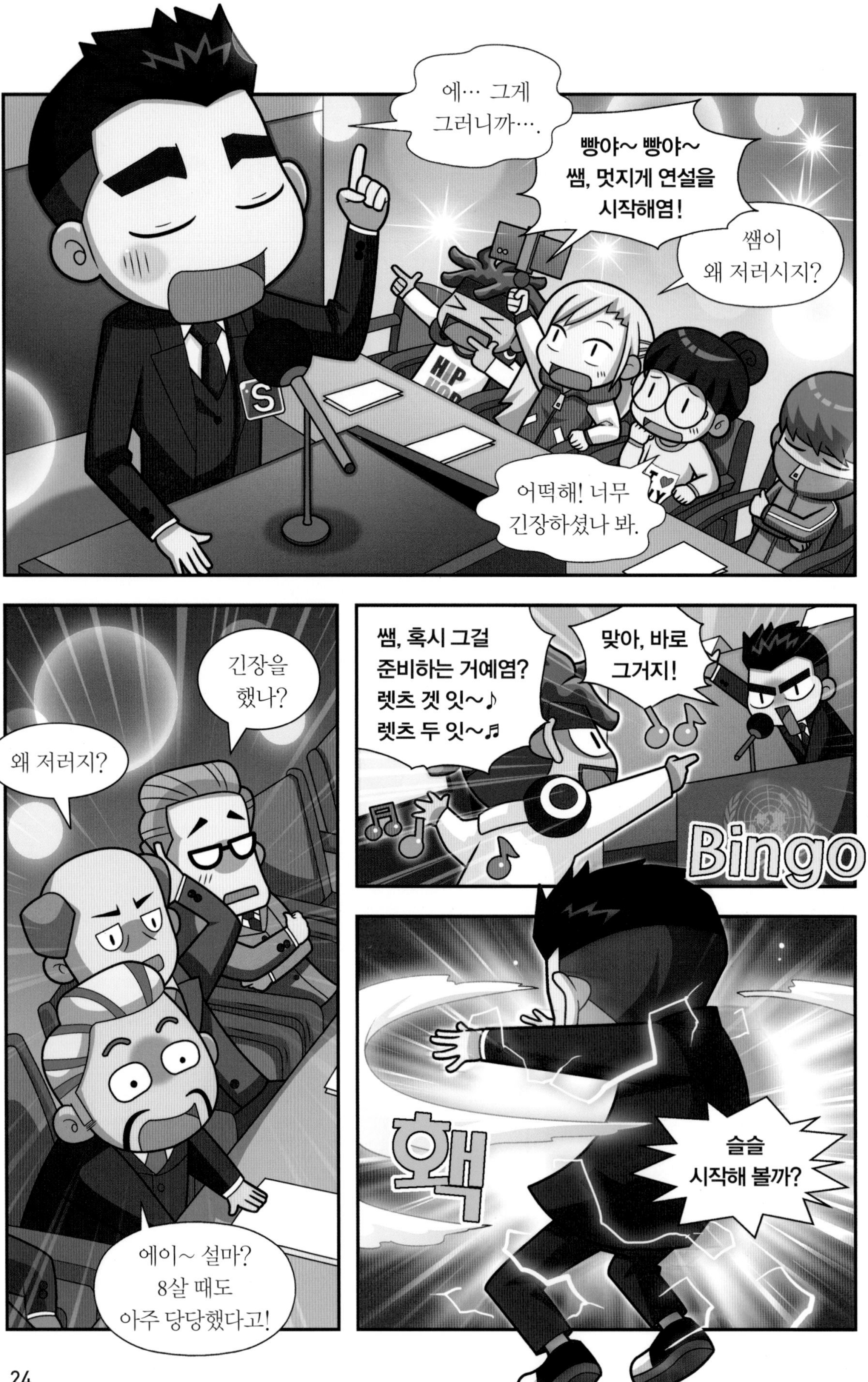
에… 그게 그러니까….
빵야~ 빵야~ 쌤, 멋지게 연설을 시작해염!
쌤이 왜 저러시지?
어떡해! 너무 긴장하셨나 봐.
긴장을 했나?
왜 저러지?
에이~ 설마? 8살 때도 아주 당당했다고!
쌤, 혹시 그걸 준비하는 거예염? 렛츠 겟 잇~♪ 렛츠 두 잇~♬
맞아, 바로 그거지!
Bingo
홱
슬슬 시작해 볼까?

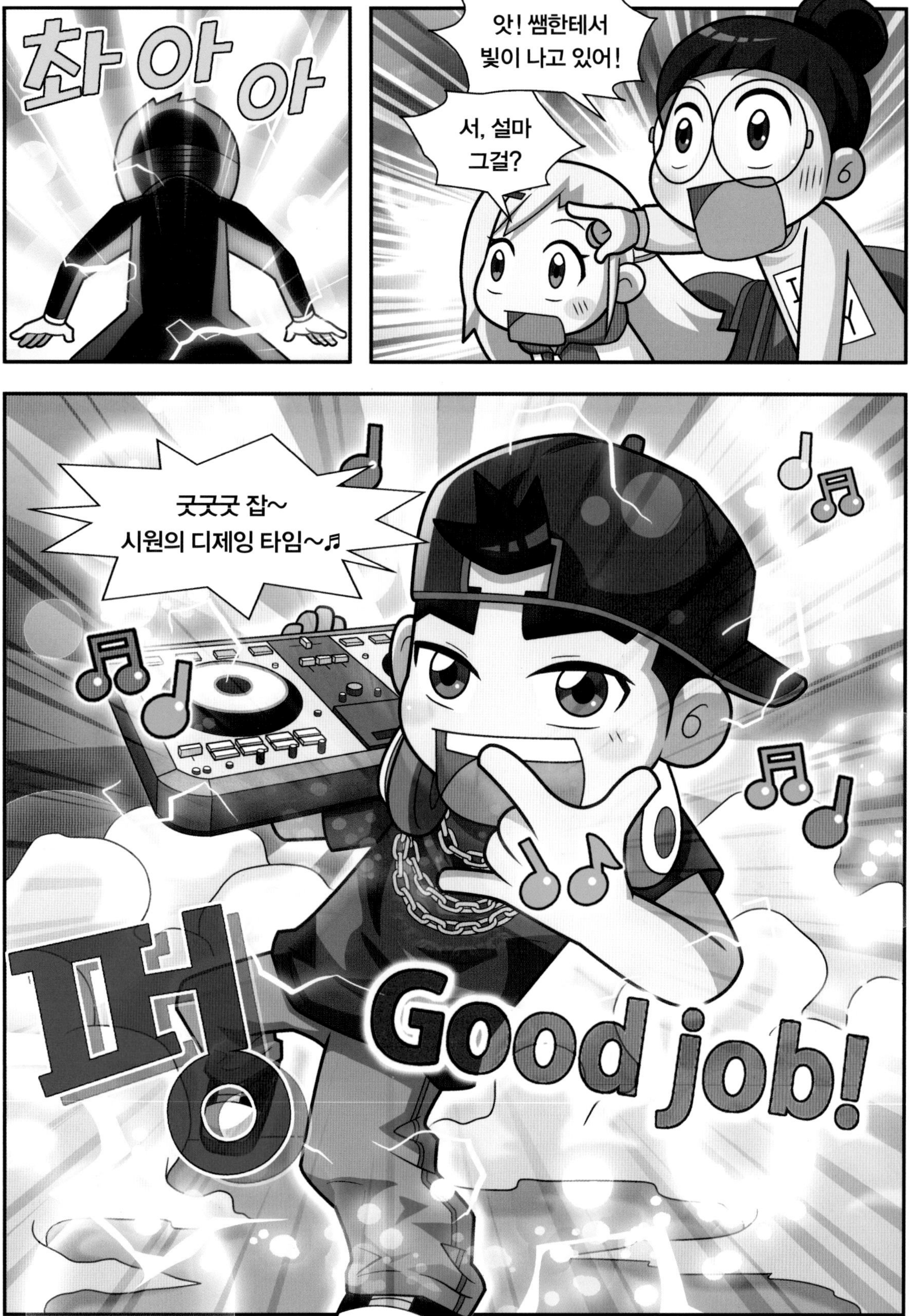
촤아아
앗! 쌤한테서 빛이 나고 있어!
서, 설마 그걸?
굿굿굿 잡~ 시원의 디제잉 타임~♬
펑
Good job!

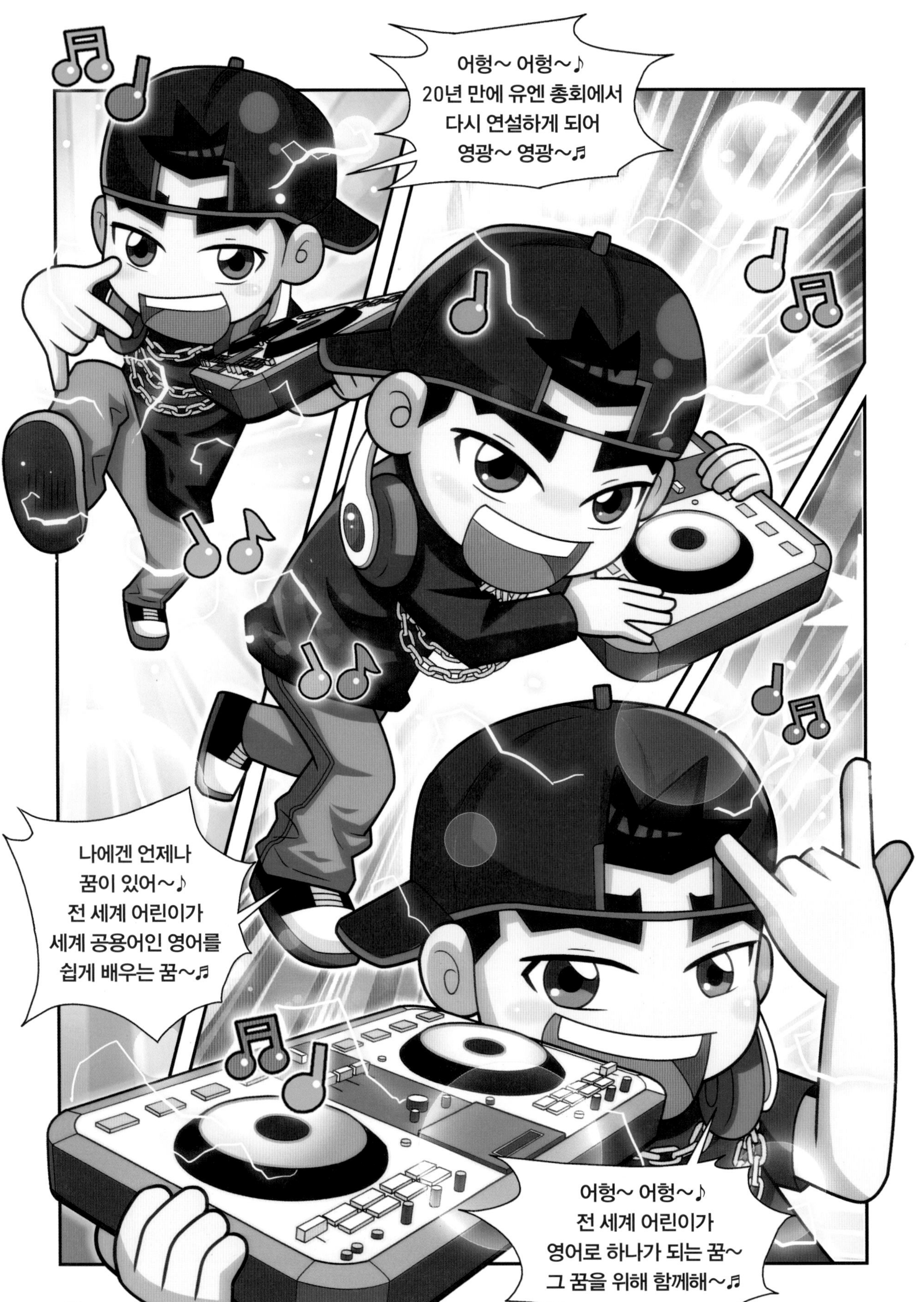

어헝~ 어헝~♪
20년 만에 유엔 총회에서
다시 연설하게 되어
영광~ 영광~♬
나에겐 언제나
꿈이 있어~♪
전 세계 어린이가
세계 공용어인 영어를
쉽게 배우는 꿈~♬
어헝~ 어헝~♪
전 세계 어린이가
영어로 하나가 되는 꿈~
그 꿈을 위해 함께해~♬

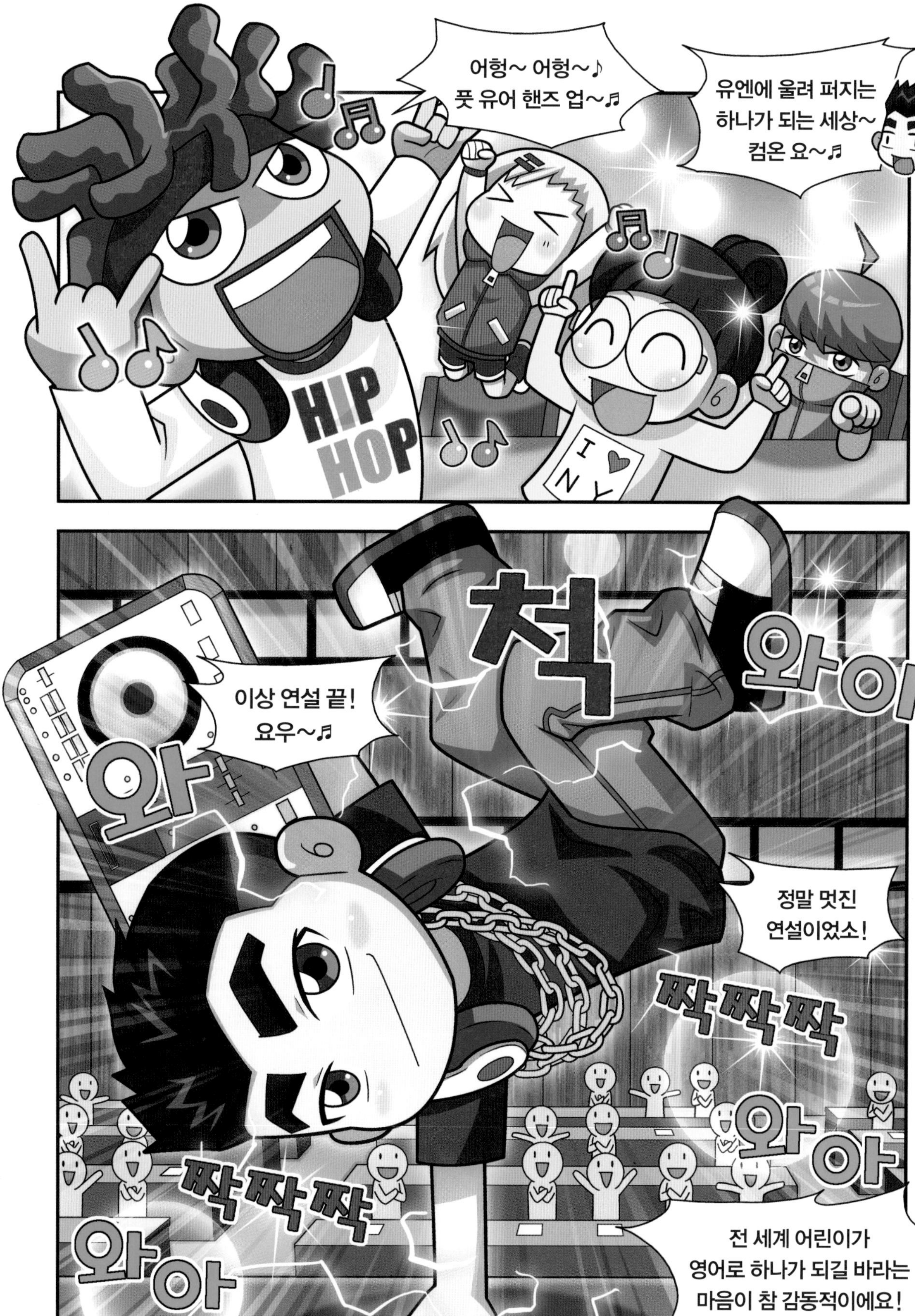
어헝~ 어헝~♪
풋 유어 핸즈 업~♬
유엔에 울려 퍼지는
하나가 되는 세상~
컴온 요~♬
HIP
HOP
I ♥ NY
척
와아
이상 연설 끝!
요우~♬
와
정말 멋진
연설이었소!
짝짝짝
와아
짝짝짝
와아
전 세계 어린이가
영어로 하나가 되길 바라는
마음이 참 감동적이에요!

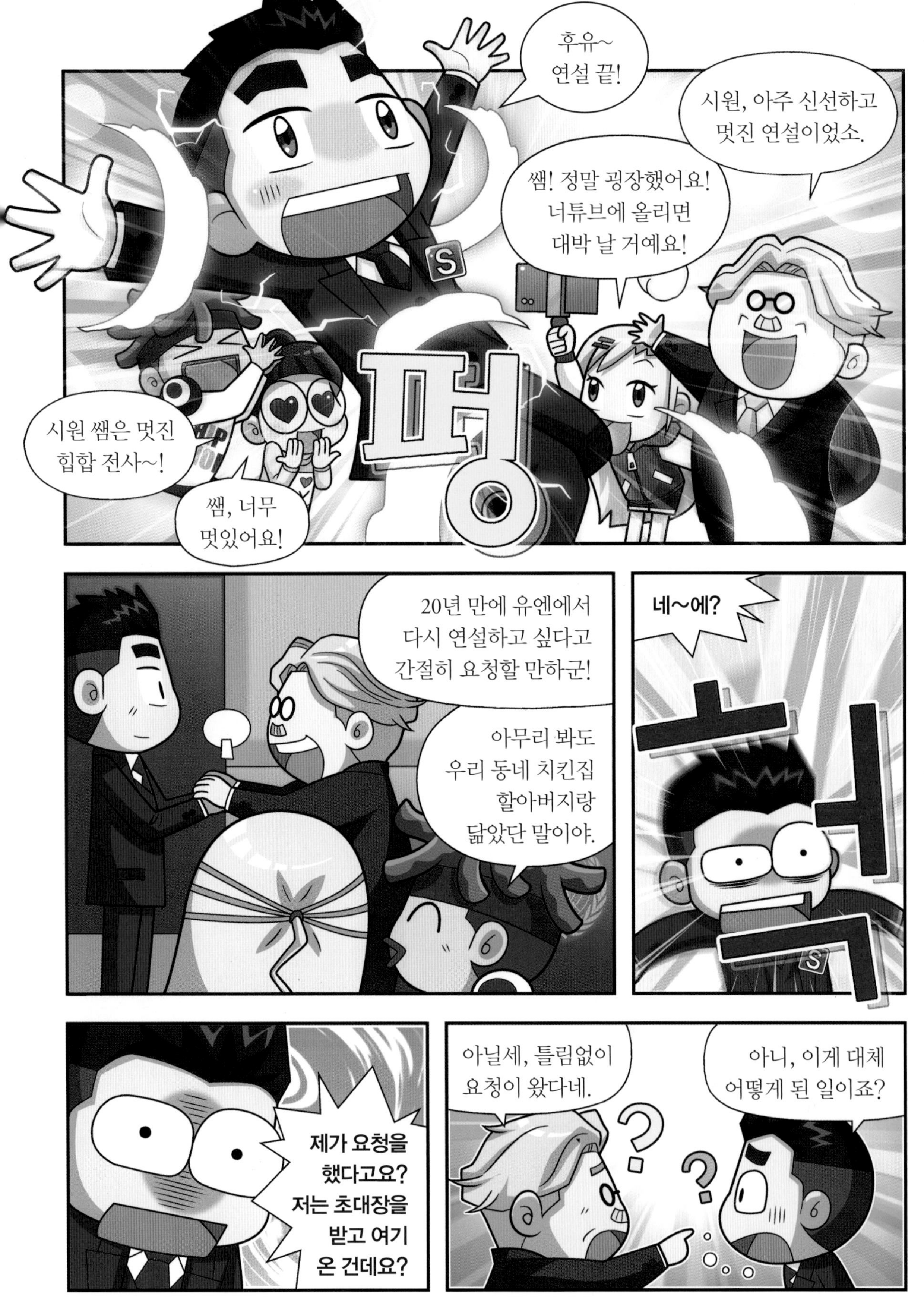

후유~ 연설 끝!
시원, 아주 신선하고 멋진 연설이었소.
쌤! 정말 굉장했어요! 너튜브에 올리면 대박 날 거예요!
시원 쌤은 멋진 힙합 전사~!
쌤, 너무 멋있어요!
펑
20년 만에 유엔에서 다시 연설하고 싶다고 간절히 요청할 만하군!
아무리 봐도 우리 동네 치킨집 할아버지랑 닮았단 말이야.
네~에?
헉
제가 요청을 했다고요? 저는 초대장을 받고 여기 온 건데요?
아닐세, 틀림없이 요청이 왔다네.
아니, 이게 대체 어떻게 된 일이죠?

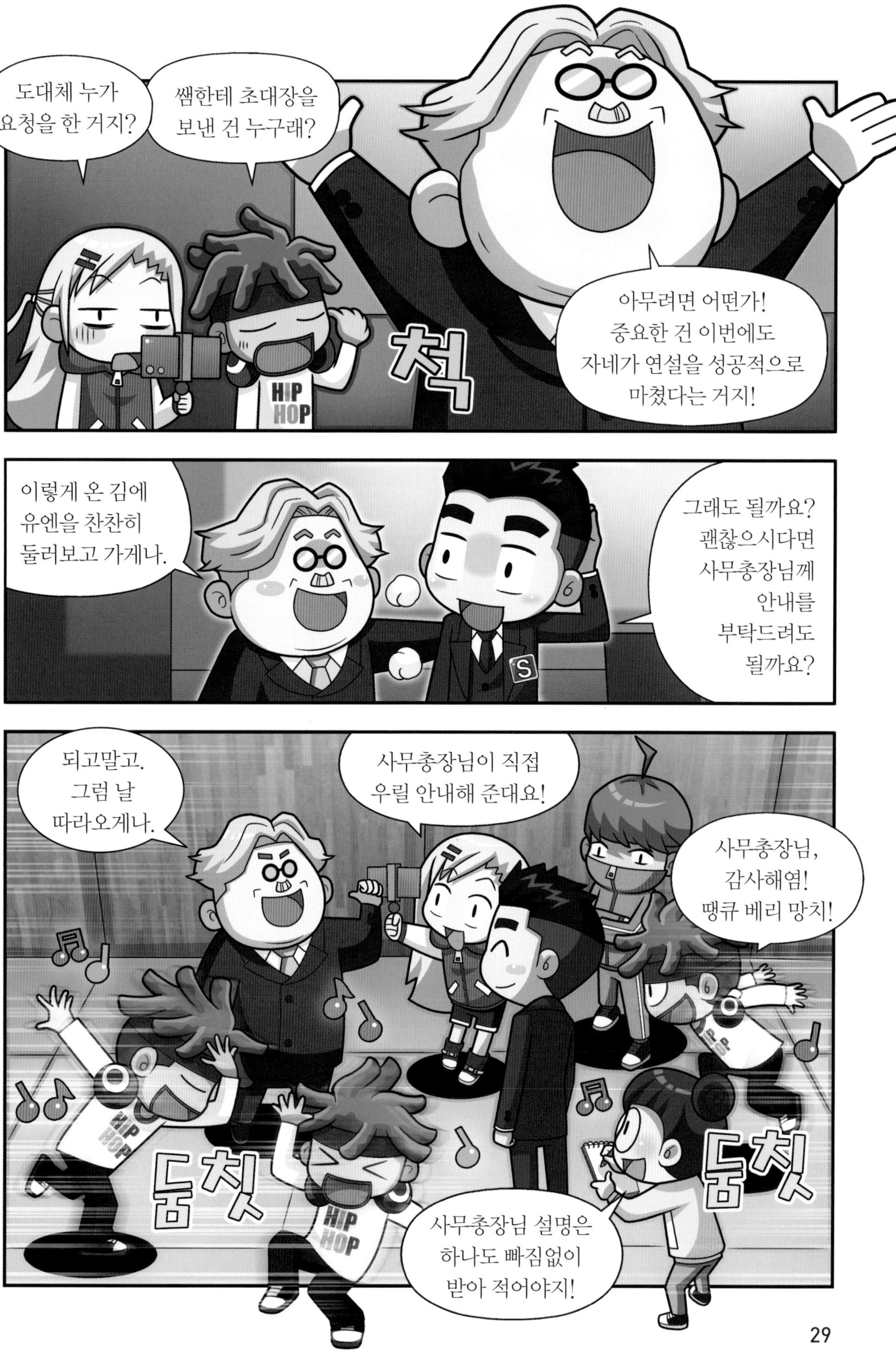

도대체 누가 요청을 한 거지?
쌤한테 초대장을 보낸 건 누구래?
척
HIP HOP
아무려면 어떤가! 중요한 건 이번에도 자네가 연설을 성공적으로 마쳤다는 거지!
이렇게 온 김에 유엔을 찬찬히 둘러보고 가게나.
그래도 될까요? 괜찮으시다면 사무총장님께 안내를 부탁드려도 될까요?
되고말고. 그럼 날 따라오게나.
사무총장님이 직접 우릴 안내해 준대요!
사무총장님, 감사해염! 땡큐 베리 망치!
둠칫
둠칫
사무총장님 설명은 하나도 빠짐없이 받아 적어야지!

Chapter 2

마법의 인벤토리

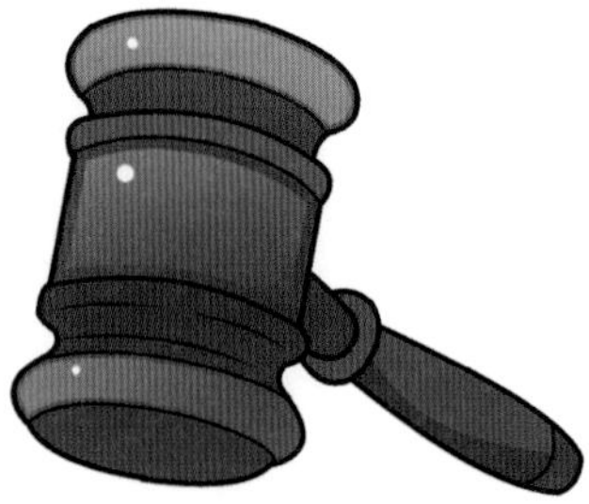

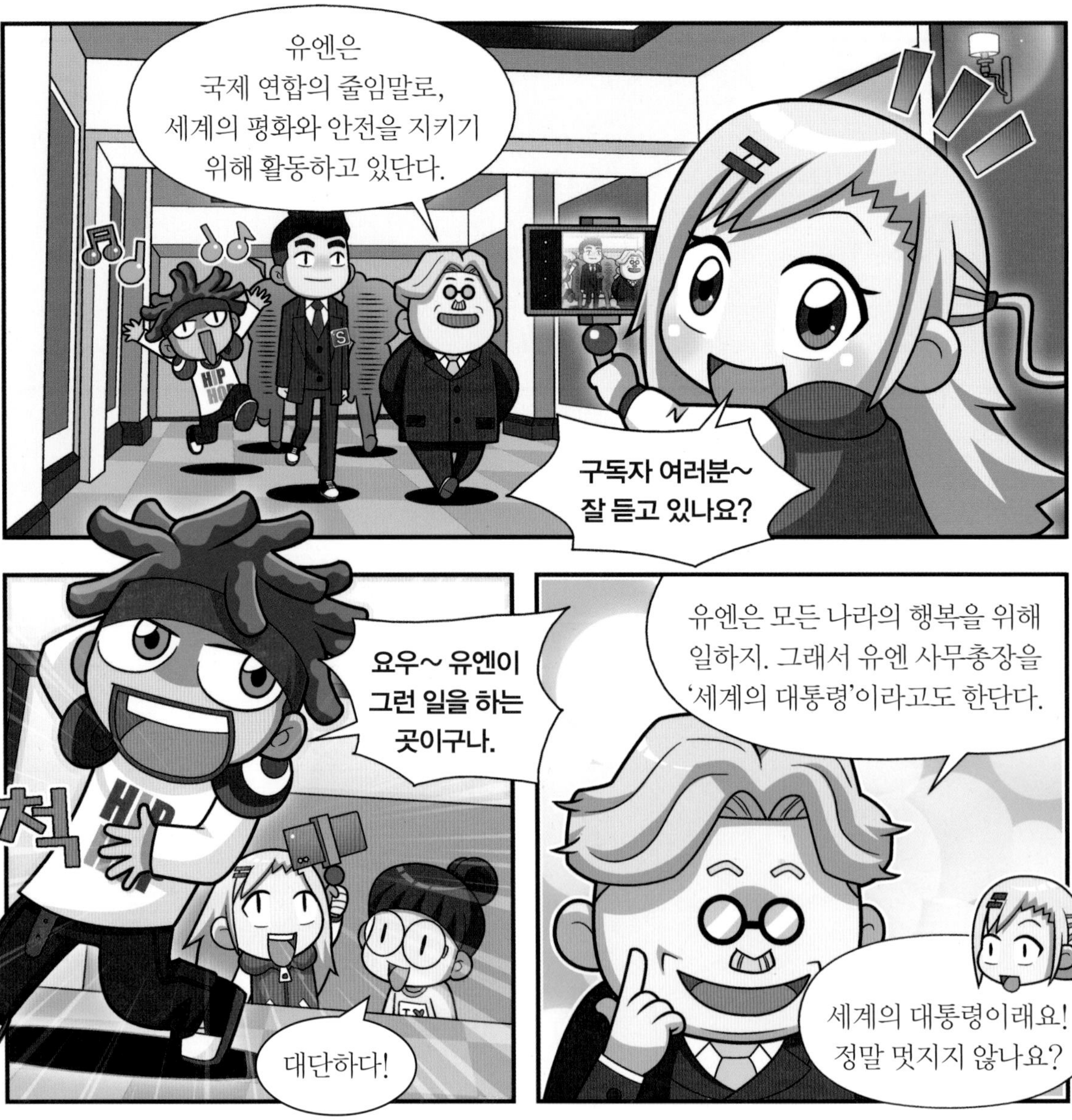

유엔은 국제 연합의 줄임말로, 세계의 평화와 안전을 지키기 위해 활동하고 있단다.
구독자 여러분~ 잘 듣고 있나요?
요우~ 유엔이 그런 일을 하는 곳이구나.
척
대단하다!
유엔은 모든 나라의 행복을 위해 일하지. 그래서 유엔 사무총장을 '세계의 대통령'이라고도 한단다.
세계의 대통령이래요! 정말 멋지지 않나요?

여기부터 가 볼까?
여기는 어디예요?
UNICEF*
스윽
유니세프야. 여러분과 같은 어린이들을 돕는 곳이란다. 유엔에서 가장 중요한 곳이지!
딸칵
오늘 점심 맘마는 뭘 먹을까염?
간식은 새콤달콤한 과일이 좋겠어염!
영양 듬뿍 소고기죽 냠냠은 어때염?
풋! 맘마, 냠냠이래. 말투도 이상해. 저 아기 같은 어른들은 대체 누구예요?
유니세프에서 일하는 여러 나라의 대표란다. 일부러 어린이들 눈높이에 맞춰서 행동하고 말을 하지.
그러면 어린이들을 더 잘 이해할 수 있다는군!
어? 어디서 많이 들어 본 말투인데염?

* UNICEF[ˈjuːnɪsef]: 유니세프. 유엔 아동 기금(United Nations Children's Fund).
차별 없이 어린이를 구호하기 위해 설립된 유엔의 특별 기구.

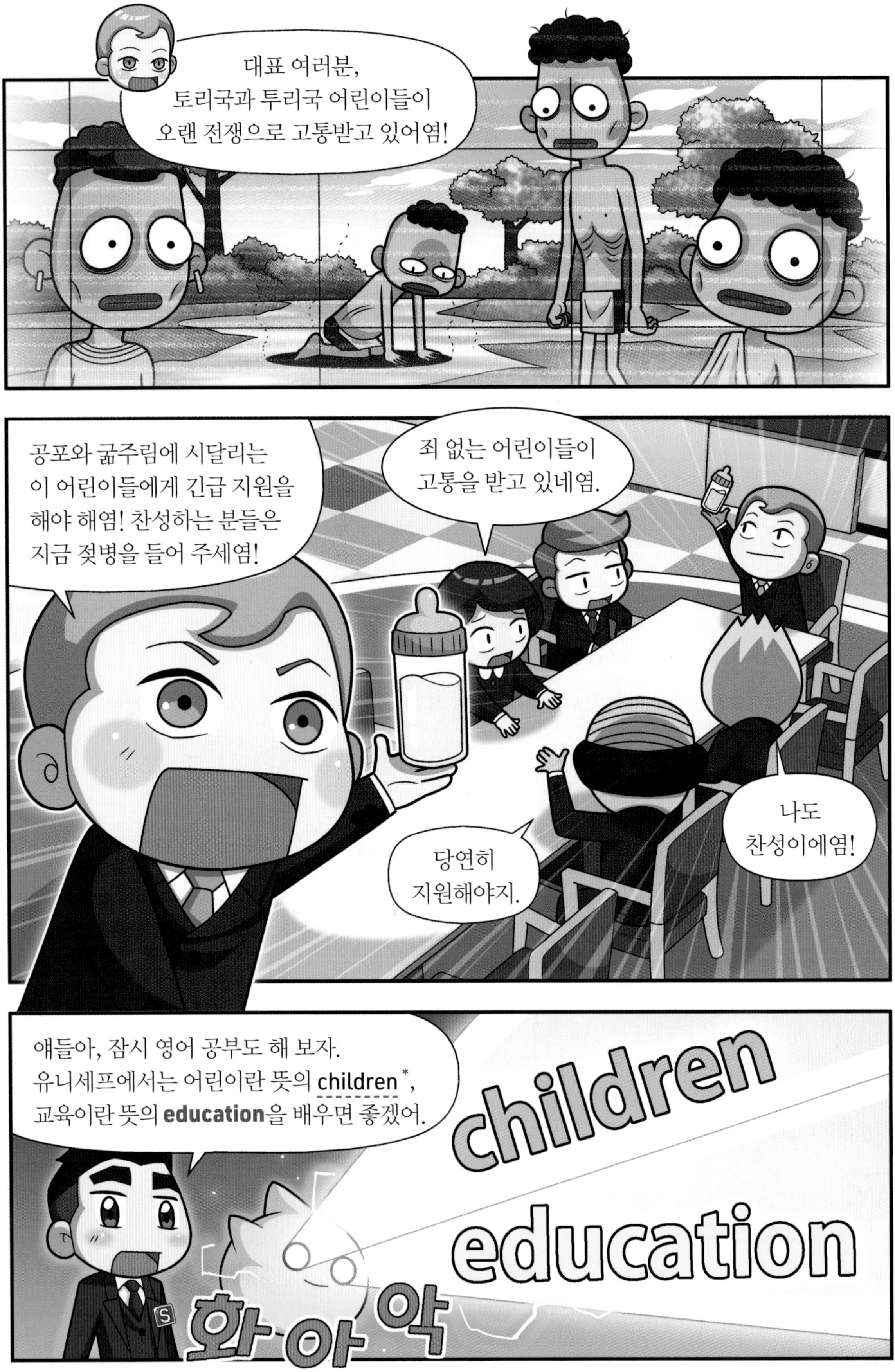
대표 여러분, 토리국과 투리국 어린이들이 오랜 전쟁으로 고통받고 있어염!
공포와 굶주림에 시달리는 이 어린이들에게 긴급 지원을 해야 해염! 찬성하는 분들은 지금 젖병을 들어 주세염!
죄 없는 어린이들이 고통을 받고 있네염.
당연히 지원해야지.
나도 찬성이에염!
얘들아, 잠시 영어 공부도 해 보자. 유니세프에서는 어린이란 뜻의 children*, 교육이란 뜻의 education을 배우면 좋겠어.
children
education
화아악

* children[tʃíldrən]: 어린이.
* 분홍색 단어의 발음이 궁금하다면 143쪽을 펼쳐 보세요.

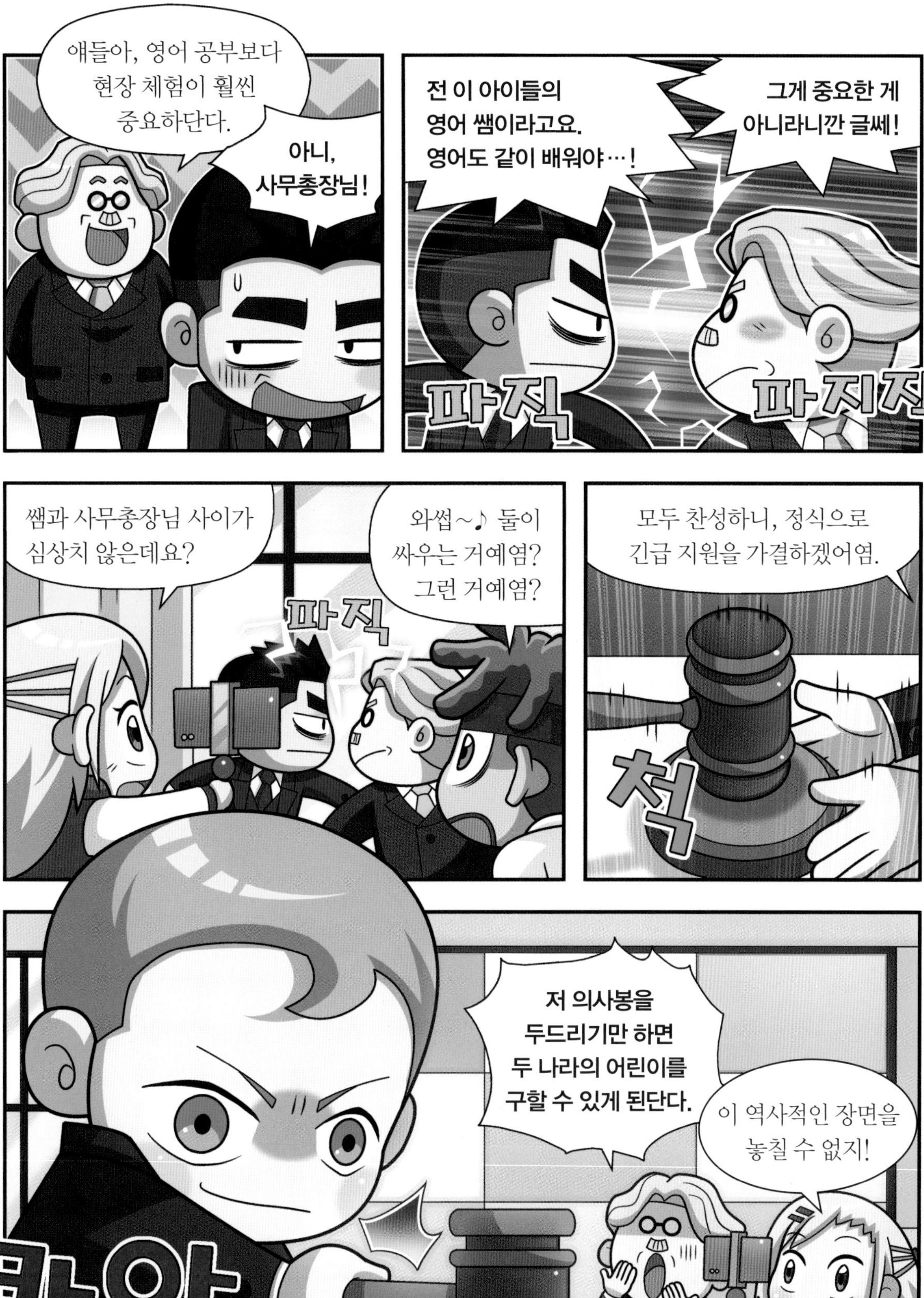

애들아, 영어 공부보다 현장 체험이 훨씬 중요하단다.
아니, 사무총장님!
전 이 아이들의 영어 쌤이라고요. 영어도 같이 배워야…!
그게 중요한 게 아니라니깐 글쎄!
파직
파지직
쌤과 사무총장님 사이가 심상치 않은데요?
와썹~♪ 둘이 싸우는 거예염? 그런 거예염?
파직
모두 찬성하니, 정식으로 긴급 지원을 가결하겠어염.
척
저 의사봉을 두드리기만 하면 두 나라의 어린이를 구할 수 있게 된단다.
이 역사적인 장면을 놓칠 수 없지!
콰악

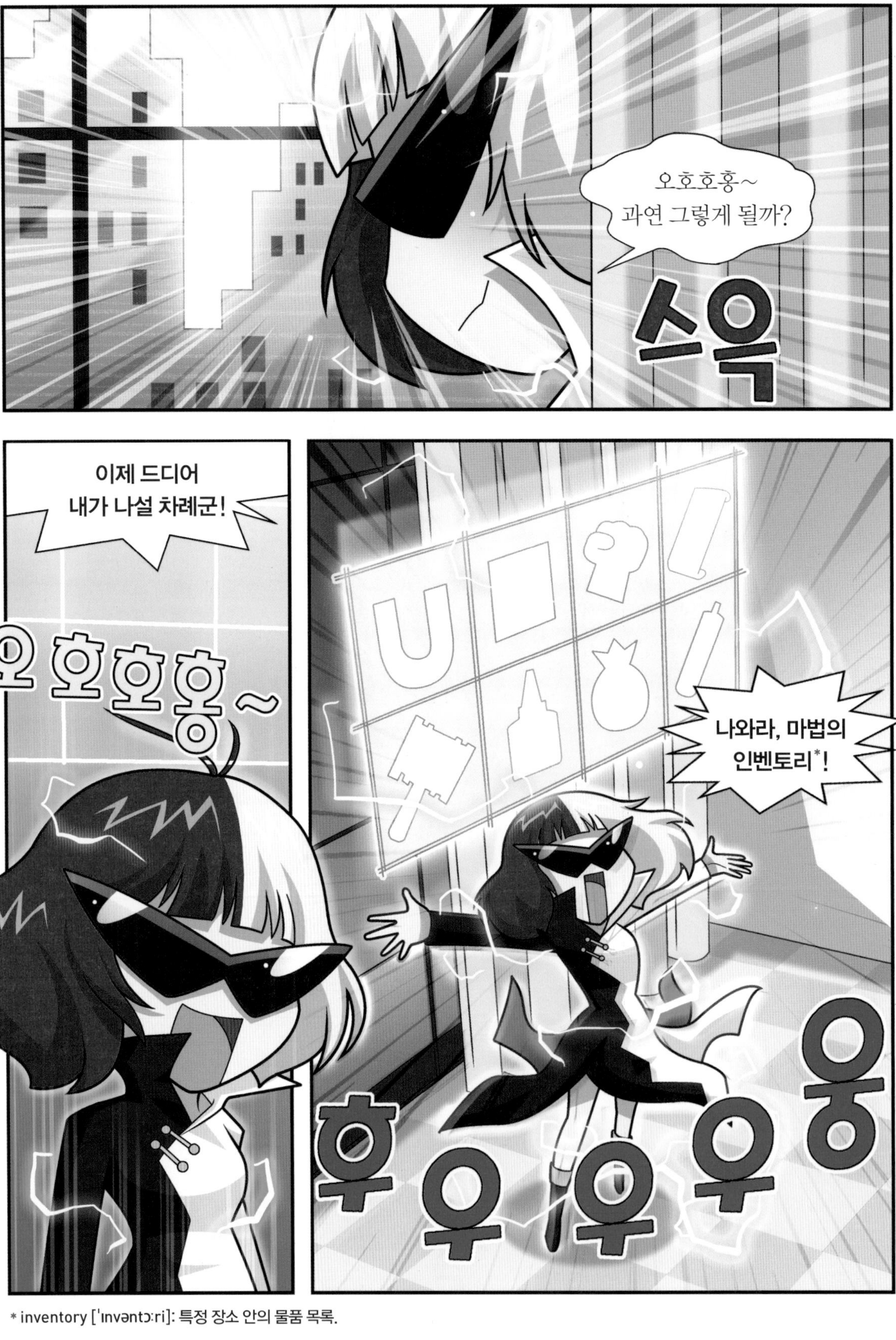
오호호홍~
과연 그렇게 될까?
스윽
이제 드디어
내가 나설 차례군!
오호호홍~
나와라, 마법의
인벤토리*!
후우우우웅

* inventory [ˈɪnvəntɔːri]: 특정 장소 안의 물품 목록.

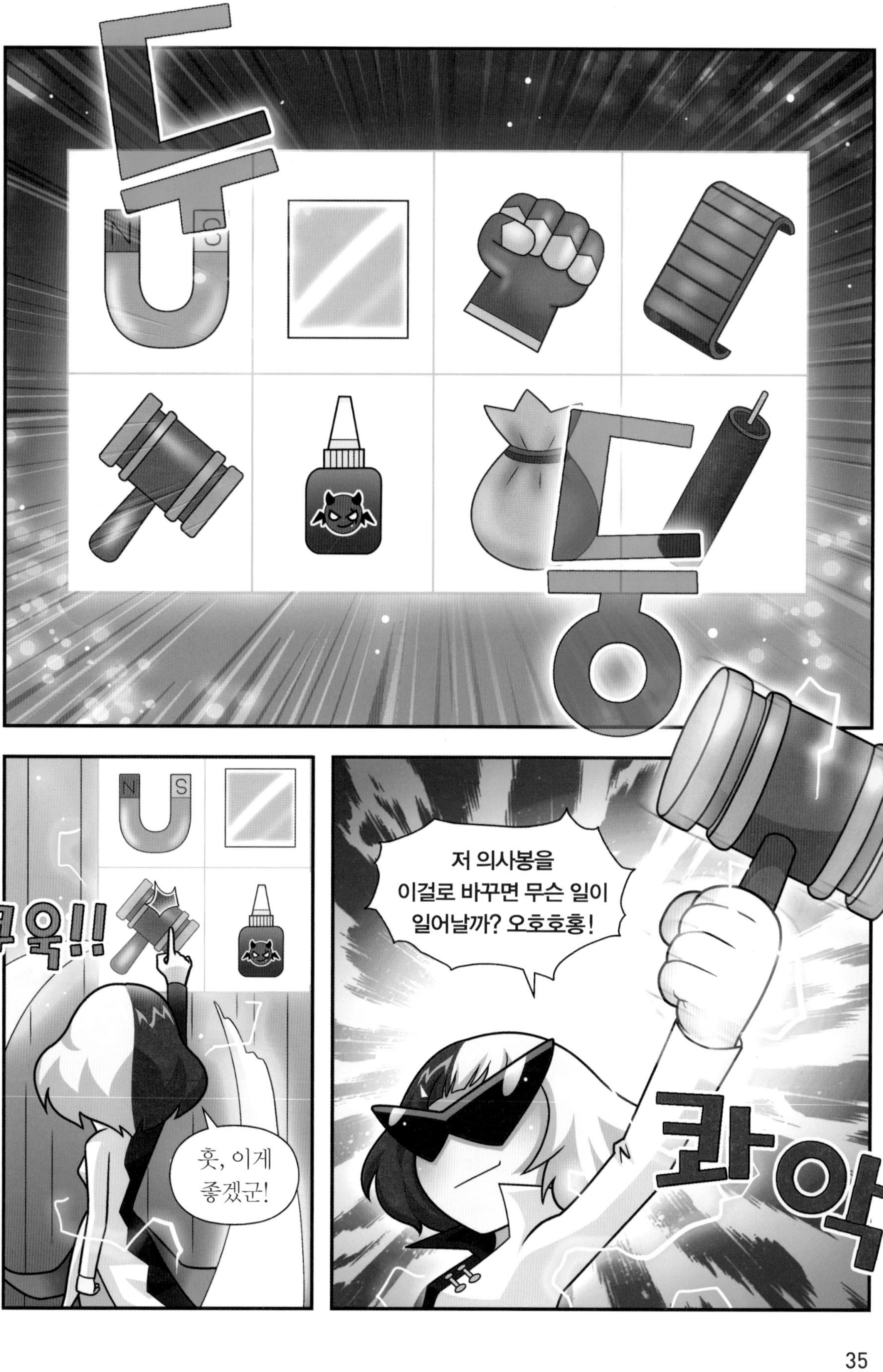
두둥
쿠욱!!
훗, 이게 좋겠군!
저 의사봉을 이걸로 바꾸면 무슨 일이 일어날까? 오호호홍!
콰악

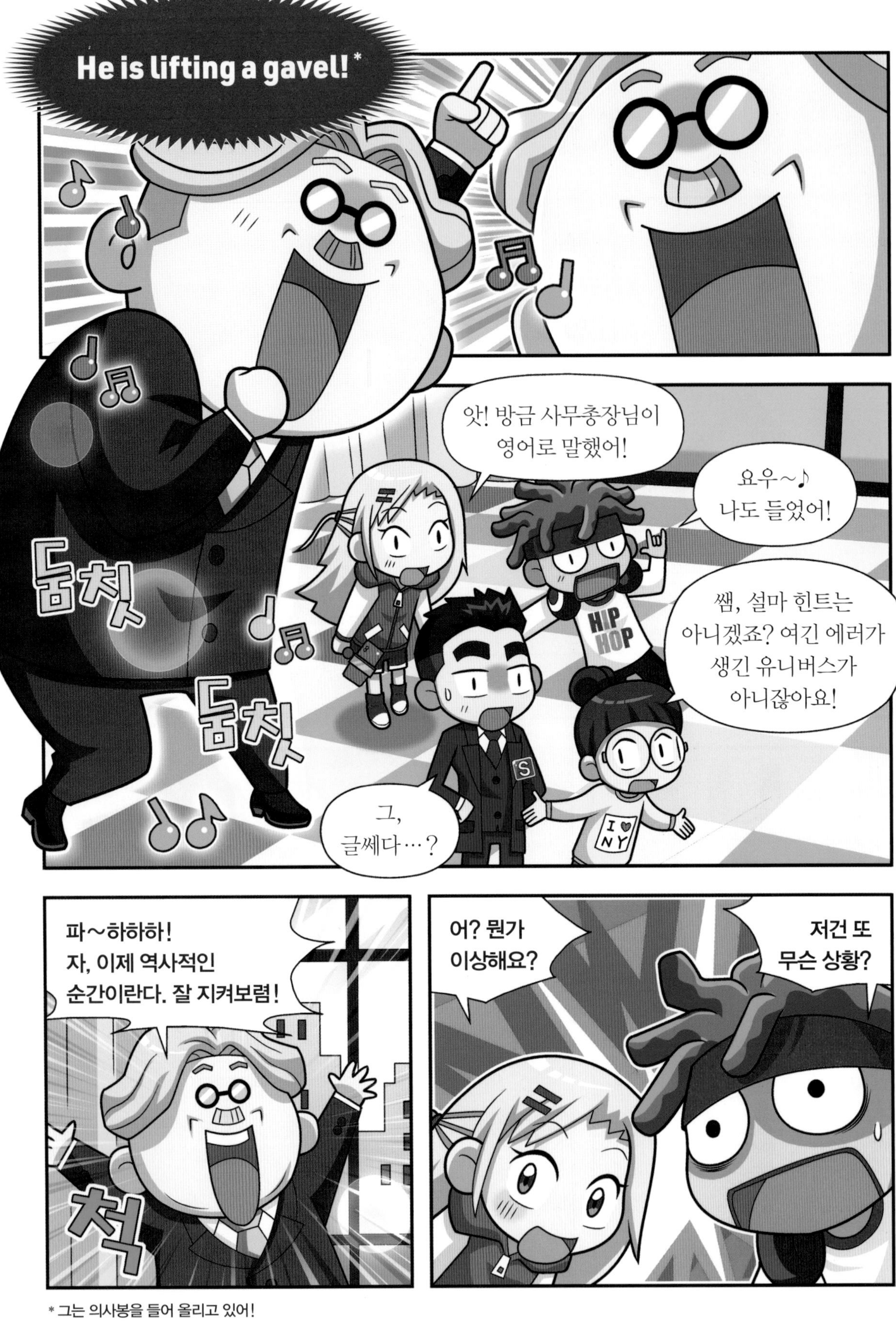
He is lifting a gavel! *
둠칫
둠칫
앗! 방금 사무총장님이 영어로 말했어!
요우~♪ 나도 들었어!
쌤, 설마 힌트는 아니겠죠? 여긴 에러가 생긴 유니버스가 아니잖아요!
그, 글쎄다…?
파~하하하! 자, 이제 역사적인 순간이란다. 잘 지켜보렴!
척
어? 뭔가 이상해요?
저건 또 무슨 상황?

* 그는 의사봉을 들어 올리고 있어!

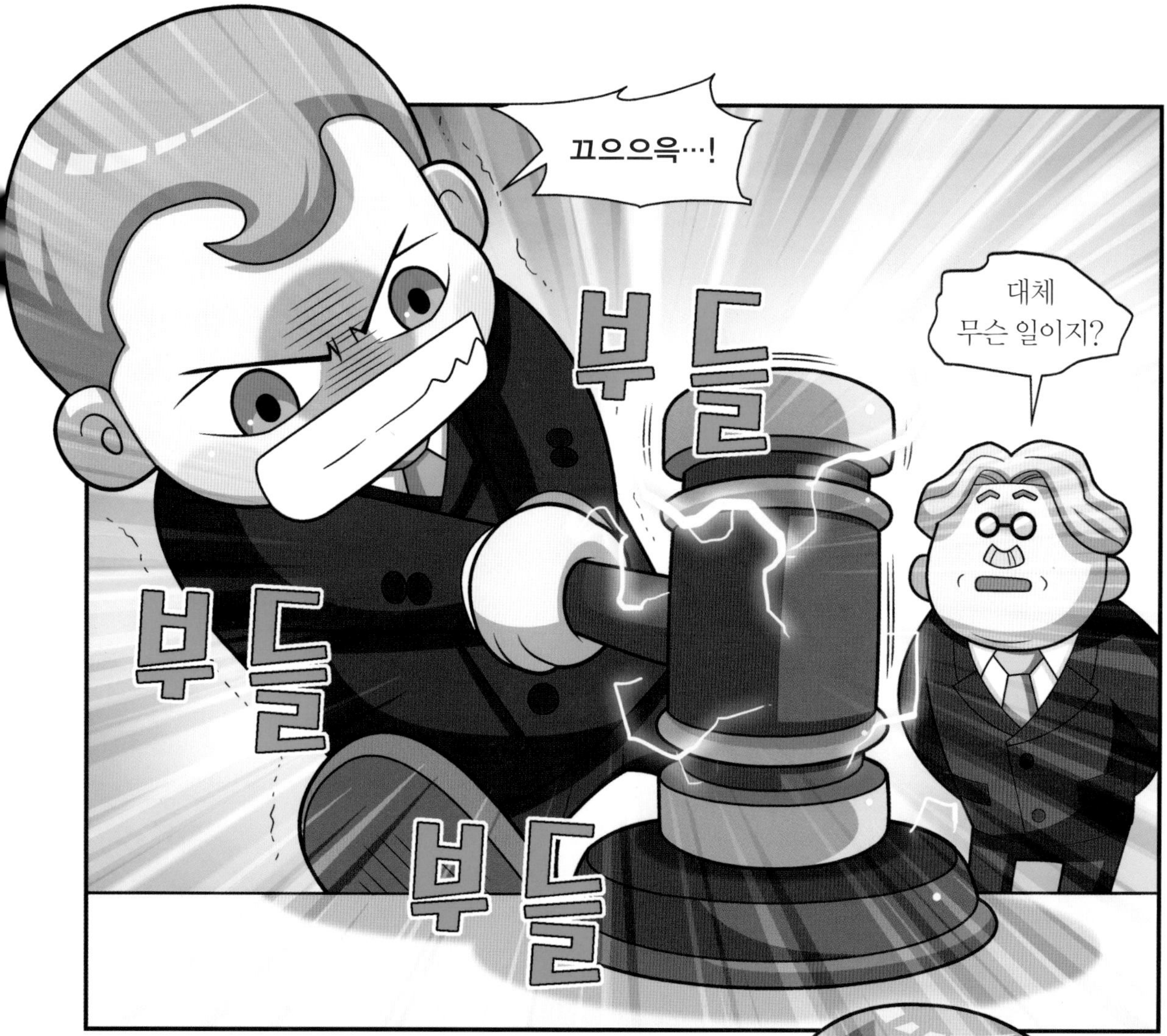
끄으으윽…!
부들
부들
부들
대체
무슨 일이지?

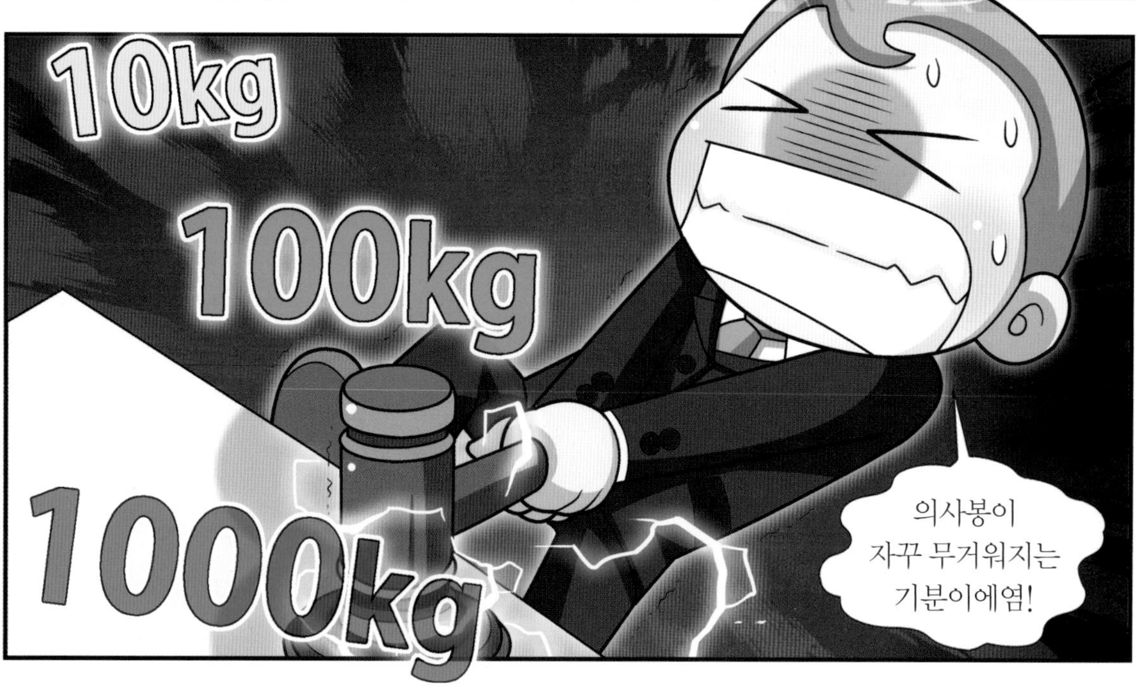
10kg
100kg
1000kg
의사봉이
자꾸 무거워지는
기분이에염!

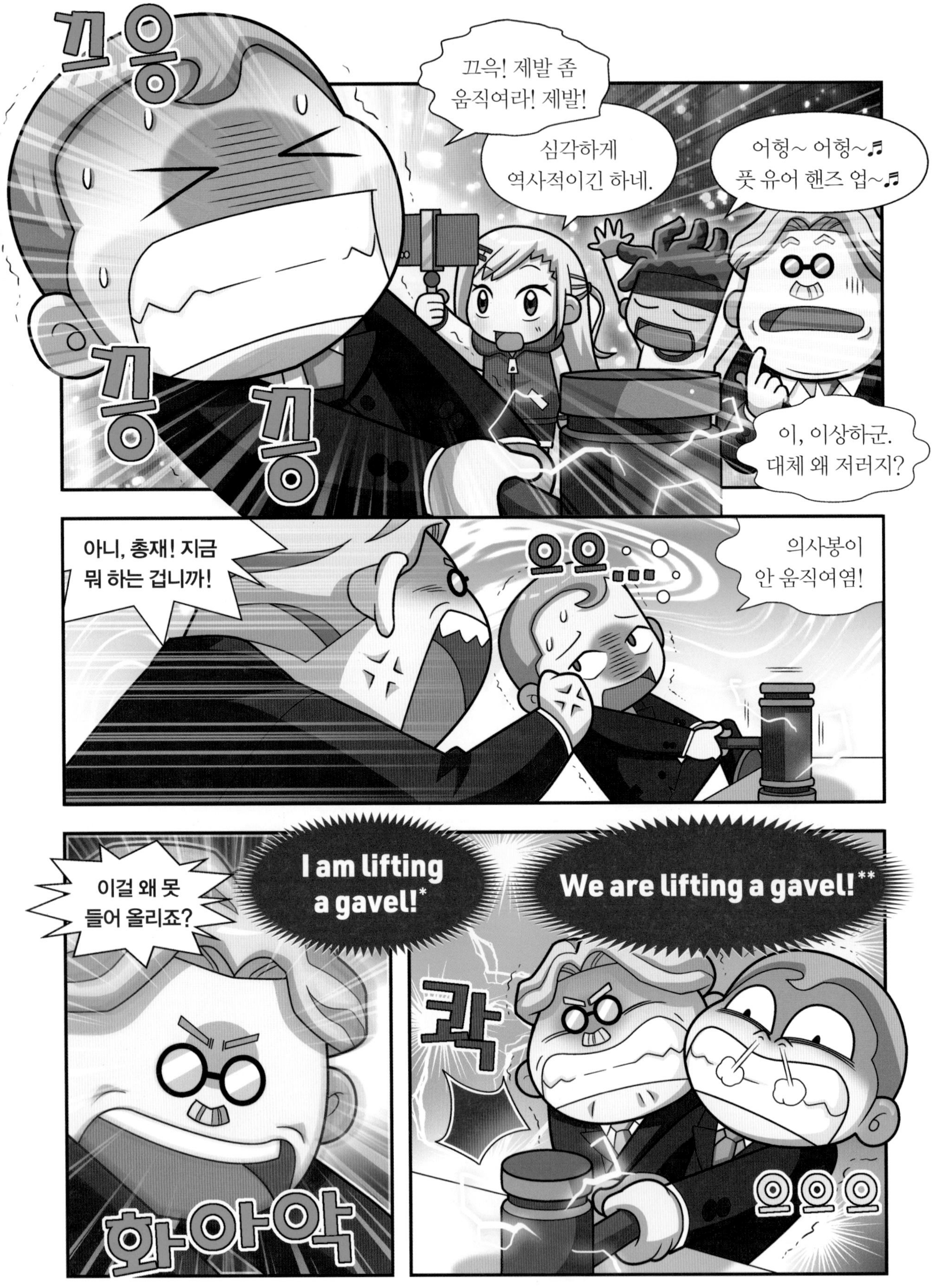

끄응
끄윽! 제발 좀 움직여라! 제발!
심각하게 역사적이긴 하네.
어헝~ 어헝~♬ 풋 유어 핸즈 업~♬
끙
끙
이, 이상하군. 대체 왜 저러지?
아니, 총재! 지금 뭐 하는 겁니까!
으으...
의사봉이 안 움직여염!
이걸 왜 못 들어 올리죠?
I am lifting a gavel!*
We are lifting a gavel!**
콱
화아악
으으으

* 나는 의사봉을 들어 올리고 있어!
** 우리는 의사봉을 들어 올리고 있어!

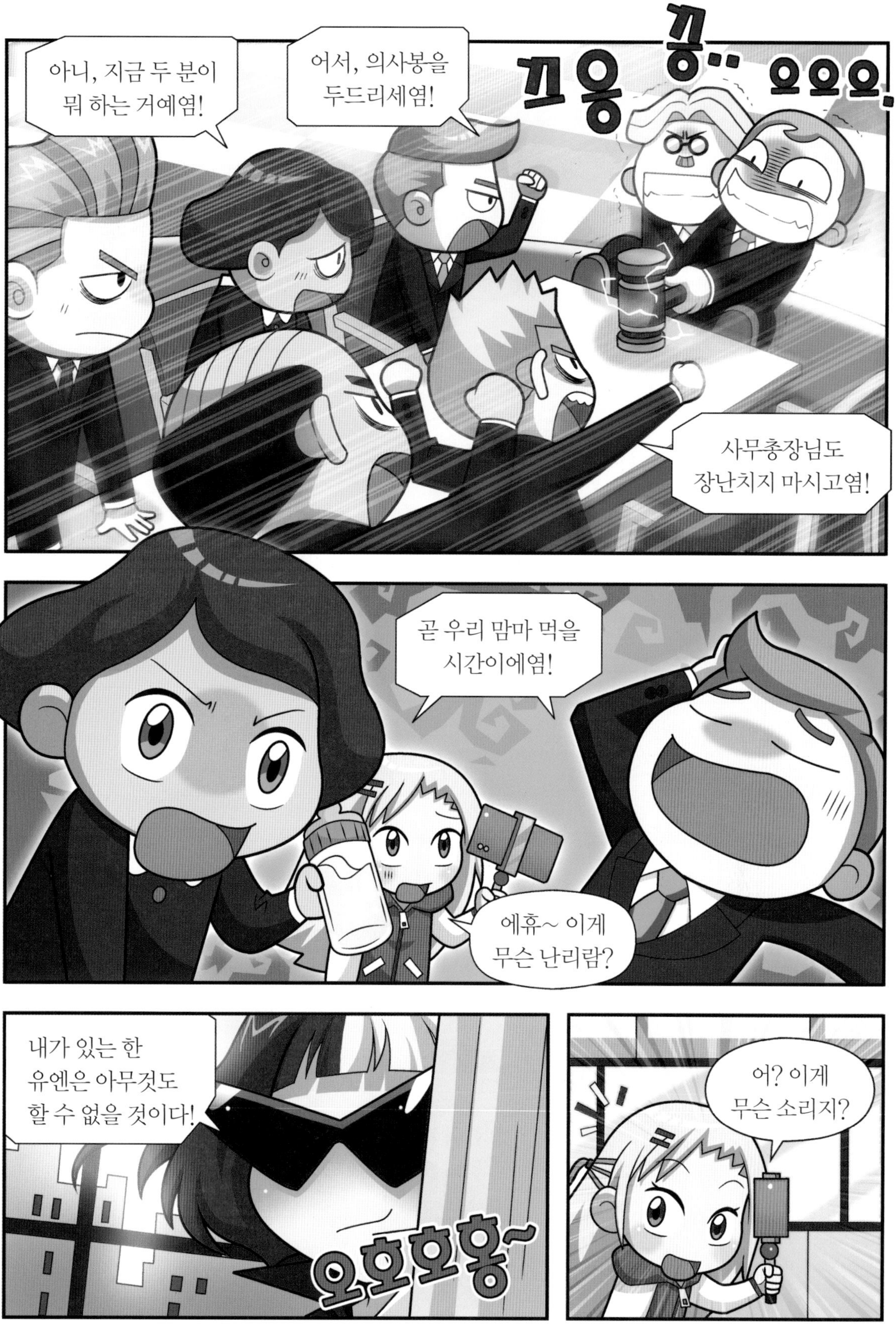
아니, 지금 두 분이 뭐 하는 거예염!
어서, 의사봉을 두드리세염!
끄응 끙… 으으으…
사무총장님도 장난치지 마시고염!
곧 우리 맘마 먹을 시간이에염!
에휴~ 이게 무슨 난리람?
내가 있는 한 유엔은 아무것도 할 수 없을 것이다!
오호호홍~
어? 이게 무슨 소리지?

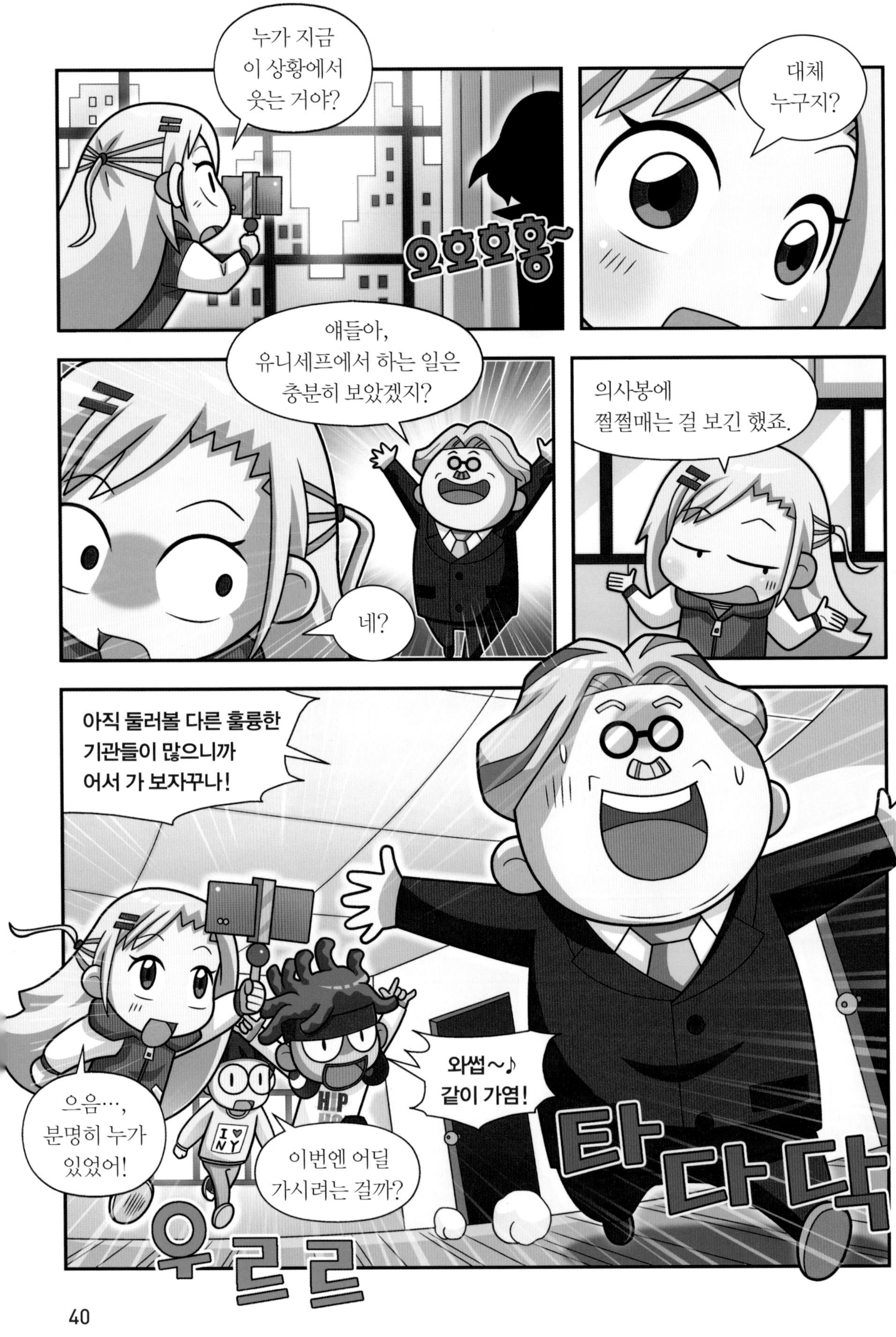
누가 지금
이 상황에서
웃는 거야?
오호호홍~
대체
누구지?
얘들아,
유니세프에서 하는 일은
충분히 보았겠지?
네?
의사봉에
쩔쩔매는 걸 보긴 했죠.
아직 둘러볼 다른 훌륭한
기관들이 많으니까
어서 가 보자꾸나!
와썹~♪
같이 가염!
타다닥
으음…,
분명히 누가
있었어!
이번엔 어딜
가시려는 걸까?
우르르

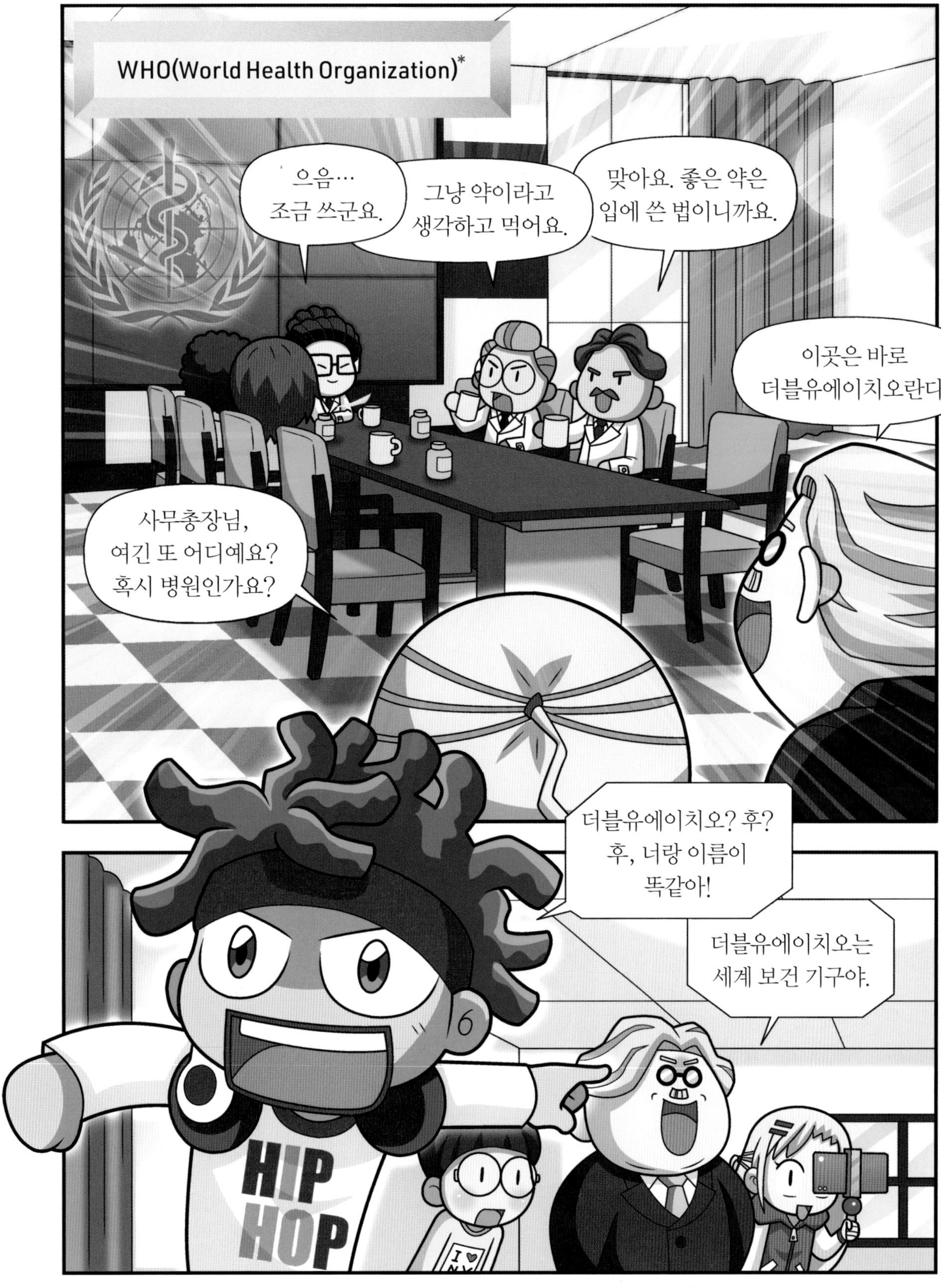
WHO(World Health Organization)*
으음… 조금 쓰군요.
그냥 약이라고 생각하고 먹어요.
맞아요. 좋은 약은 입에 쓴 법이니까요.
이곳은 바로 더블유에이치오란다.
사무총장님, 여긴 또 어디예요? 혹시 병원인가요?
더블유에이치오? 후? 후, 너랑 이름이 똑같아!
더블유에이치오는 세계 보건 기구야.
HIP HOP

* WHO: 세계 보건 기구. 보건 · 위생 분야의 국제적인 협력을 위해 설립된 유엔의 전문 기구.

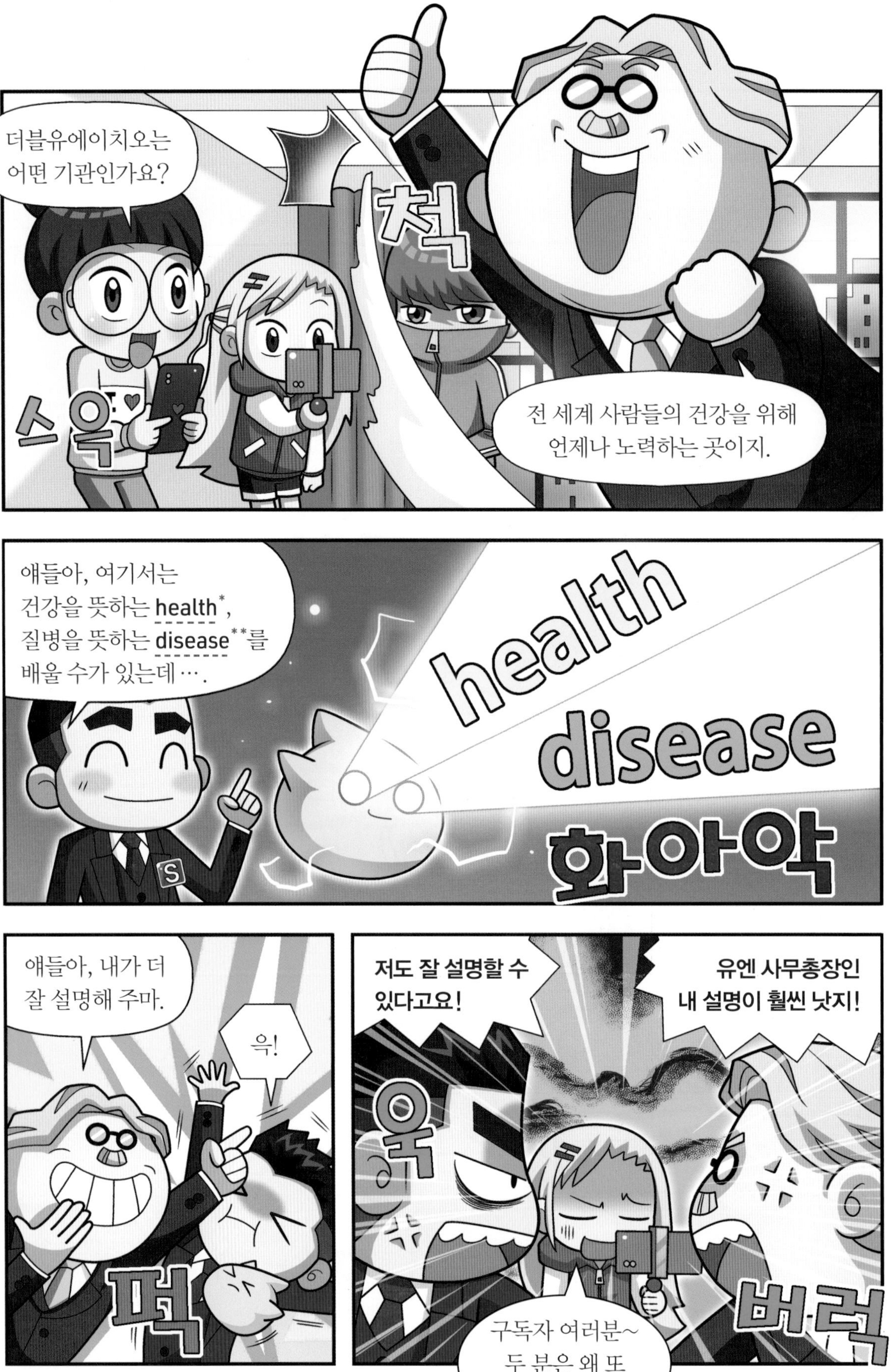
더블유에이치오는
어떤 기관인가요?
척
스윽
전 세계 사람들의 건강을 위해
언제나 노력하는 곳이지.
애들아, 여기서는
건강을 뜻하는 health*,
질병을 뜻하는 disease**를
배울 수가 있는데….
health
disease
화아악
애들아, 내가 더
잘 설명해 주마.
윽!
퍽
저도 잘 설명할 수
있다고요!
유엔 사무총장인
내 설명이 훨씬 낫지!
욱
버럭
구독자 여러분~
두 분은 왜 또
저럴까요?

* health[hel]: 건강.
** disease[dɪ'zi:z]: 질병, 병.

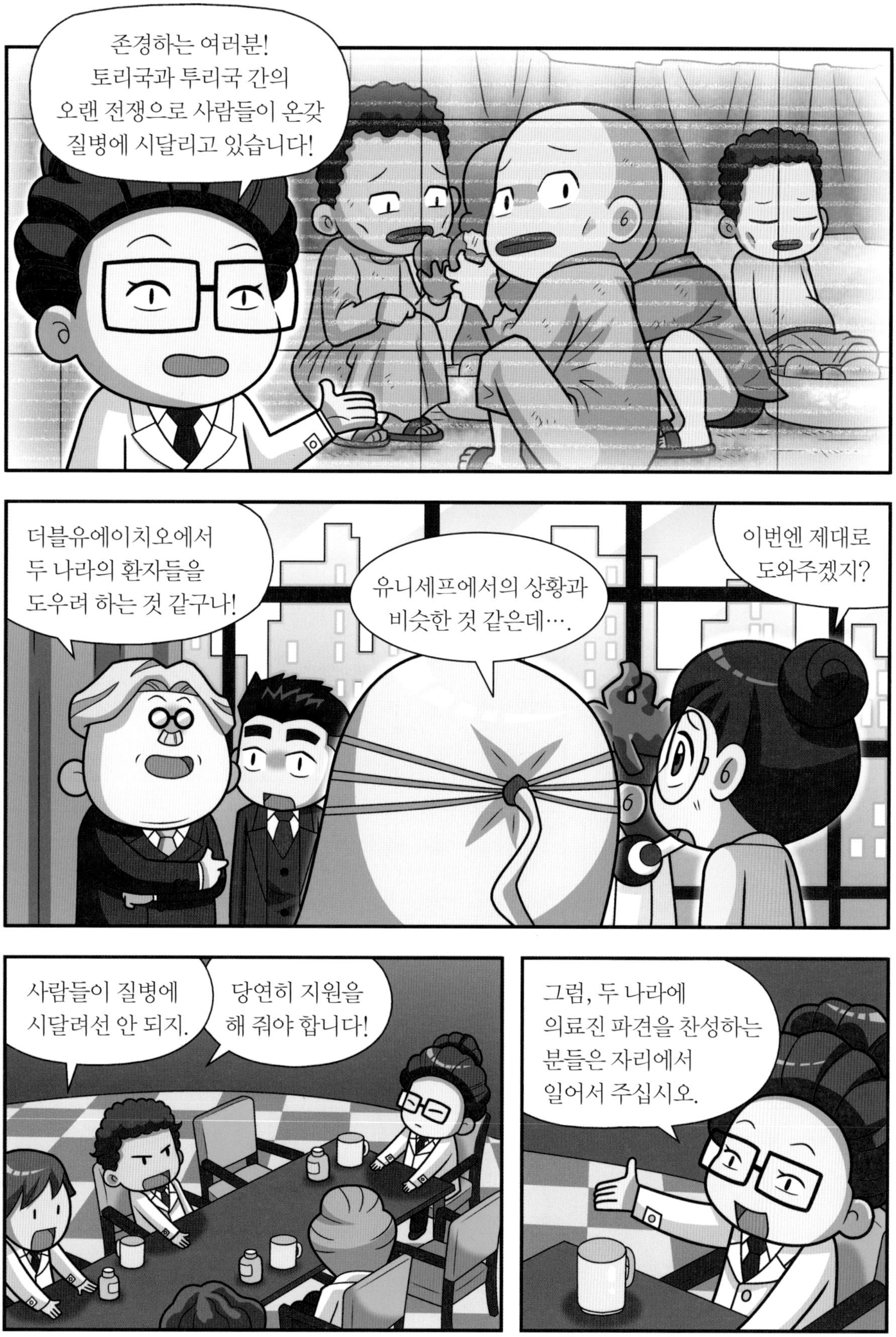

존경하는 여러분! 토리국과 투리국 간의 오랜 전쟁으로 사람들이 온갖 질병에 시달리고 있습니다!
더블유에이치오에서 두 나라의 환자들을 도우려 하는 것 같구나!
유니세프에서의 상황과 비슷한 것 같은데….
이번엔 제대로 도와주겠지?
사람들이 질병에 시달려선 안 되지.
당연히 지원을 해 줘야 합니다!
그럼, 두 나라에 의료진 파견을 찬성하는 분들은 자리에서 일어서 주십시오.

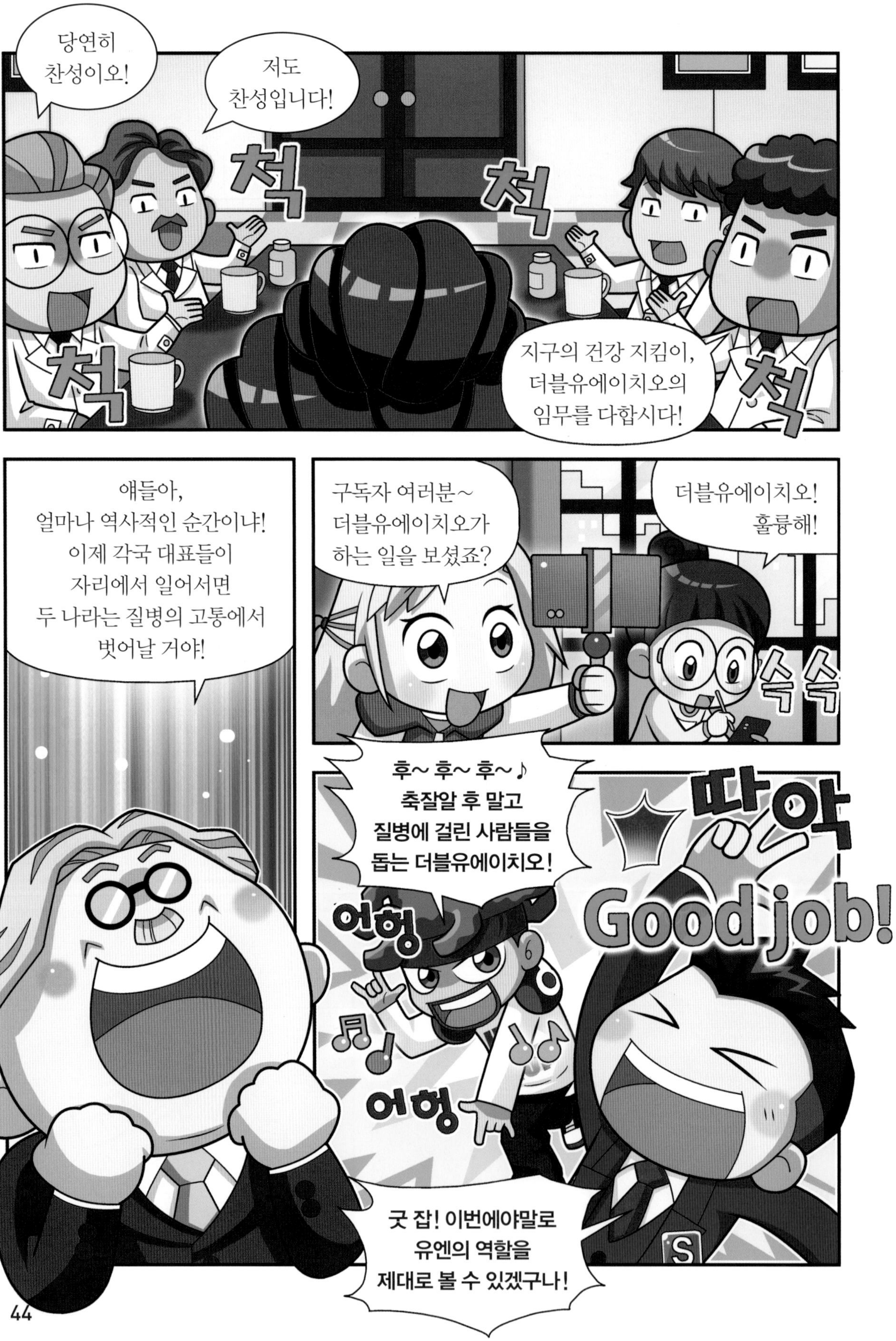
당연히 찬성이오!
저도 찬성입니다!
척
척
척
척
지구의 건강 지킴이, 더블유에이치오의 임무를 다합시다!
얘들아, 얼마나 역사적인 순간이냐! 이제 각국 대표들이 자리에서 일어서면 두 나라는 질병의 고통에서 벗어날 거야!
구독자 여러분~ 더블유에이치오가 하는 일을 보셨죠?
더블유에이치오! 훌륭해!
슥슥
후~ 후~ 후~♪ 축잘알 후 말고 질병에 걸린 사람들을 돕는 더블유에이치오!
따악
Good job!
어헝
어헝
굿 잡! 이번에야말로 유엔의 역할을 제대로 볼 수 있겠구나!

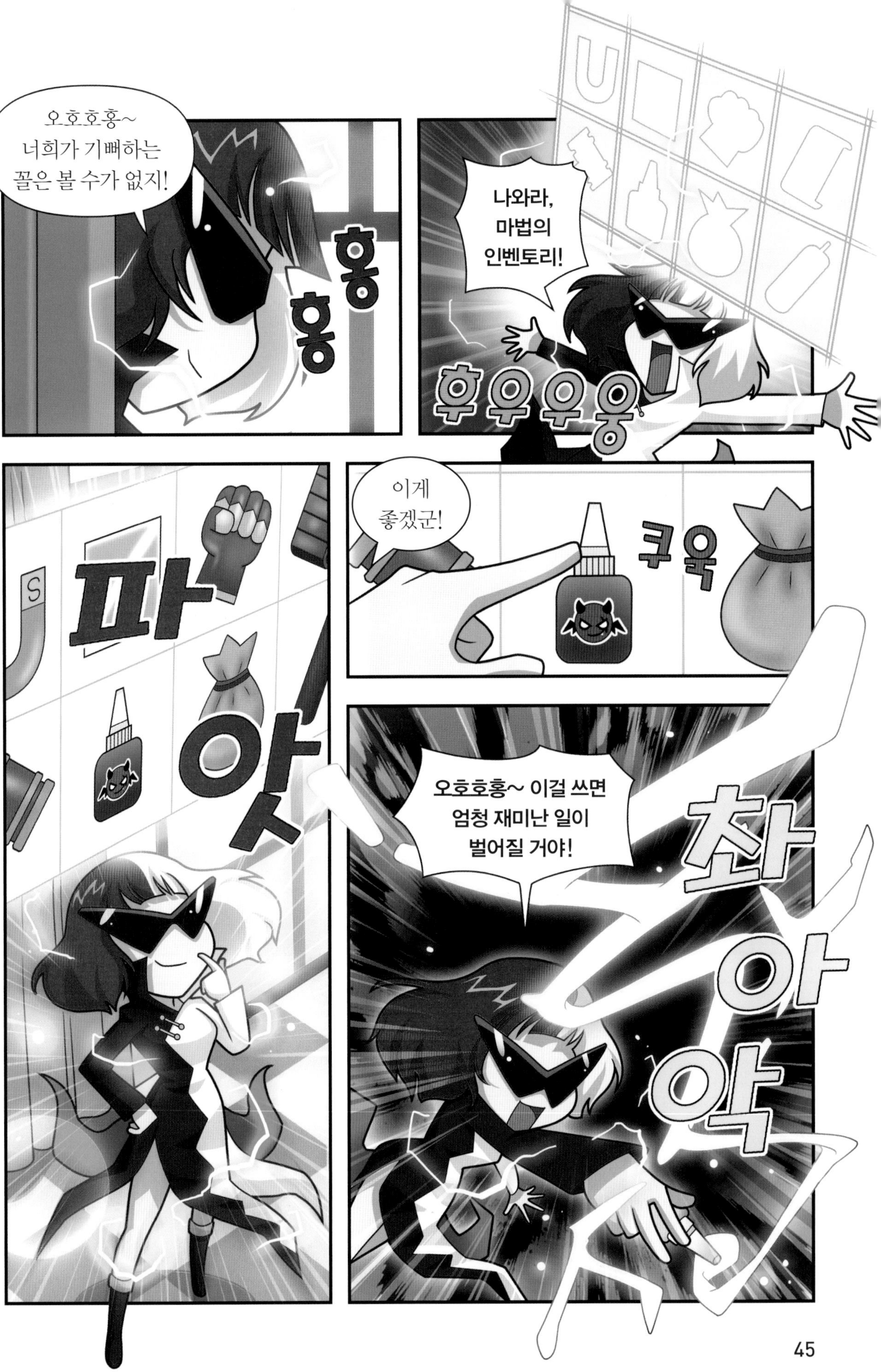
오호호홍~
너희가 기뻐하는
꼴은 볼 수가 없지!
홍
홍
나와라,
마법의
인벤토리!
후우우웅
파
앗
이게
좋겠군!
쿠욱
오호호홍~ 이걸 쓰면
엄청 재미난 일이
벌어질 거야!
촤
아
악

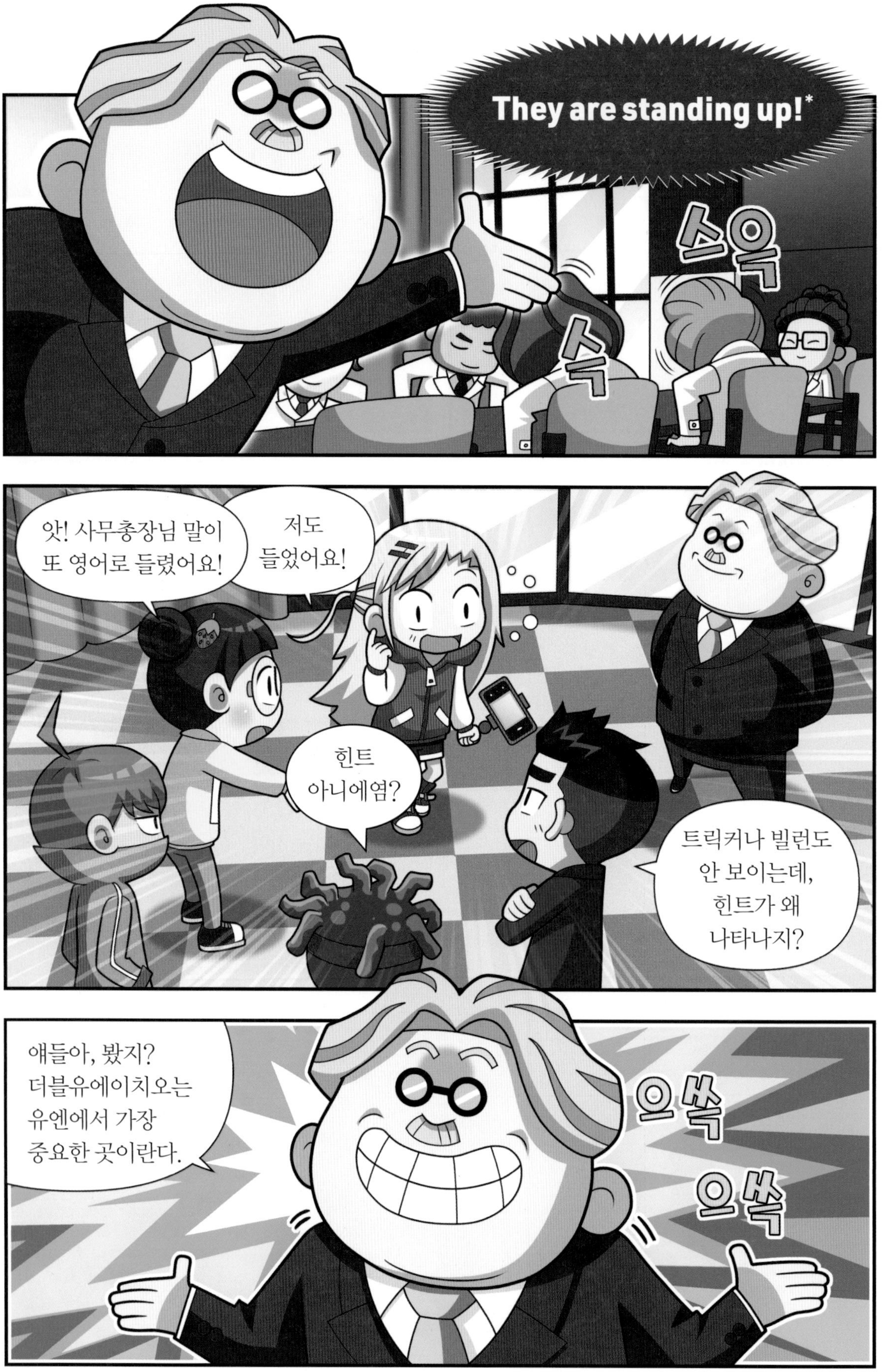
They are standing up!*
스윽
스윽
앗! 사무총장님 말이 또 영어로 들렸어요!
저도 들었어요!
힌트 아니에염?
트릭커나 빌런도 안 보이는데, 힌트가 왜 나타나지?
얘들아, 봤지? 더블유에이치오는 유엔에서 가장 중요한 곳이란다.
으쓱
으쓱

* 그들이 일어서고 있어!

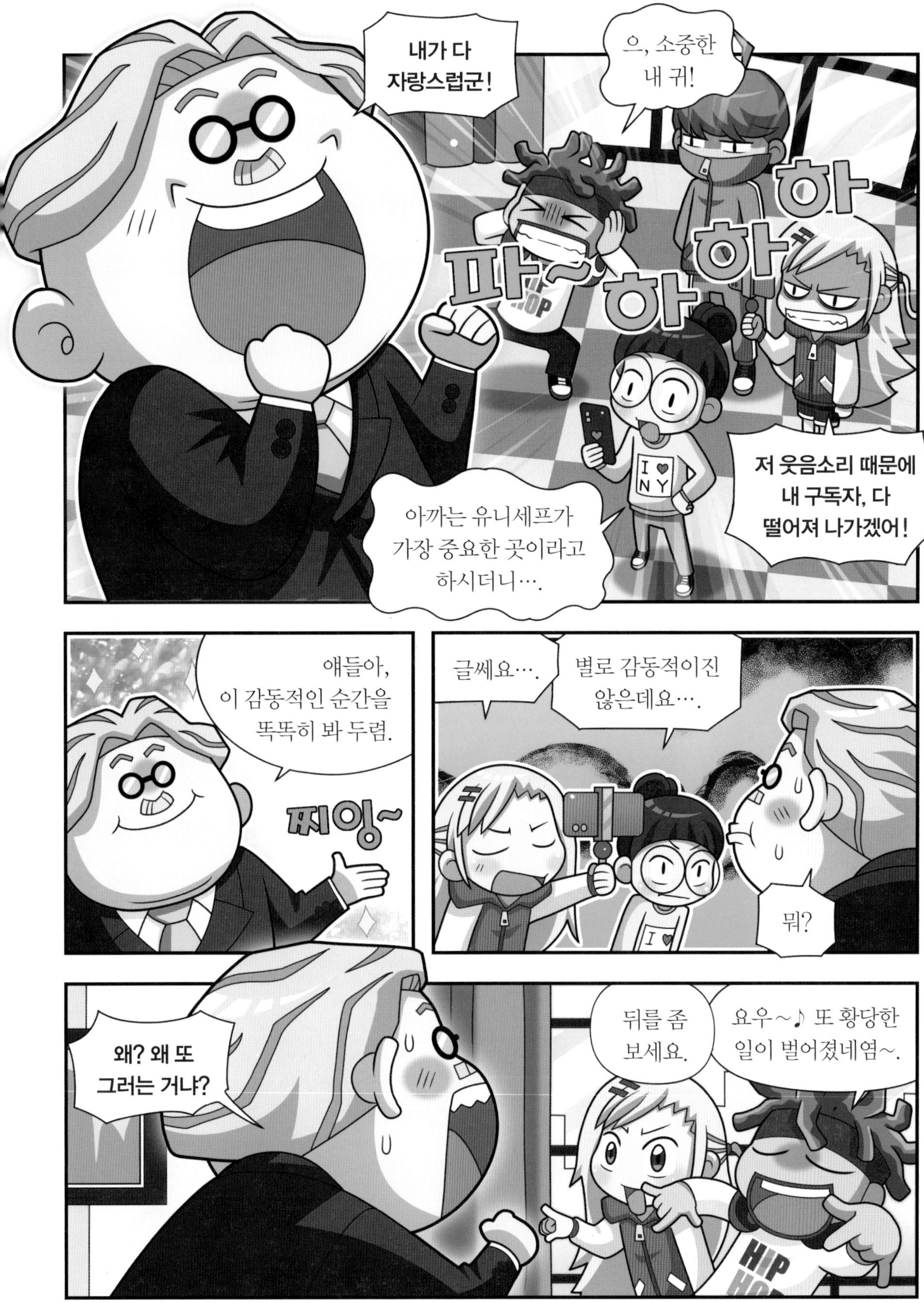
내가 다 자랑스럽군!
으, 소중한 내 귀!
파~
하하하하
저 웃음소리 때문에 내 구독자, 다 떨어져 나가겠어!
아까는 유니세프가 가장 중요한 곳이라고 하시더니….
얘들아, 이 감동적인 순간을 똑똑히 봐 두렴.
찌잉~
글쎄요….
별로 감동적이진 않은데요….
뭐?
왜? 왜 또 그러는 거냐?
뒤를 좀 보세요.
요우~♪ 또 황당한 일이 벌어졌네염~.

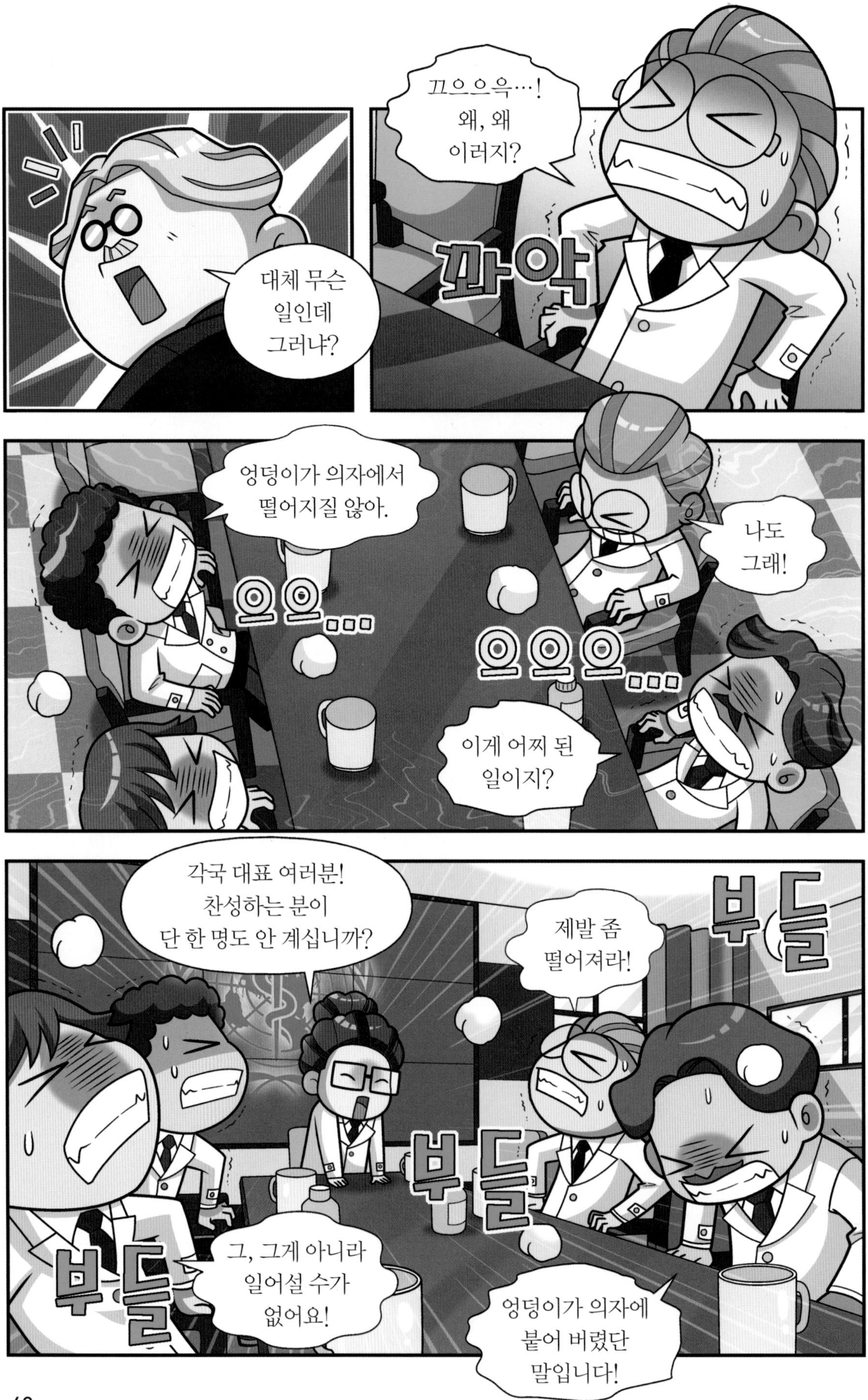
대체 무슨 일인데 그러냐?
끄으으윽…! 왜, 왜 이러지?
까악
엉덩이가 의자에서 떨어지질 않아.
으으...
나도 그래!
으으으...
이게 어찌 된 일이지?
각국 대표 여러분! 찬성하는 분이 단 한 명도 안 계십니까?
제발 좀 떨어져라!
부들
부들
부들
그, 그게 아니라 일어설 수가 없어요!
엉덩이가 의자에 붙어 버렸단 말입니다!

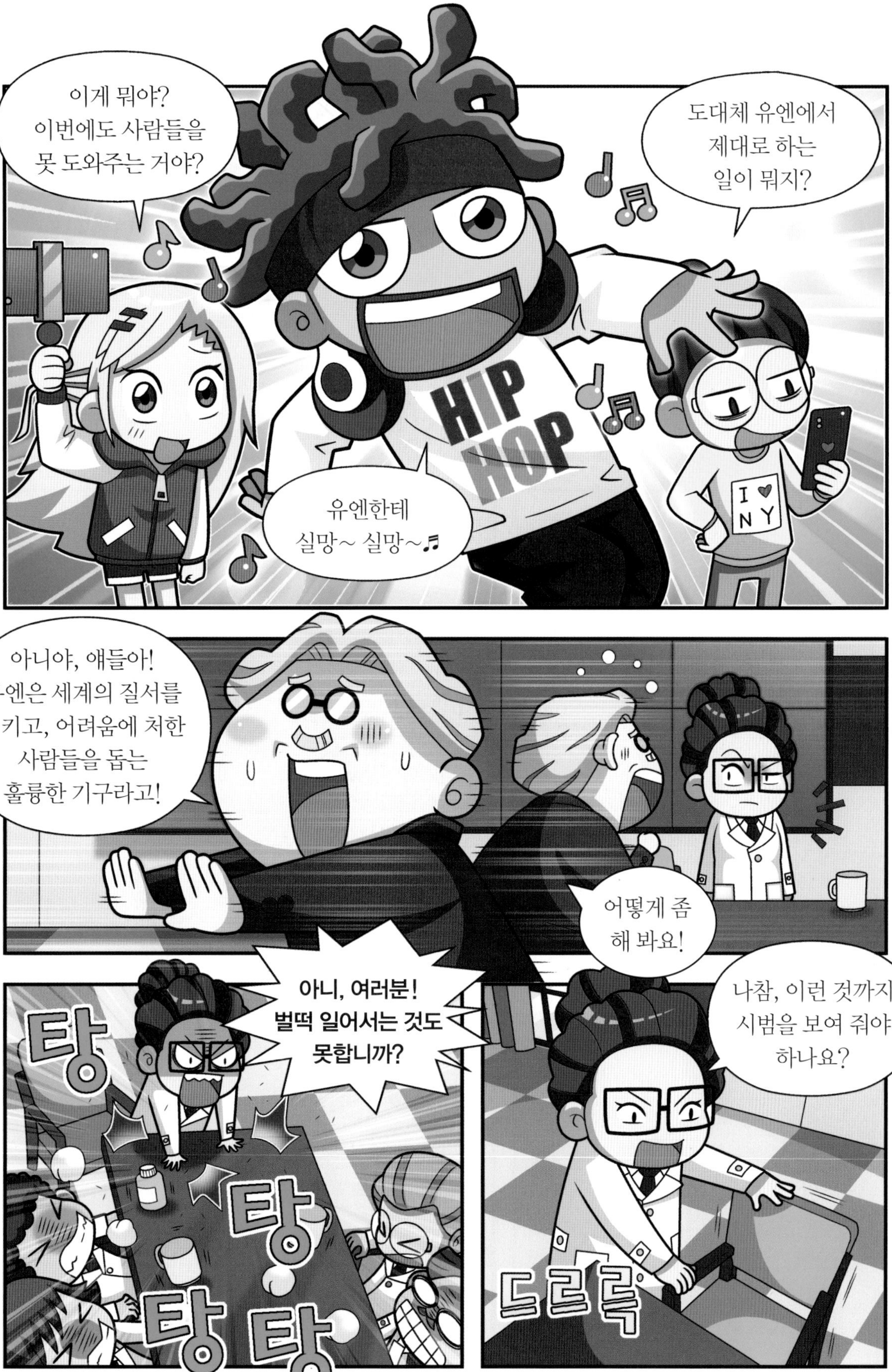
이게 뭐야?
이번에도 사람들을
못 도와주는 거야?
도대체 유엔에서
제대로 하는
일이 뭐지?
HIP HOP
I ♥ NY
유엔한테
실망~ 실망~♬
아니야, 얘들아!
유엔은 세계의 질서를
지키고, 어려움에 처한
사람들을 돕는
훌륭한 기구라고!
어떻게 좀
해 봐요!
아니, 여러분!
벌떡 일어서는 것도
못합니까?
탕
탕
탕 탕
나참, 이런 것까지
시범을 보여 줘야
하나요?
드르륵

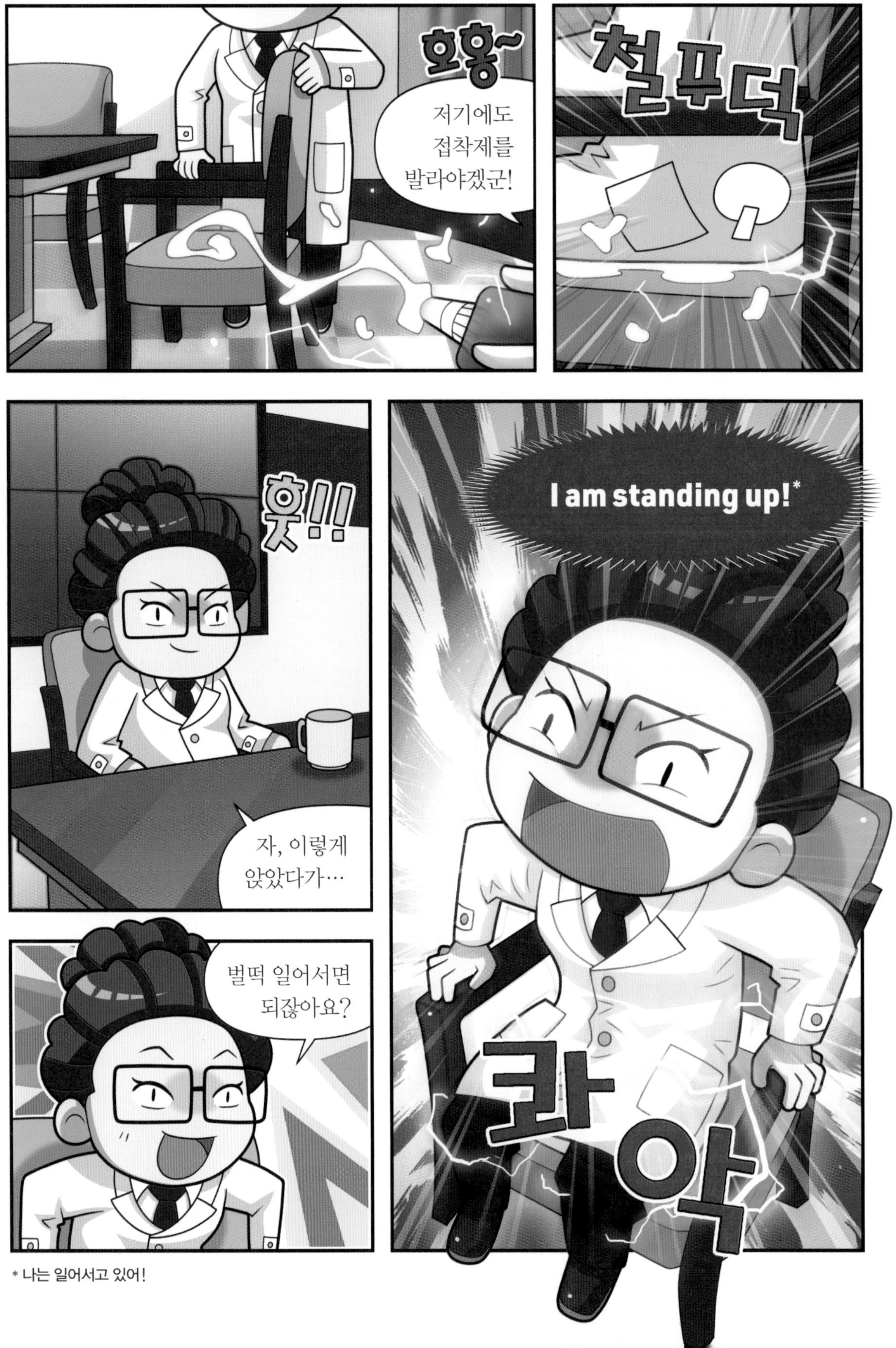
호홍~
저기에도 접착제를 발라야겠군!
철푸덕
훗!!!
자, 이렇게 앉았다가…
벌떡 일어서면 되잖아요?
I am standing up!*
콰악

* 나는 일어서고 있어!

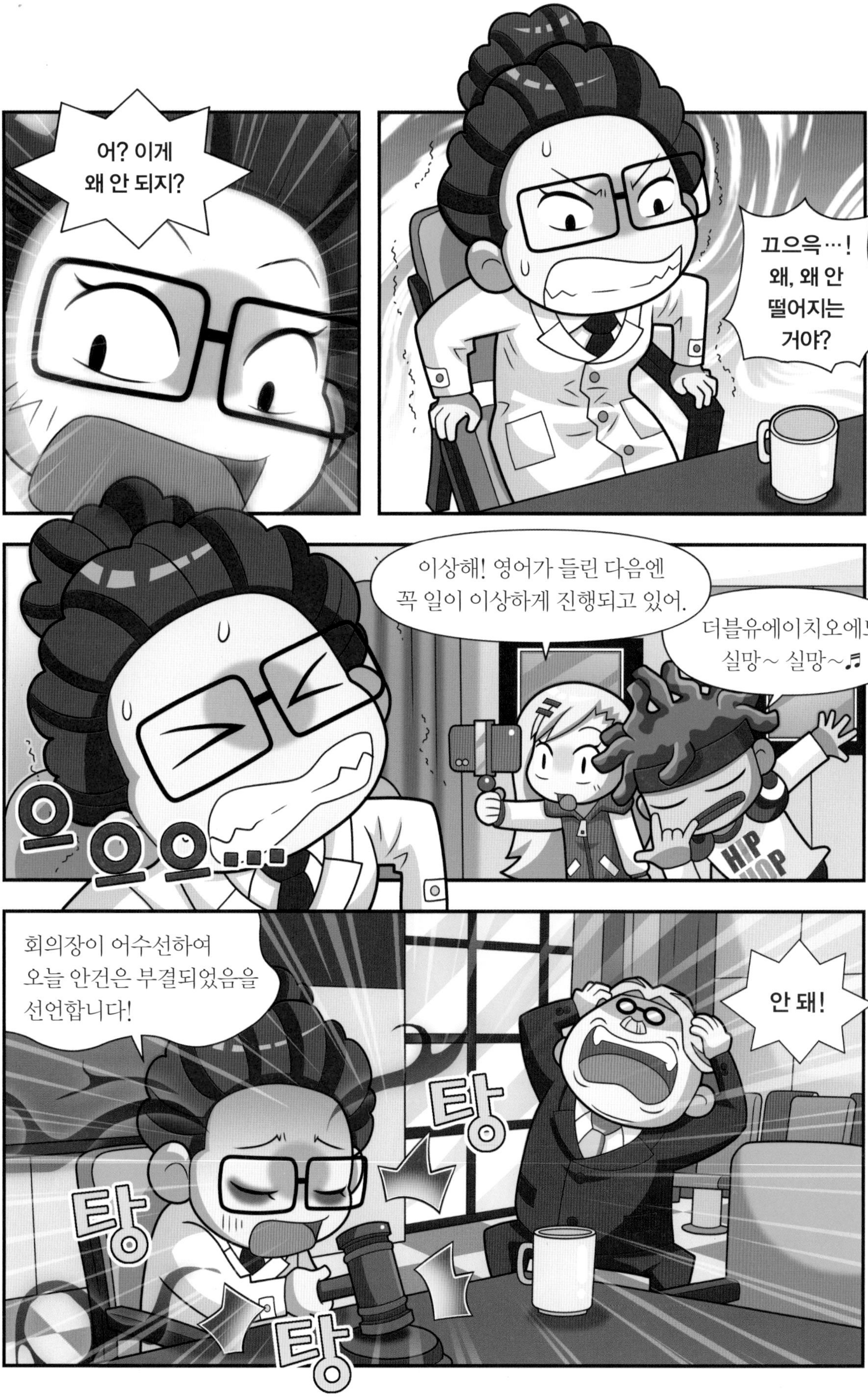
어? 이게 왜 안 되지?
끄으윽…! 왜, 왜 안 떨어지는 거야?
이상해! 영어가 들린 다음엔 꼭 일이 이상하게 진행되고 있어.
더블유에이치오에도 실망~ 실망~♬
으으으…
HIP HOP
회의장이 어수선하여 오늘 안건은 부결되었음을 선언합니다!
안 돼!
탕
탕
탕

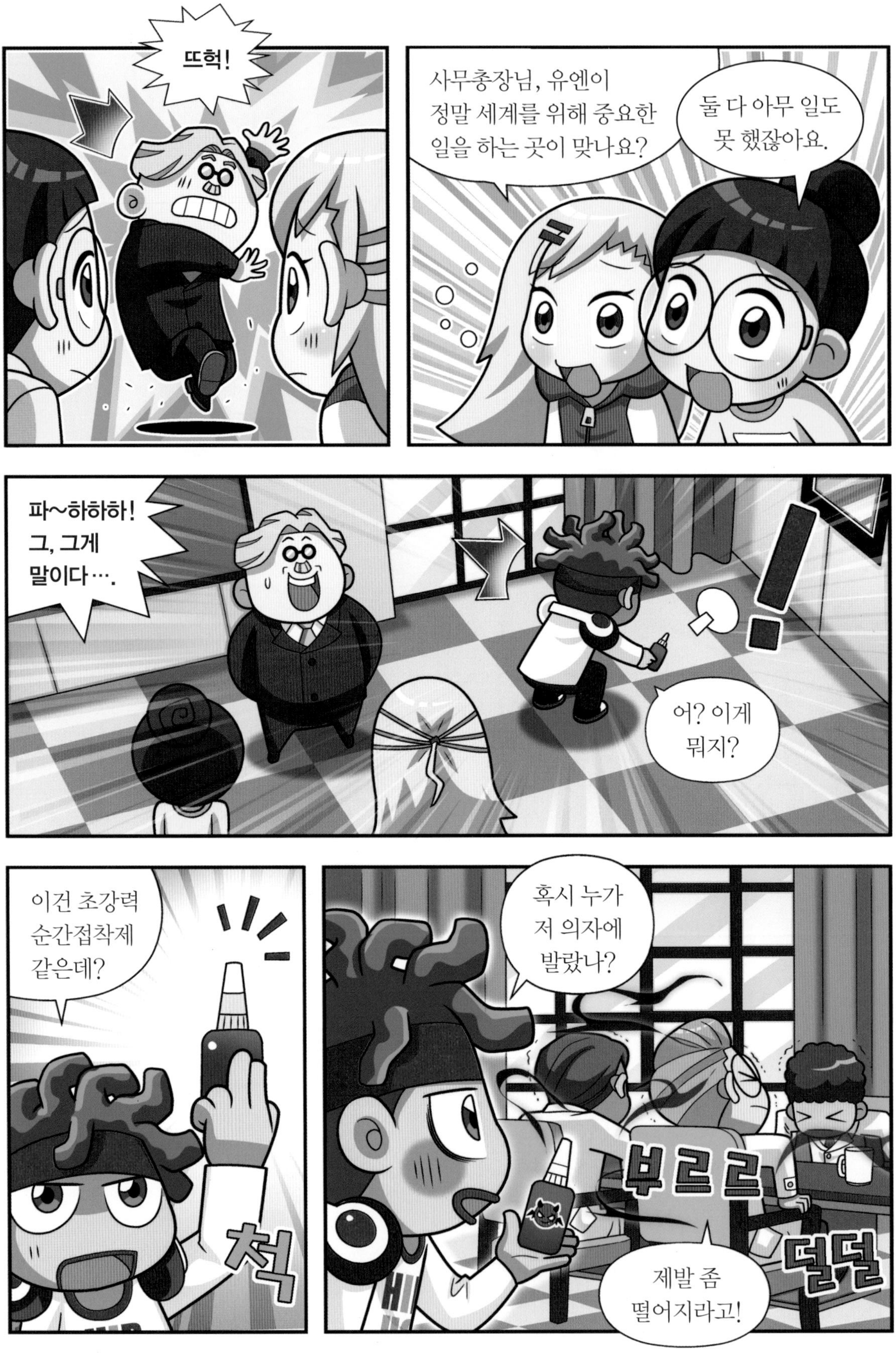
뜨헉!
사무총장님, 유엔이 정말 세계를 위해 중요한 일을 하는 곳이 맞나요?
둘 다 아무 일도 못 했잖아요.
파~하하하! 그, 그게 말이다….
어? 이게 뭐지?
이건 초강력 순간접착제 같은데?
척
혹시 누가 저 의자에 발랐나?
부르르
덜덜
제발 좀 떨어지라고!

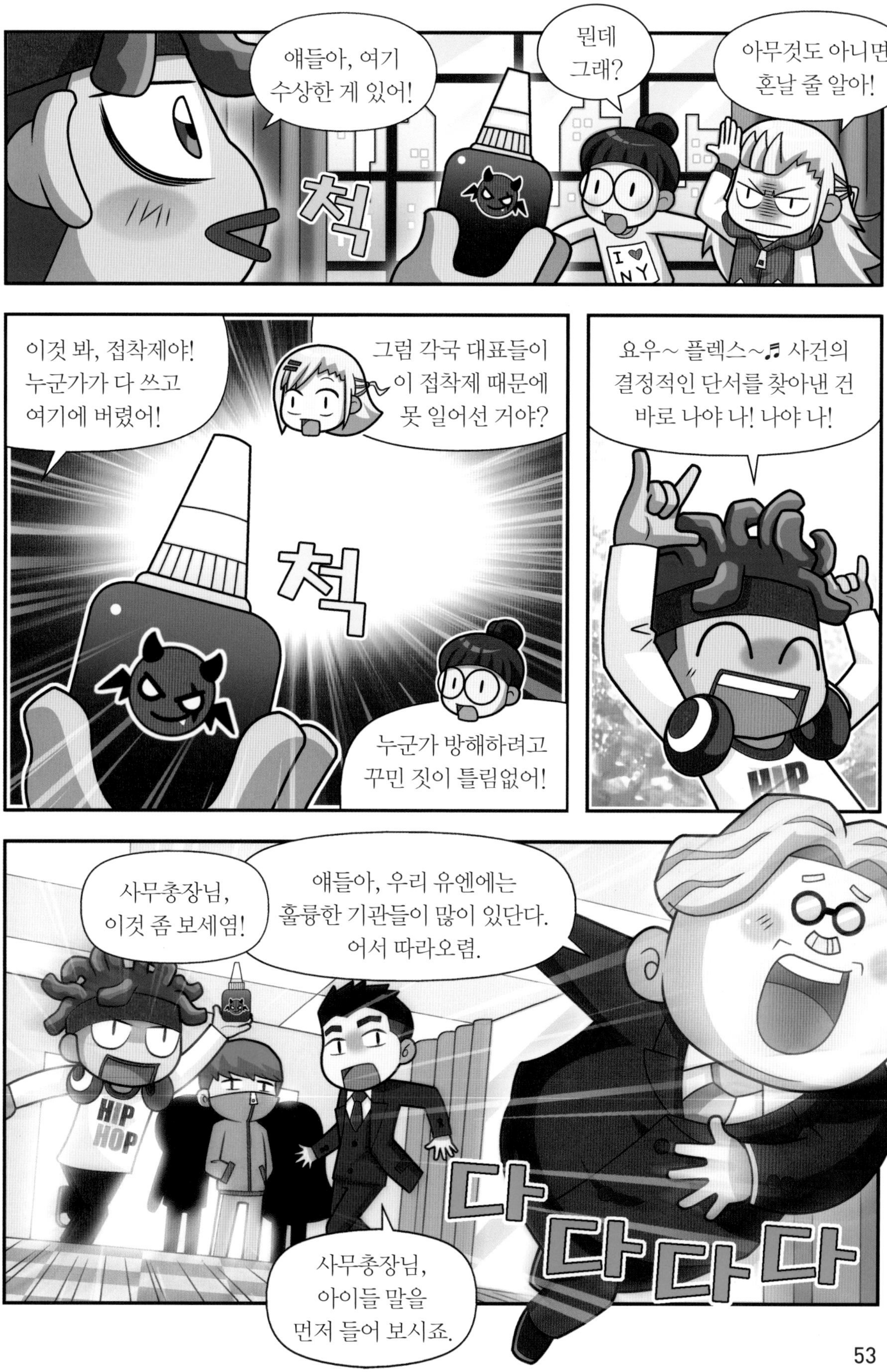
애들아, 여기 수상한 게 있어!
척
뭔데 그래?
아무것도 아니면 혼날 줄 알아!
이것 봐, 접착제야! 누군가가 다 쓰고 여기에 버렸어!
그럼 각국 대표들이 이 접착제 때문에 못 일어선 거야?
척
누군가 방해하려고 꾸민 짓이 틀림없어!
요우~ 플렉스~♬ 사건의 결정적인 단서를 찾아낸 건 바로 나야 나! 나야 나!
사무총장님, 이것 좀 보세염!
애들아, 우리 유엔에는 훌륭한 기관들이 많이 있단다. 어서 따라오렴.
HIP HOP
다다다다다
사무총장님, 아이들 말을 먼저 들어 보시죠.

Chapter 3

엉망진창으로 변해 가는 유엔

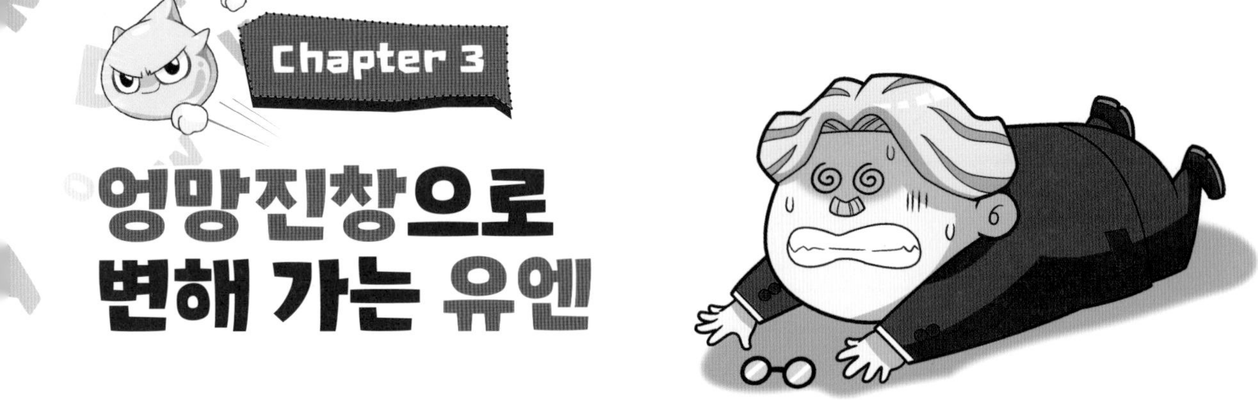

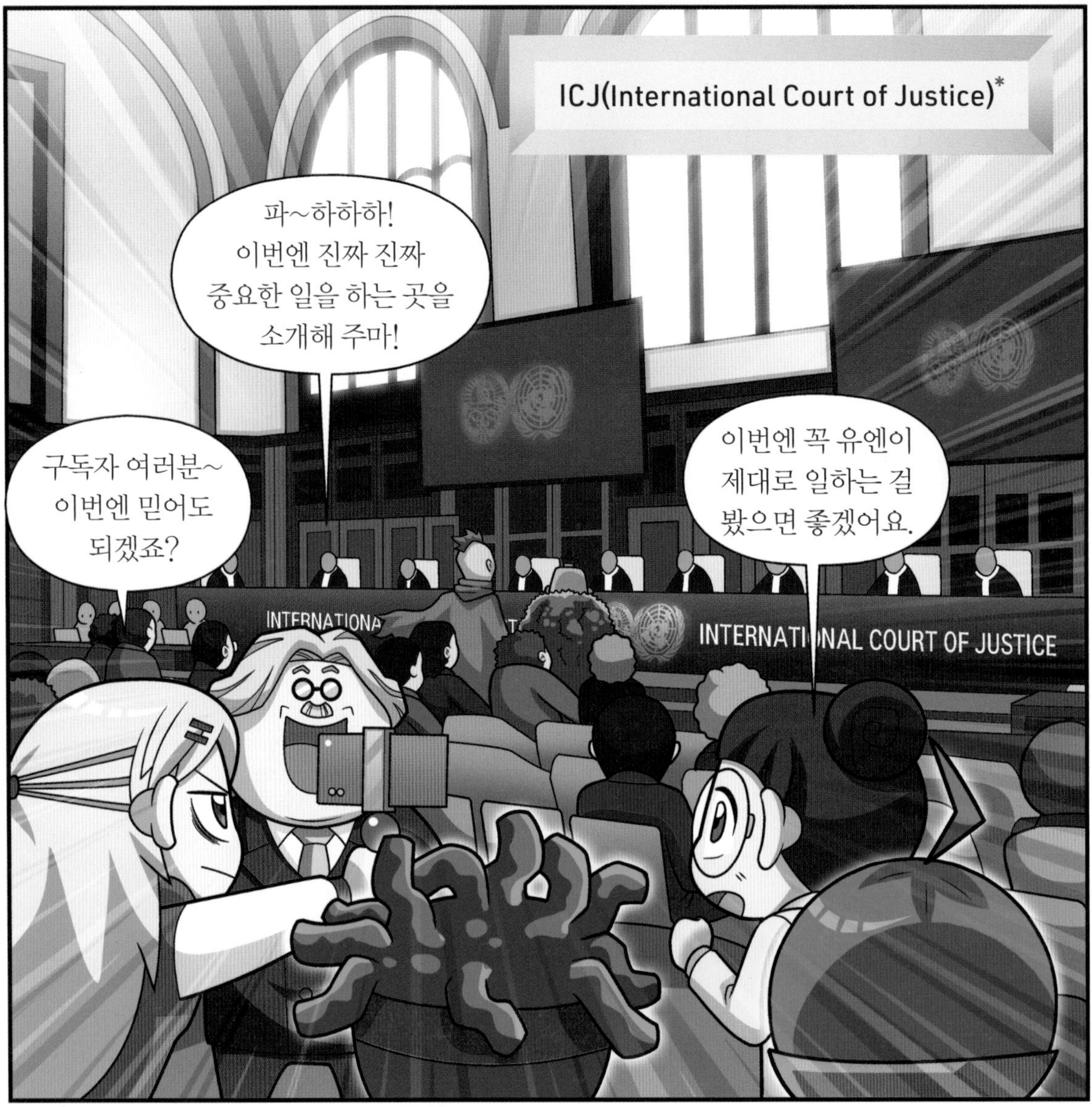
ICJ(International Court of Justice)*
파~하하하! 이번엔 진짜 진짜 중요한 일을 하는 곳을 소개해 주마!
구독자 여러분~ 이번엔 믿어도 되겠죠?
이번엔 꼭 유엔이 제대로 일하는 걸 봤으면 좋겠어요.
INTERNATIONAL COURT OF JUSTICE

* ICJ: 국제 사법 재판소. 국가 간의 분쟁을 국제법으로 해결하는 유엔의 사법 기관.

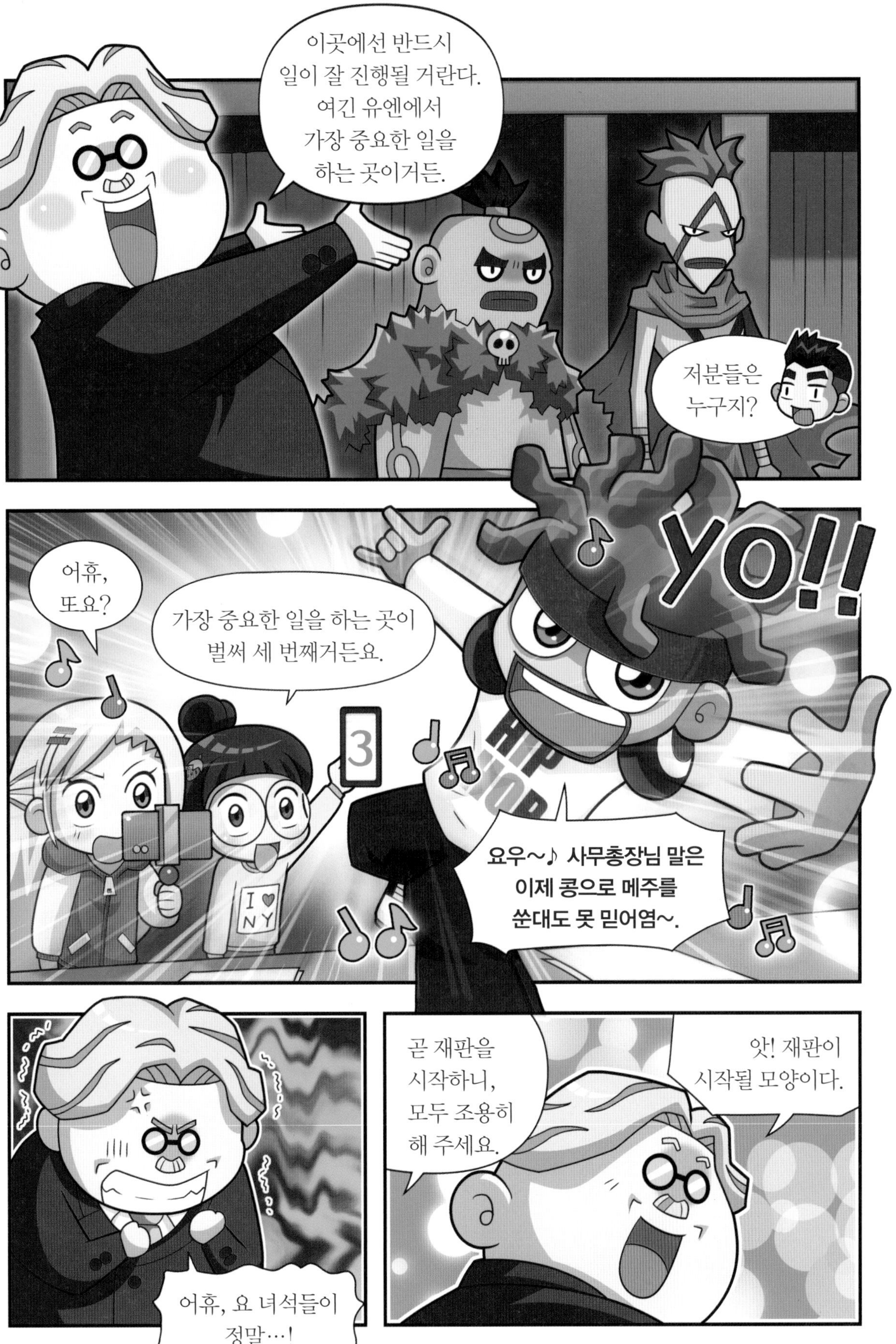
이곳에선 반드시 일이 잘 진행될 거란다. 여긴 유엔에서 가장 중요한 일을 하는 곳이거든.
저분들은 누구지?
어휴, 또요?
가장 중요한 일을 하는 곳이 벌써 세 번째거든요.
3
YO!!
HIP HOP
요우~♪ 사무총장님 말은 이제 콩으로 메주를 쑨대도 못 믿어염~.
어휴, 요 녀석들이 정말…!
곧 재판을 시작하니, 모두 조용히 해 주세요.
앗! 재판이 시작될 모양이다.

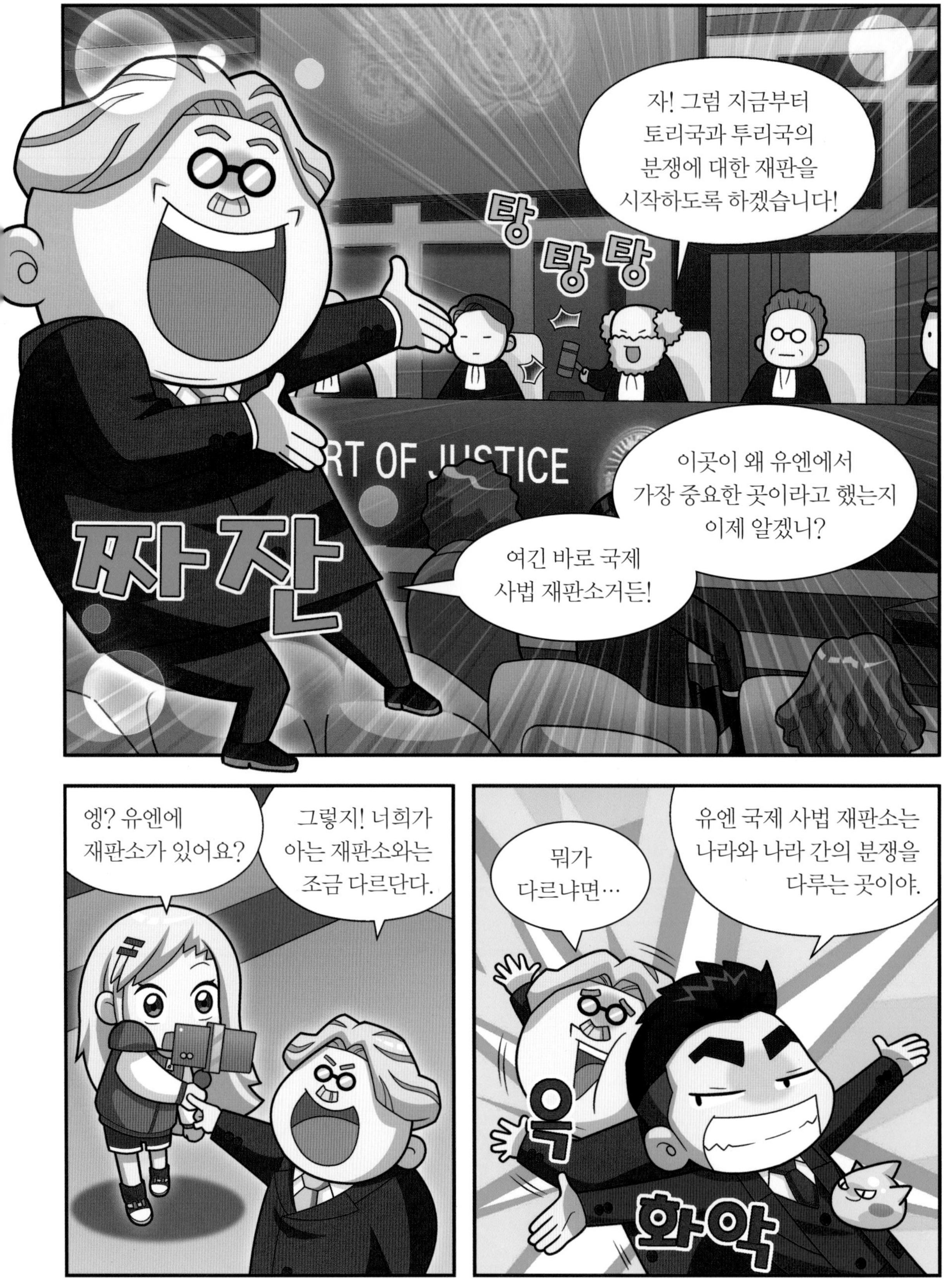

자! 그럼 지금부터 토리국과 투리국의 분쟁에 대한 재판을 시작하도록 하겠습니다!
탕 탕 탕
RT OF JUSTICE
짜잔
이곳이 왜 유엔에서 가장 중요한 곳이라고 했는지 이제 알겠니?
여긴 바로 국제 사법 재판소거든!
엥? 유엔에 재판소가 있어요?
그렇지! 너희가 아는 재판소와는 조금 다르단다.
뭐가 다르냐면…
유엔 국제 사법 재판소는 나라와 나라 간의 분쟁을 다루는 곳이야.
윽
화악

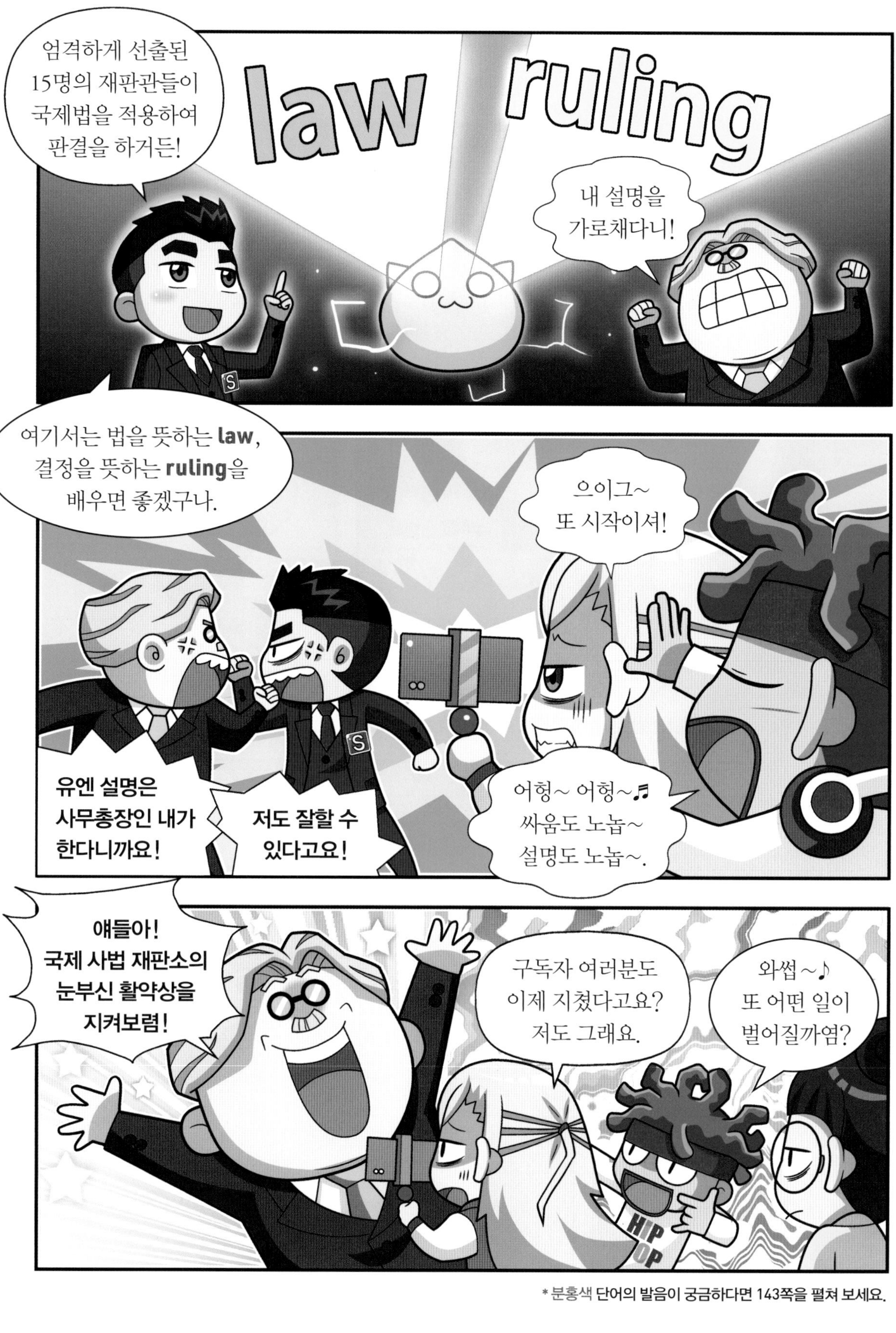
엄격하게 선출된 15명의 재판관들이 국제법을 적용하여 판결을 하거든!
law
ruling
내 설명을 가로채다니!
여기서는 법을 뜻하는 law, 결정을 뜻하는 ruling을 배우면 좋겠구나.
으이그~ 또 시작이셔!
유엔 설명은 사무총장인 내가 한다니까요!
저도 잘할 수 있다고요!
어헝~ 어헝~♬ 싸움도 노놉~ 설명도 노놉~.
얘들아! 국제 사법 재판소의 눈부신 활약상을 지켜보렴!
구독자 여러분도 이제 지쳤다고요? 저도 그래요.
와썹~♪ 또 어떤 일이 벌어질까염?
HIP HOP

* 분홍색 단어의 발음이 궁금하다면 143쪽을 펼쳐 보세요.

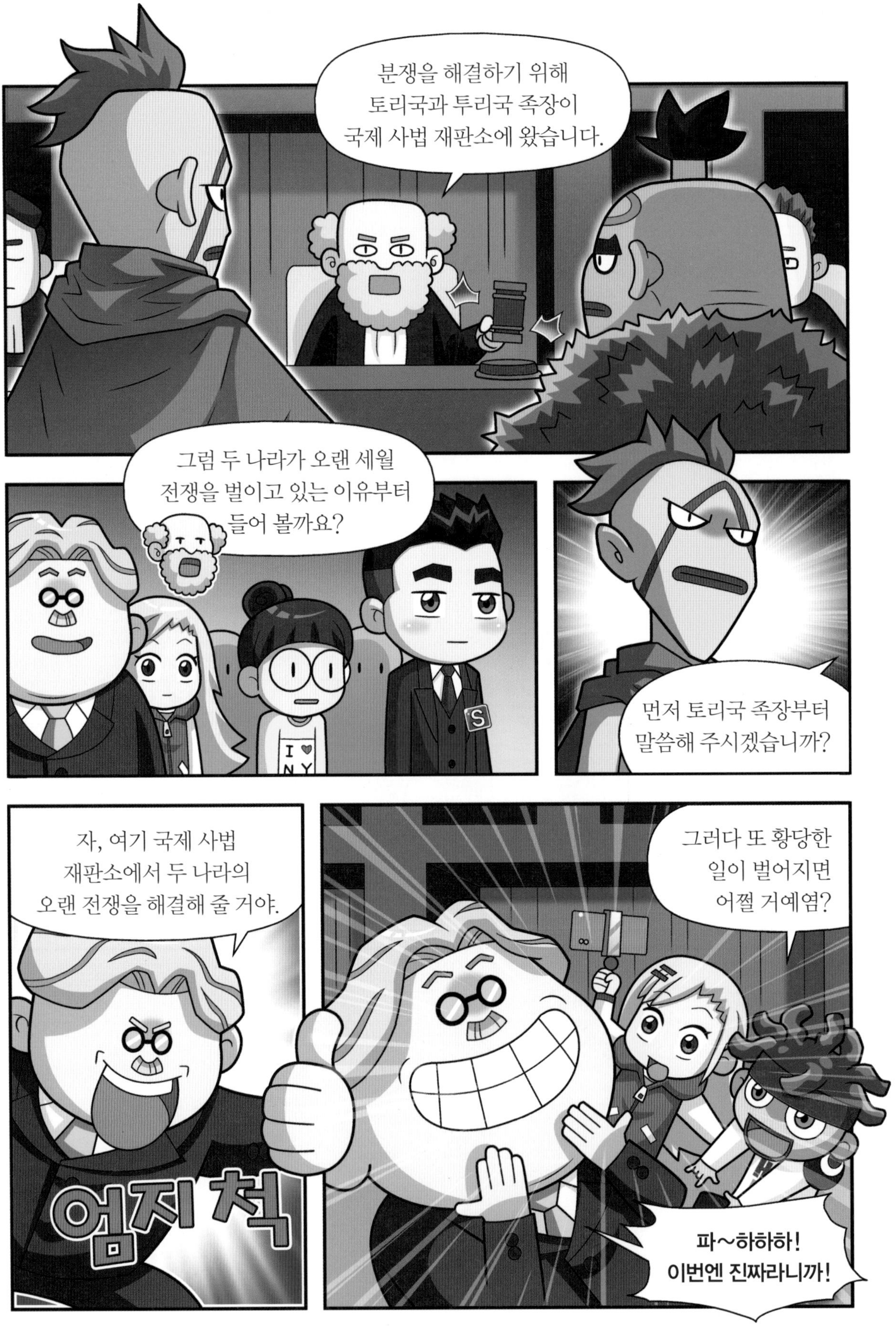
분쟁을 해결하기 위해 토리국과 투리국 족장이 국제 사법 재판소에 왔습니다.
그럼 두 나라가 오랜 세월 전쟁을 벌이고 있는 이유부터 들어 볼까요?
먼저 토리국 족장부터 말씀해 주시겠습니까?
자, 여기 국제 사법 재판소에서 두 나라의 오랜 전쟁을 해결해 줄 거야.
엄지 척
그러다 또 황당한 일이 벌어지면 어쩔 거예염?
파~하하하! 이번엔 진짜라니까!

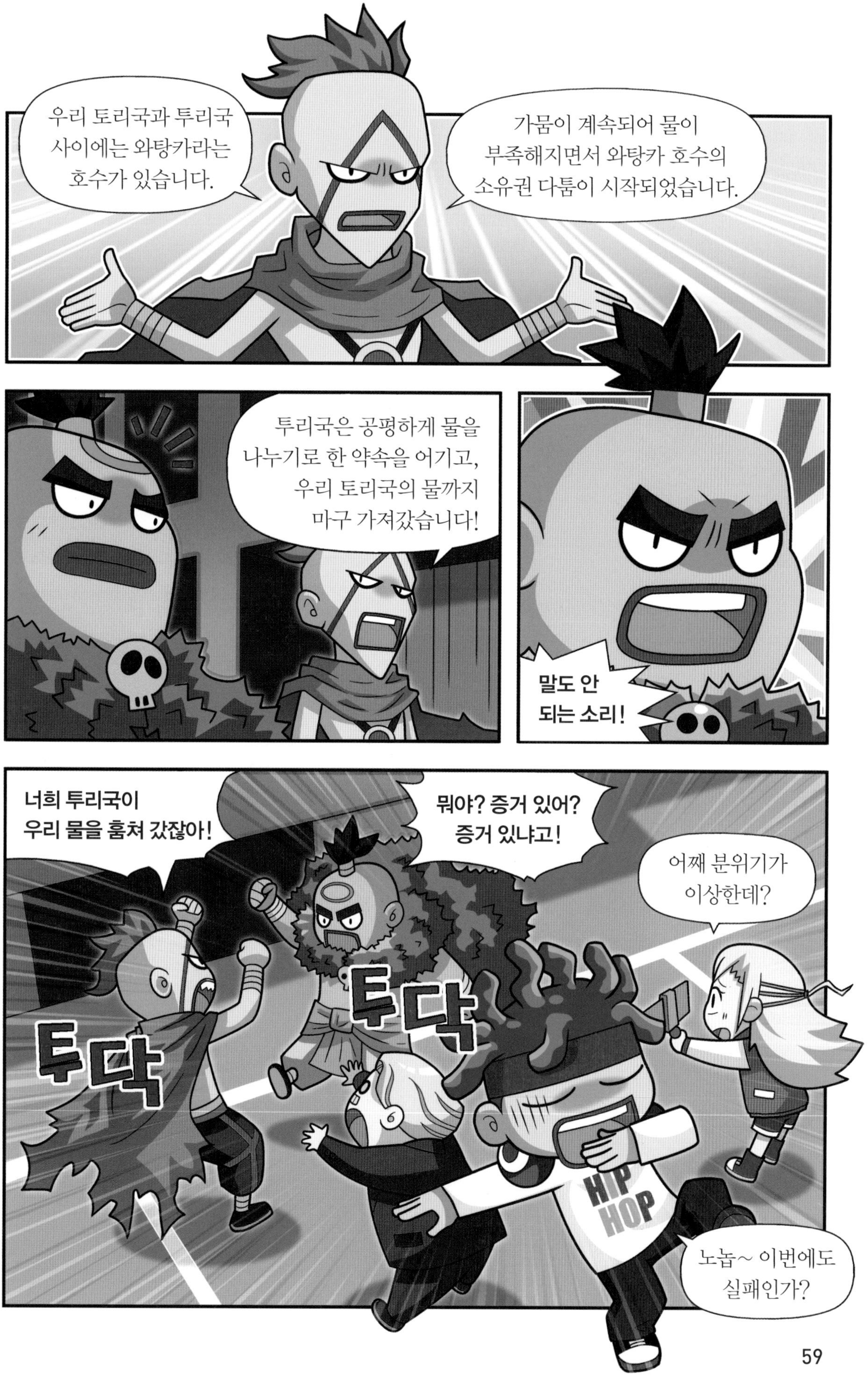
우리 토리국과 투리국 사이에는 와탕카라는 호수가 있습니다.
가뭄이 계속되어 물이 부족해지면서 와탕카 호수의 소유권 다툼이 시작되었습니다.
투리국은 공평하게 물을 나누기로 한 약속을 어기고, 우리 토리국의 물까지 마구 가져갔습니다!
말도 안 되는 소리!
너희 투리국이 우리 물을 훔쳐 갔잖아!
뭐야? 증거 있어? 증거 있냐고!
어째 분위기가 이상한데?
투닥
투닥
HIP HOP
노놉~ 이번에도 실패인가?

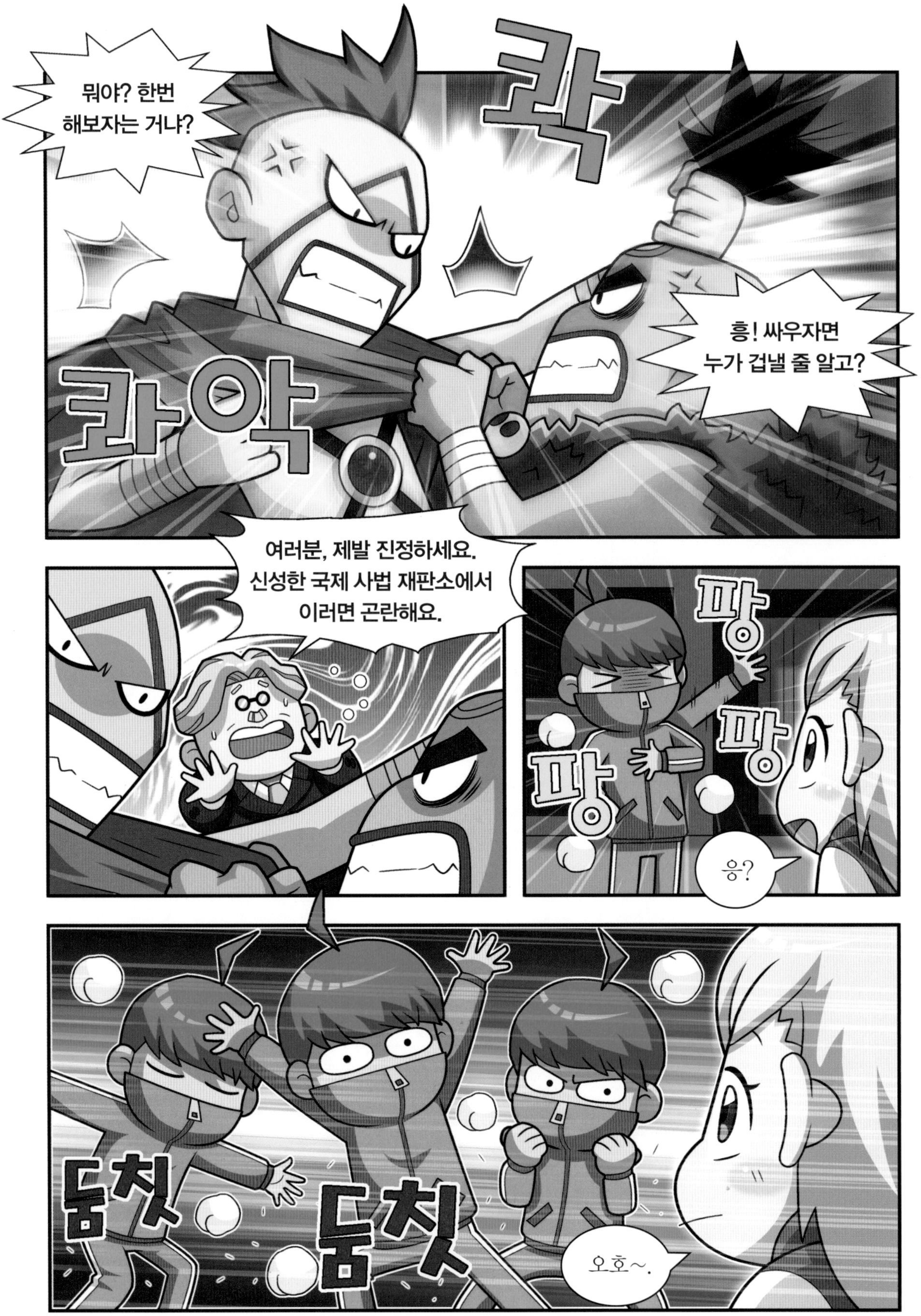

뭐야? 한번
해보자는 거냐?
콱
흥! 싸우자면
누가 겁낼 줄 알고?
콰악
여러분, 제발 진정하세요.
신성한 국제 사법 재판소에서
이러면 곤란해요.
팡
팡
팡
응?
둠칫
둠칫
오호~.

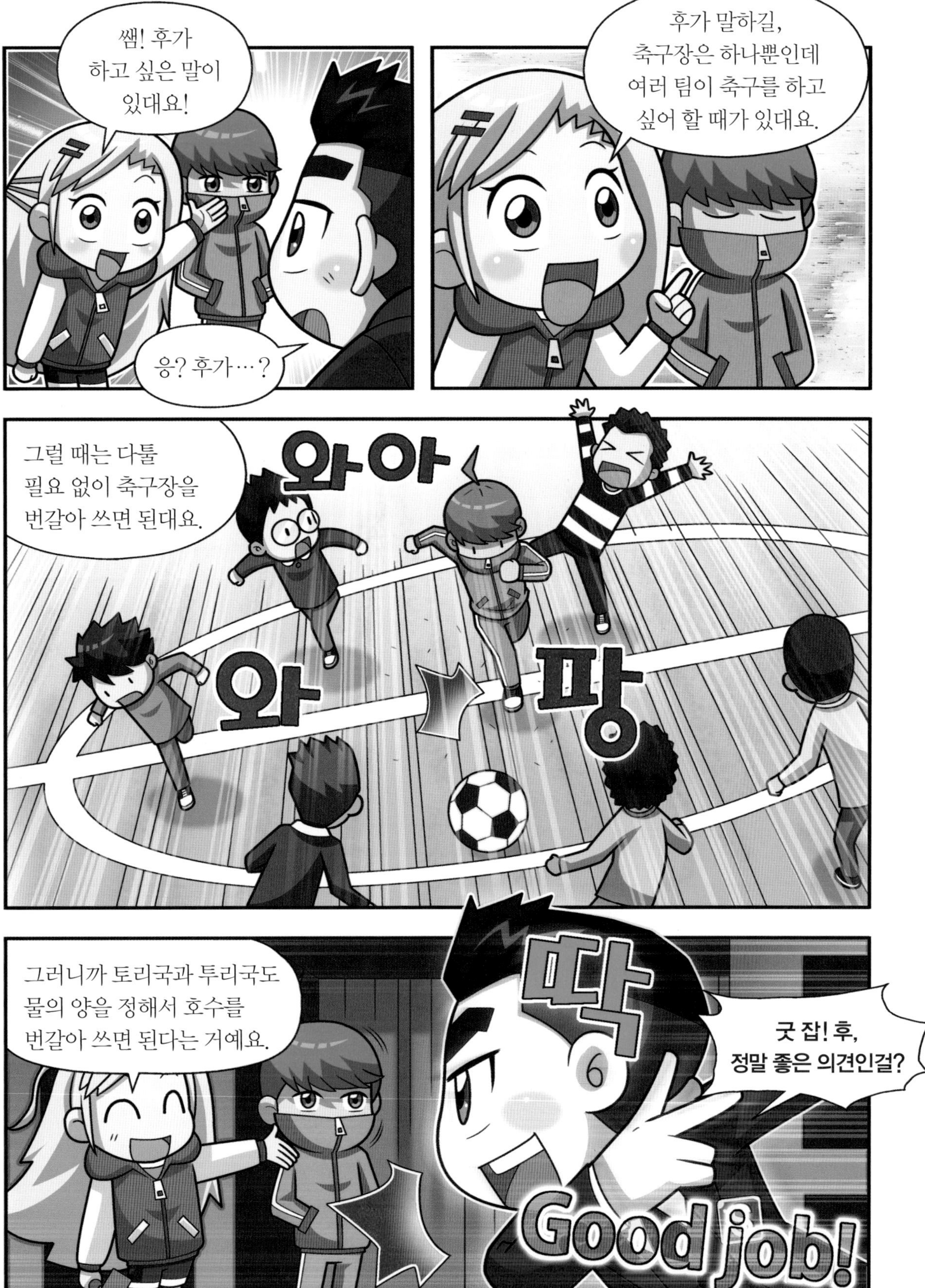

쌤! 후가
하고 싶은 말이
있대요!
응? 후가…?
후가 말하길,
축구장은 하나뿐인데
여러 팀이 축구를 하고
싶어 할 때가 있대요.
그럴 때는 다툴
필요 없이 축구장을
번갈아 쓰면 된대요.
와아
와
팡
그러니까 토리국과 투리국도
물의 양을 정해서 호수를
번갈아 쓰면 된다는 거예요.
딱
굿 잡! 후,
정말 좋은 의견인걸?
Good job!

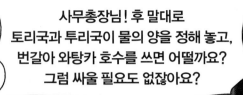

사무총장님! 후 말대로 토리국과 투리국이 물의 양을 정해 놓고, 번갈아 와탕카 호수를 쓰면 어떨까요? 그럼 싸울 필요도 없잖아요?

재판장님의 생각은 어떻습니까?

저도 좋은 의견이라고 생각합니다.

오~ 그거 참 좋은 의견이군.

으흠…. 그럼 국제 사법 재판소에서 판결을 내리겠습니다!

이번에는 아무 일도 일어나지 않겠지? 제발 유엔이 제대로 일하는 모습을 보여 줘야 할 텐데….

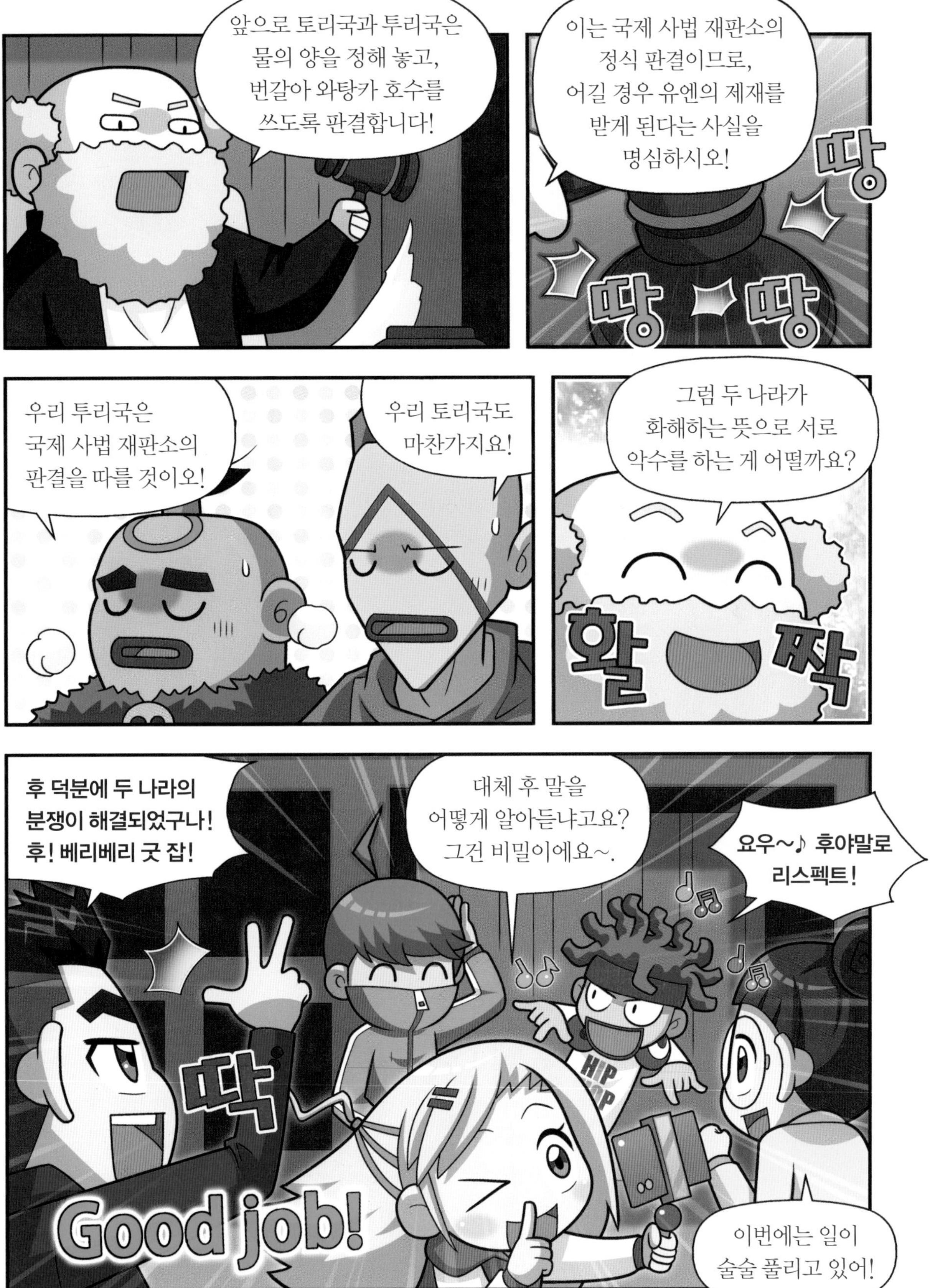
앞으로 토리국과 투리국은 물의 양을 정해 놓고, 번갈아 와탕카 호수를 쓰도록 판결합니다!
이는 국제 사법 재판소의 정식 판결이므로, 어길 경우 유엔의 제재를 받게 된다는 사실을 명심하시오!
땅
땅 땅
우리 투리국은 국제 사법 재판소의 판결을 따를 것이오!
우리 토리국도 마찬가지지요!
그럼 두 나라가 화해하는 뜻으로 서로 악수를 하는 게 어떨까요?
활짝
후 덕분에 두 나라의 분쟁이 해결되었구나! 후! 베리베리 굿 잡!
대체 후 말을 어떻게 알아듣냐고요? 그건 비밀이에요~.
요우~♪ 후야말로 리스펙트!
딱
HIP HOP
Good job!
이번에는 일이 술술 풀리고 있어!

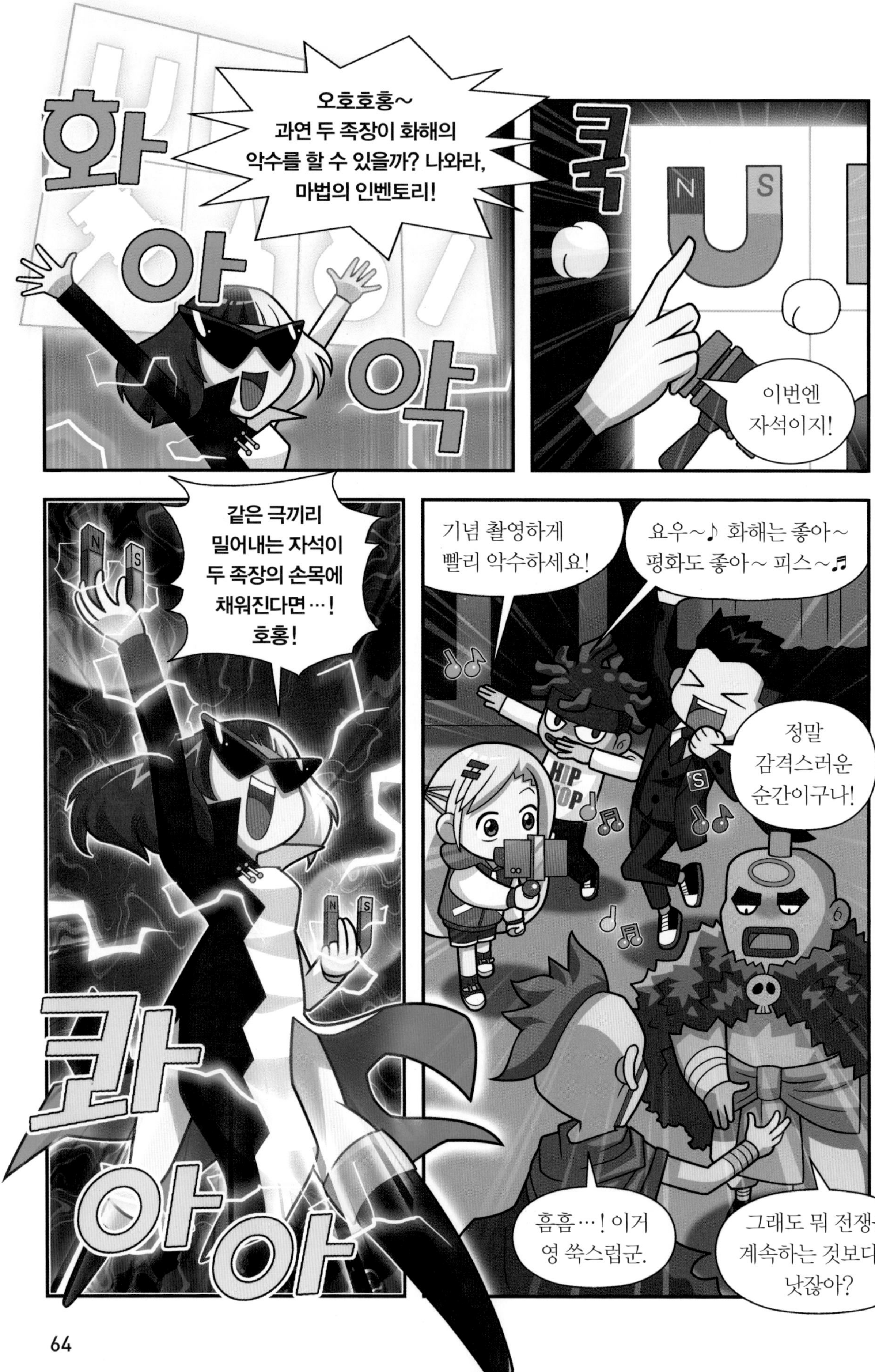
화아악
오호호홍~ 과연 두 족장이 화해의 악수를 할 수 있을까? 나와라, 마법의 인벤토리!
쿡
N S
이번엔 자석이지!
같은 극끼리 밀어내는 자석이 두 족장의 손목에 채워진다면…! 호홍!
콰아아
기념 촬영하게 빨리 악수하세요!
요우~♪ 화해는 좋아~ 평화도 좋아~ 피스~♬
HIP HOP
정말 감격스러운 순간이구나!
흠흠…! 이거 영 쑥스럽군.
그래도 뭐 전쟁을 계속하는 것보다는 낫잖아?

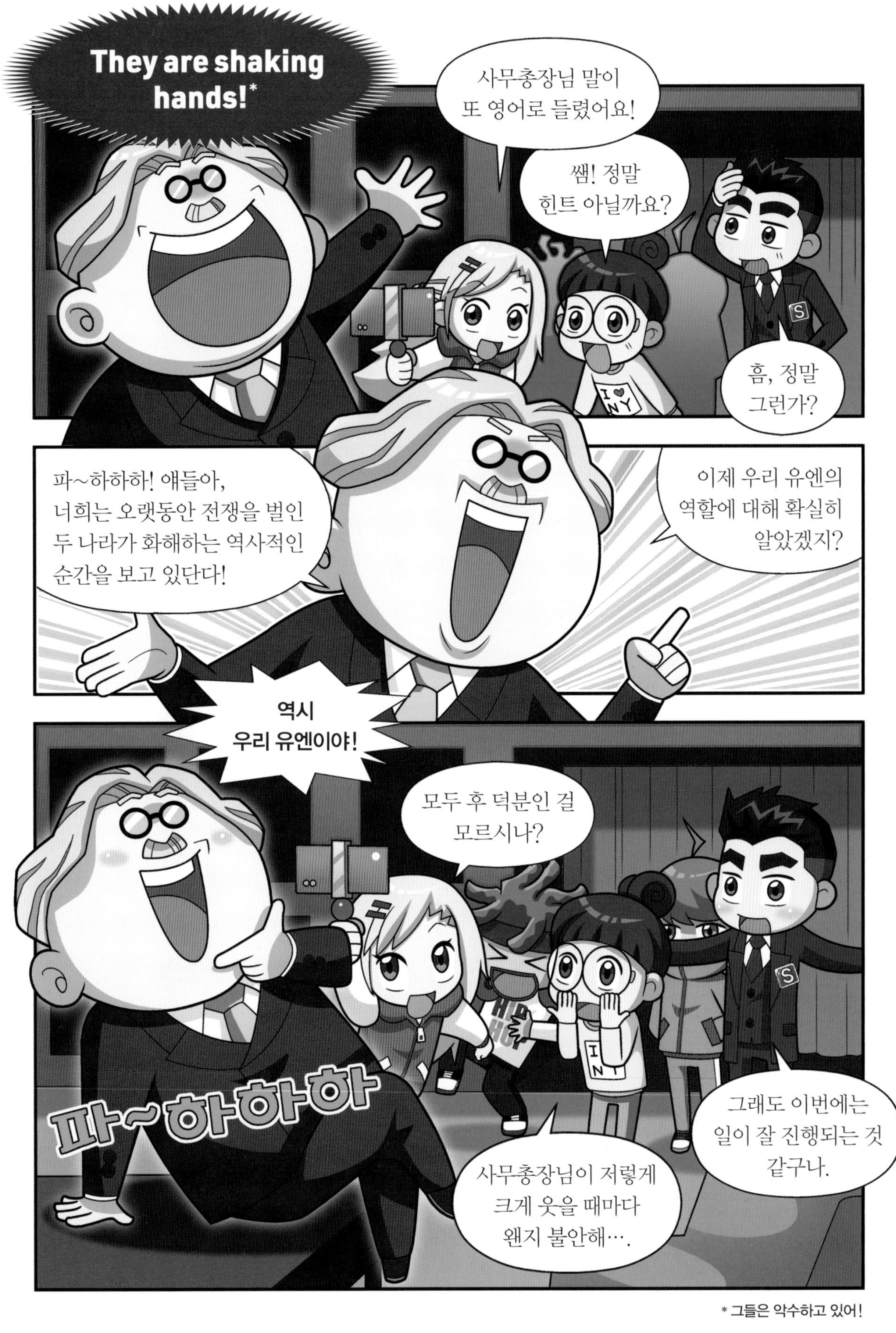
They are shaking hands!*
사무총장님 말이 또 영어로 들렸어요!
쌤! 정말 힌트 아닐까요?
흠, 정말 그런가?
파~하하하! 애들아, 너희는 오랫동안 전쟁을 벌인 두 나라가 화해하는 역사적인 순간을 보고 있단다!
이제 우리 유엔의 역할에 대해 확실히 알았겠지?
역시 우리 유엔이야!
모두 후 덕분인 걸 모르시나?
파~하하하
그래도 이번에는 일이 잘 진행되는 것 같구나.
사무총장님이 저렇게 크게 웃을 때마다 왠지 불안해….

* 그들은 악수하고 있어!

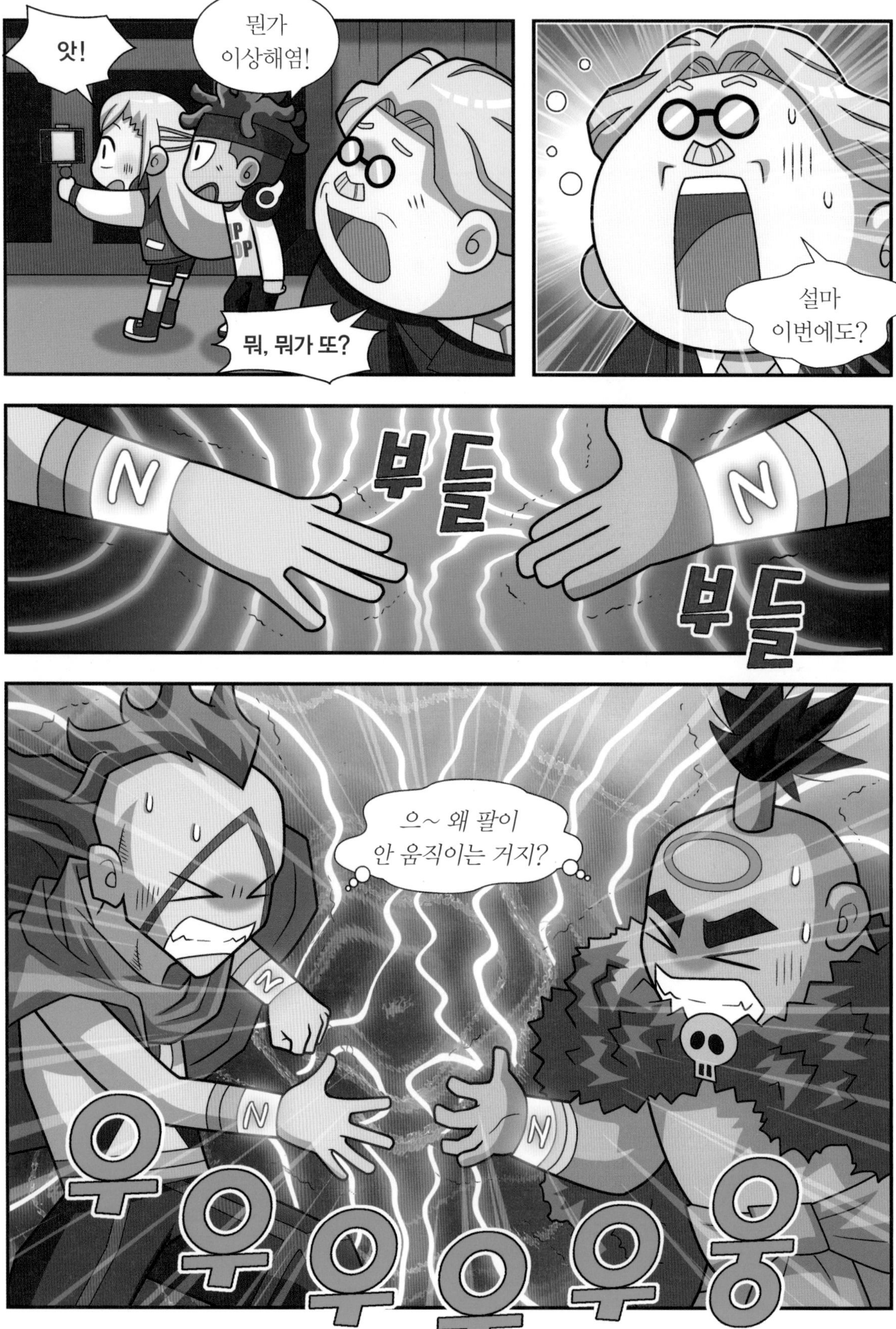
앗!
뭔가 이상해염!
뭐, 뭐가 또?
설마 이번에도?
부들
부들
으~ 왜 팔이 안 움직이는 거지?
우우우우우웅

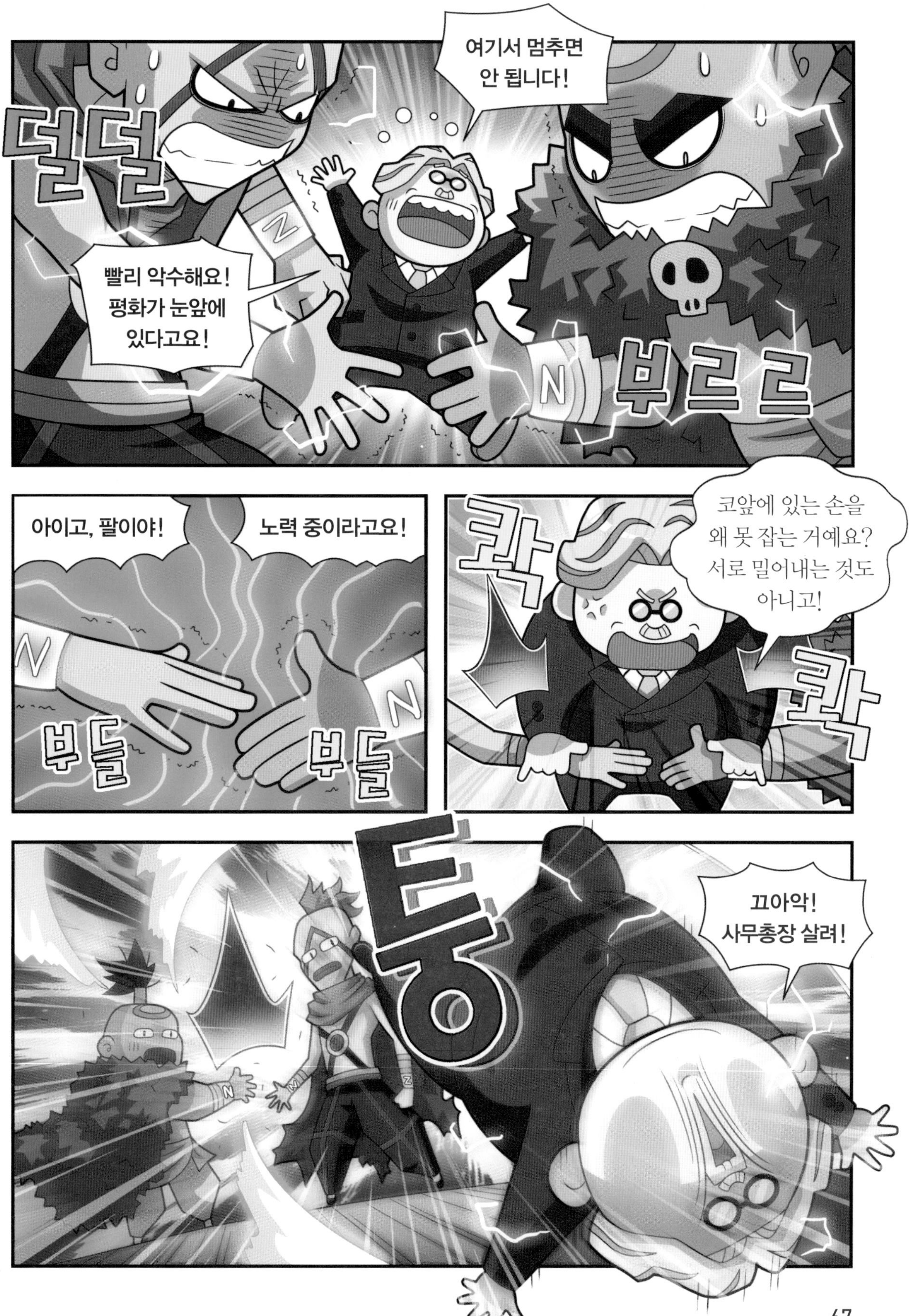
덜덜
여기서 멈추면 안 됩니다!
빨리 악수해요! 평화가 눈앞에 있다고요!
부르르
아이고, 팔이야!
노력 중이라고요!
부들
부들
콱
코앞에 있는 손을 왜 못 잡는 거예요? 서로 밀어내는 것도 아니고!
콱
퉁
끄아악! 사무총장 살려!

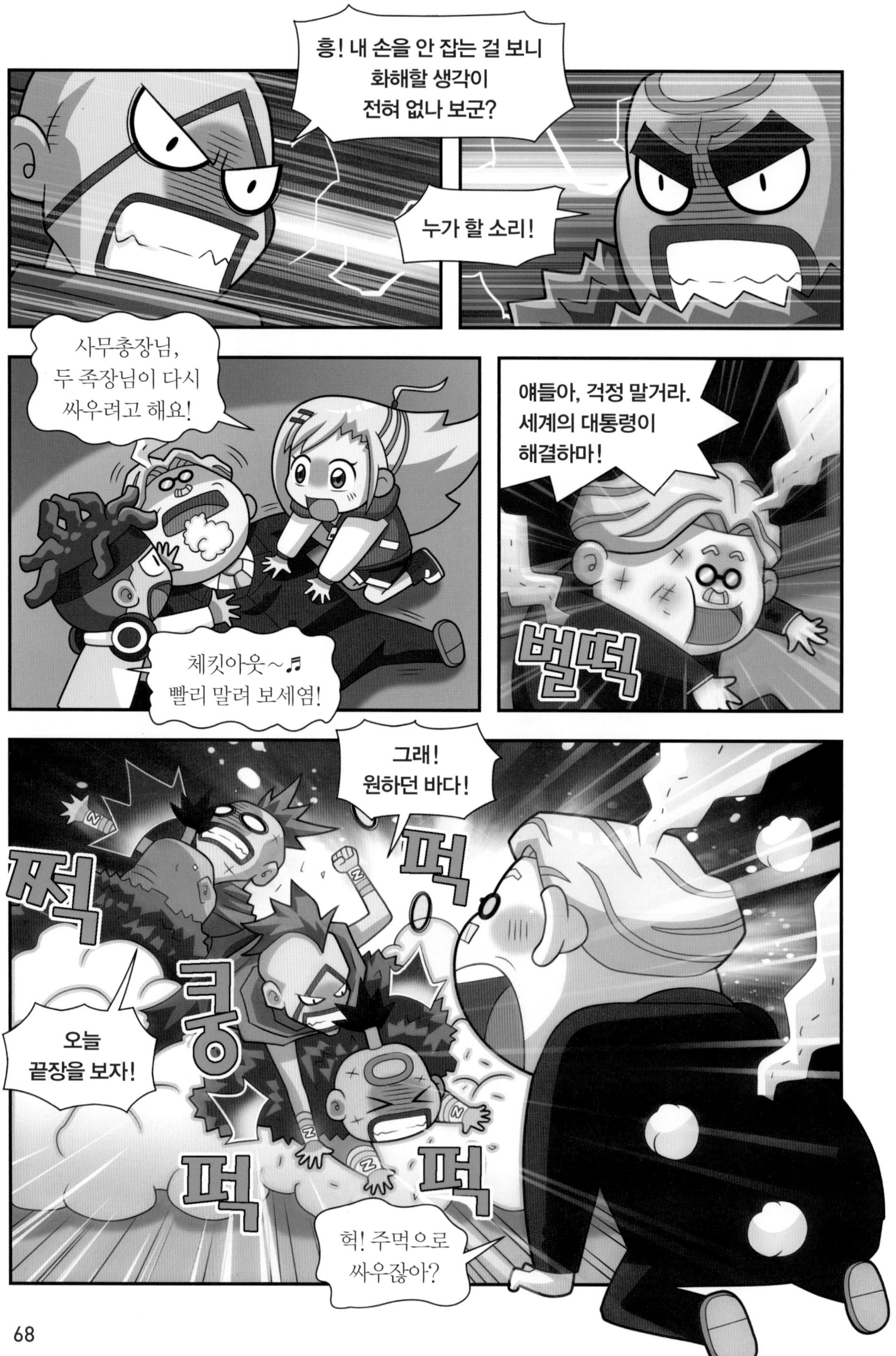
흥! 내 손을 안 잡는 걸 보니 화해할 생각이 전혀 없나 보군?
누가 할 소리!
사무총장님, 두 족장님이 다시 싸우려고 해요!
체킷아웃~♬ 빨리 말려 보세염!
얘들아, 걱정 말거라. 세계의 대통령이 해결하마!
벌떡
그래! 원하던 바다!
쩍
퍽
오늘 끝장을 보자!
쿵
퍽
퍽
헉! 주먹으로 싸우잖아?

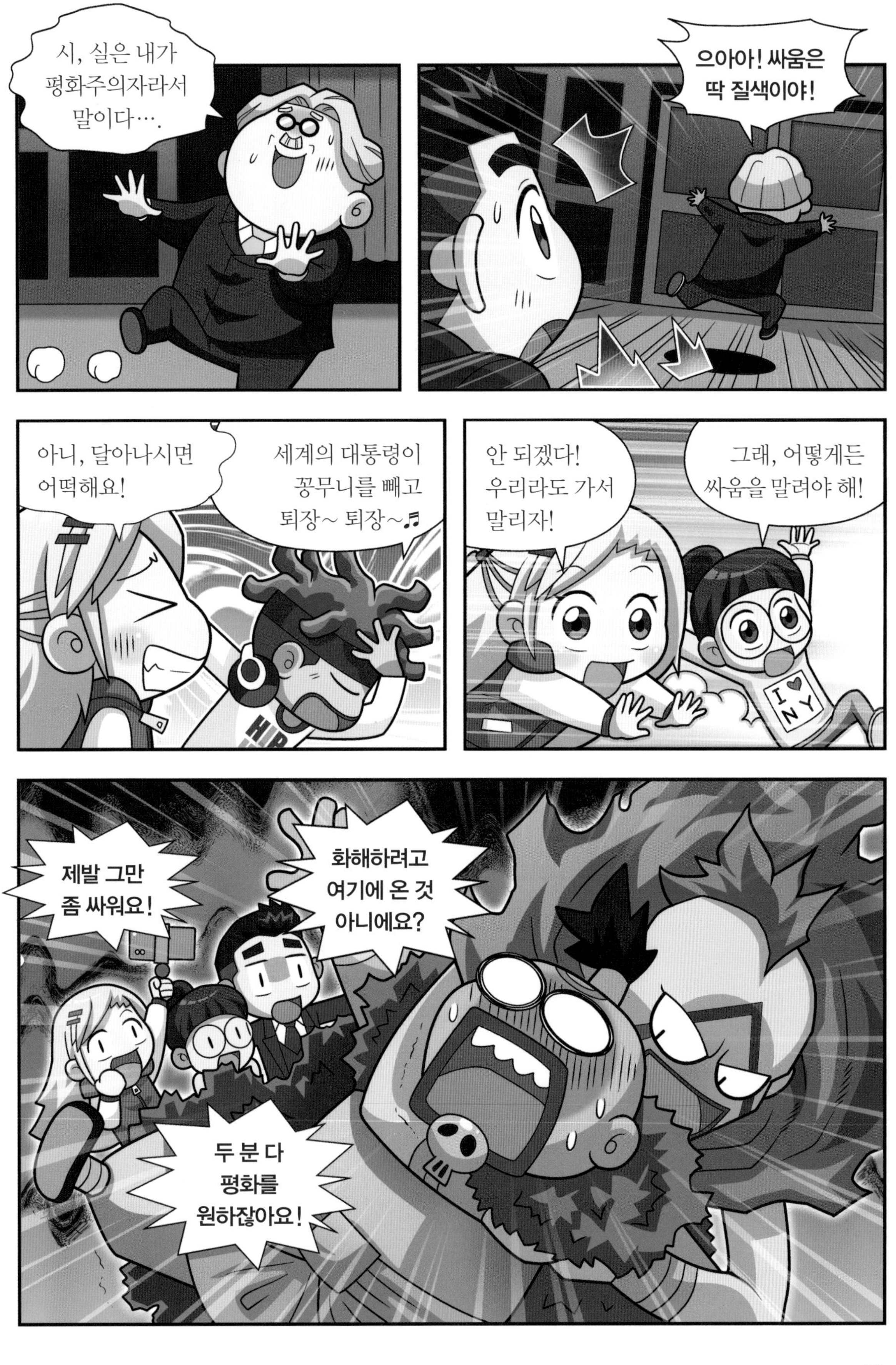
시, 실은 내가
평화주의자라서
말이다….
으아아! 싸움은
딱 질색이야!
아니, 달아나시면
어떡해요!
세계의 대통령이
꽁무니를 빼고
퇴장~ 퇴장~♬
안 되겠다!
우리라도 가서
말리자!
그래, 어떻게든
싸움을 말려야 해!
I ♥ NY
제발 그만
좀 싸워요!
화해하려고
여기에 온 것
아니에요?
두 분 다
평화를
원하잖아요!

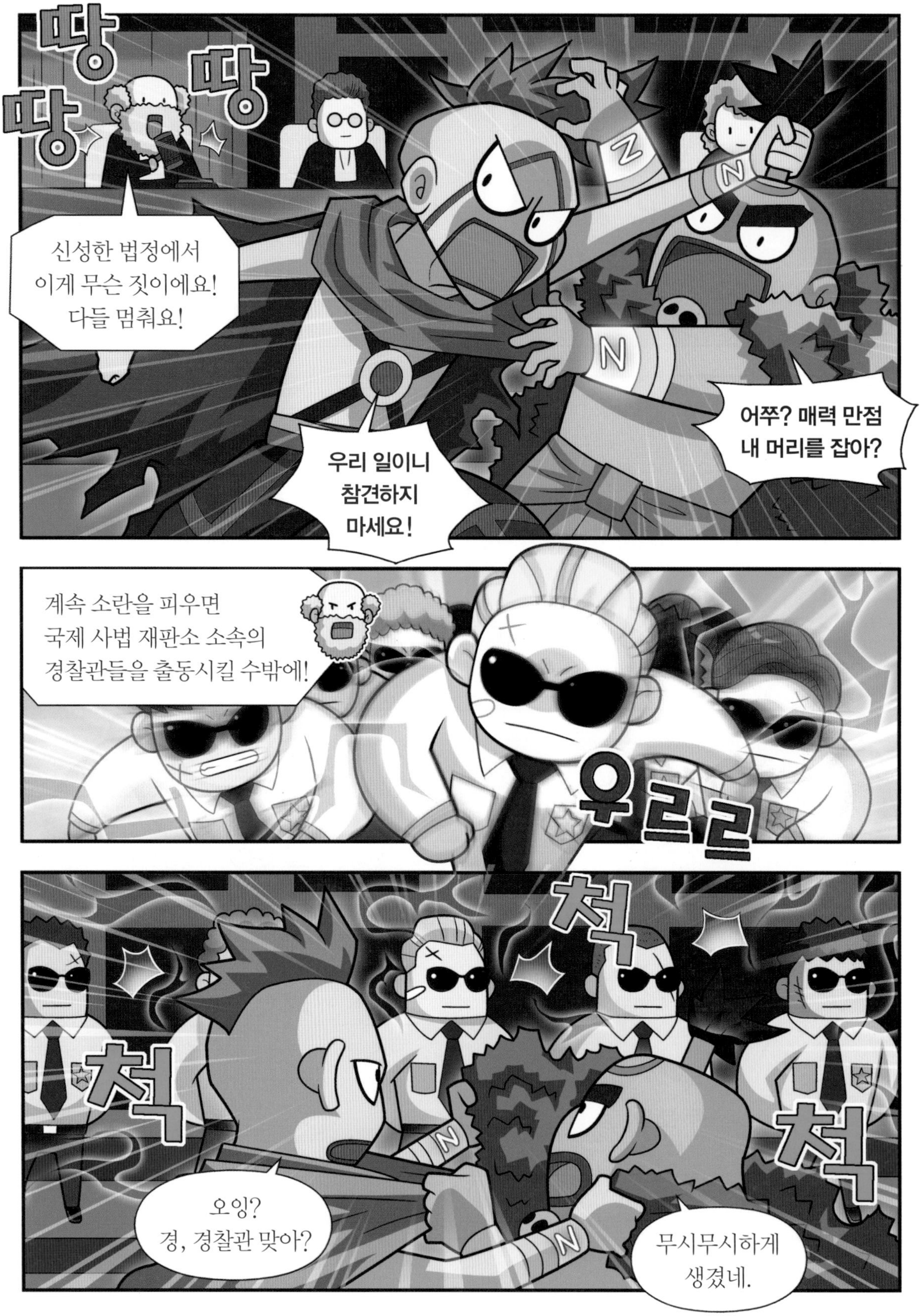
땅
땅
땅
신성한 법정에서 이게 무슨 짓이에요! 다들 멈춰요!
우리 일이니 참견하지 마세요!
어쭈? 매력 만점 내 머리를 잡아?
계속 소란을 피우면 국제 사법 재판소 소속의 경찰관들을 출동시킬 수밖에!
우르르
척
척
척
오잉? 경, 경찰관 맞아?
무시무시하게 생겼네.

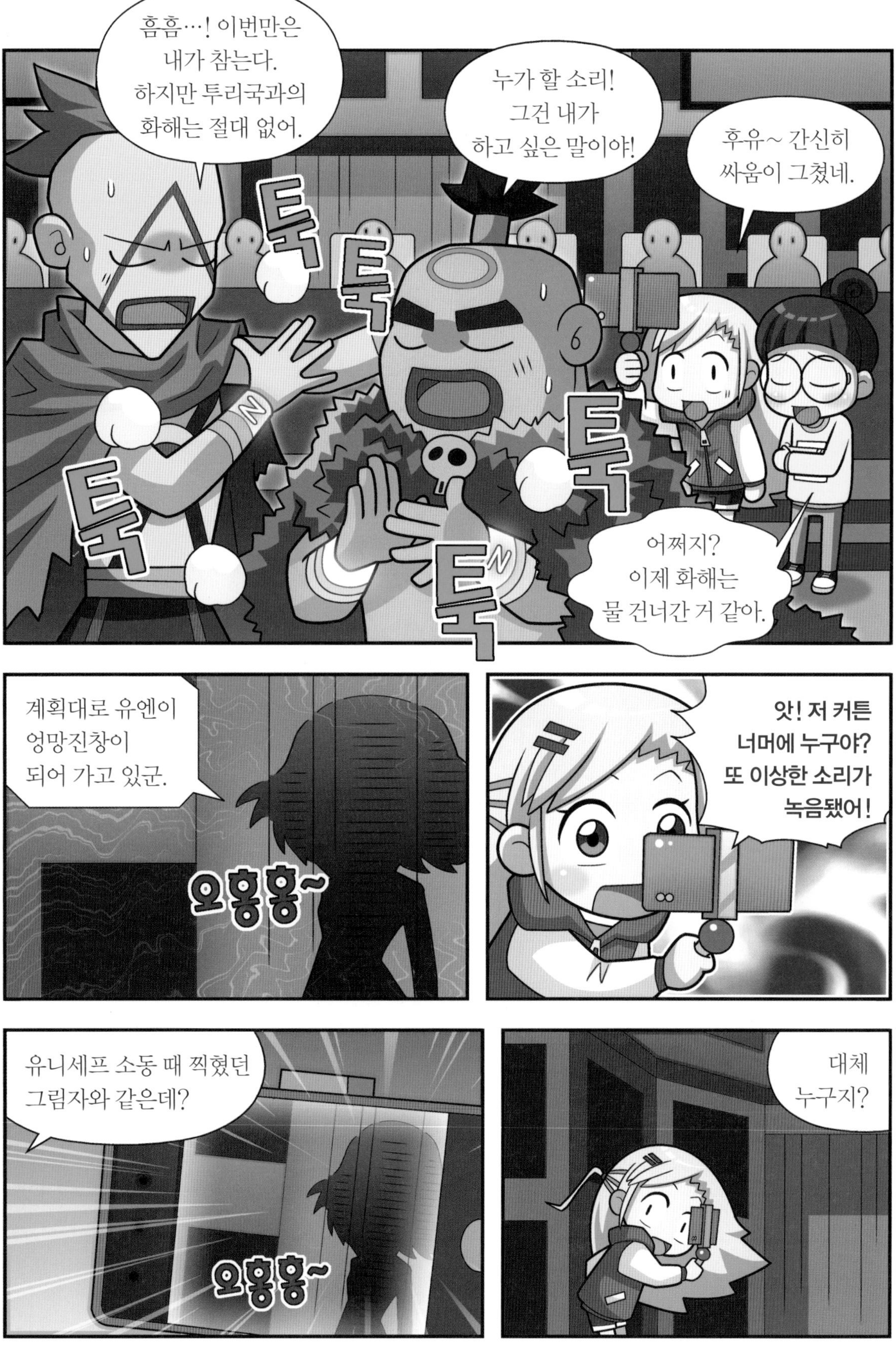
흠흠…! 이번만은 내가 참는다. 하지만 투리국과의 화해는 절대 없어.
누가 할 소리! 그건 내가 하고 싶은 말이야!
후유~ 간신히 싸움이 그쳤네.
툭 툭 툭 툭 툭
어쩌지? 이제 화해는 물 건너간 거 같아.
계획대로 유엔이 엉망진창이 되어 가고 있군.
오홍홍~
앗! 저 커튼 너머에 누구야? 또 이상한 소리가 녹음됐어!
유니세프 소동 때 찍혔던 그림자와 같은데?
오홍홍~
대체 누구지?

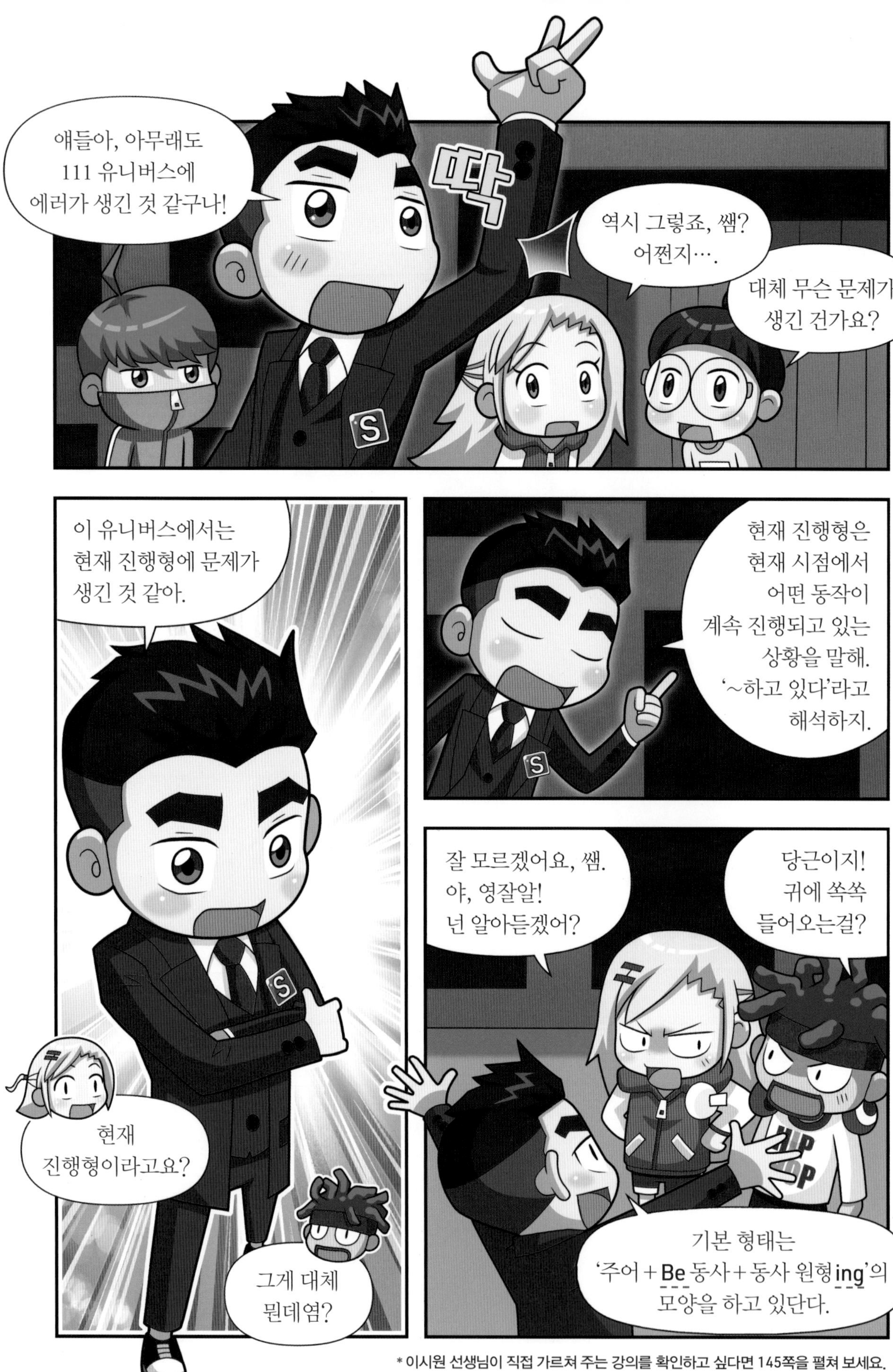
애들아, 아무래도 111 유니버스에 에러가 생긴 것 같구나!
딱
역시 그렇죠, 쌤? 어쩐지….
대체 무슨 문제가 생긴 건가요?
이 유니버스에서는 현재 진행형에 문제가 생긴 것 같아.
현재 진행형이라고요?
그게 대체 뭔데염?
현재 진행형은 현재 시점에서 어떤 동작이 계속 진행되고 있는 상황을 말해. '~하고 있다'라고 해석하지.
잘 모르겠어요, 쌤. 야, 영잘알! 넌 알아듣겠어?
당근이지! 귀에 쏙쏙 들어오는걸?
기본 형태는 '주어+Be 동사+동사 원형ing'의 모양을 하고 있단다.

* 이시원 선생님이 직접 가르쳐 주는 강의를 확인하고 싶다면 145쪽을 펼쳐 보세요.

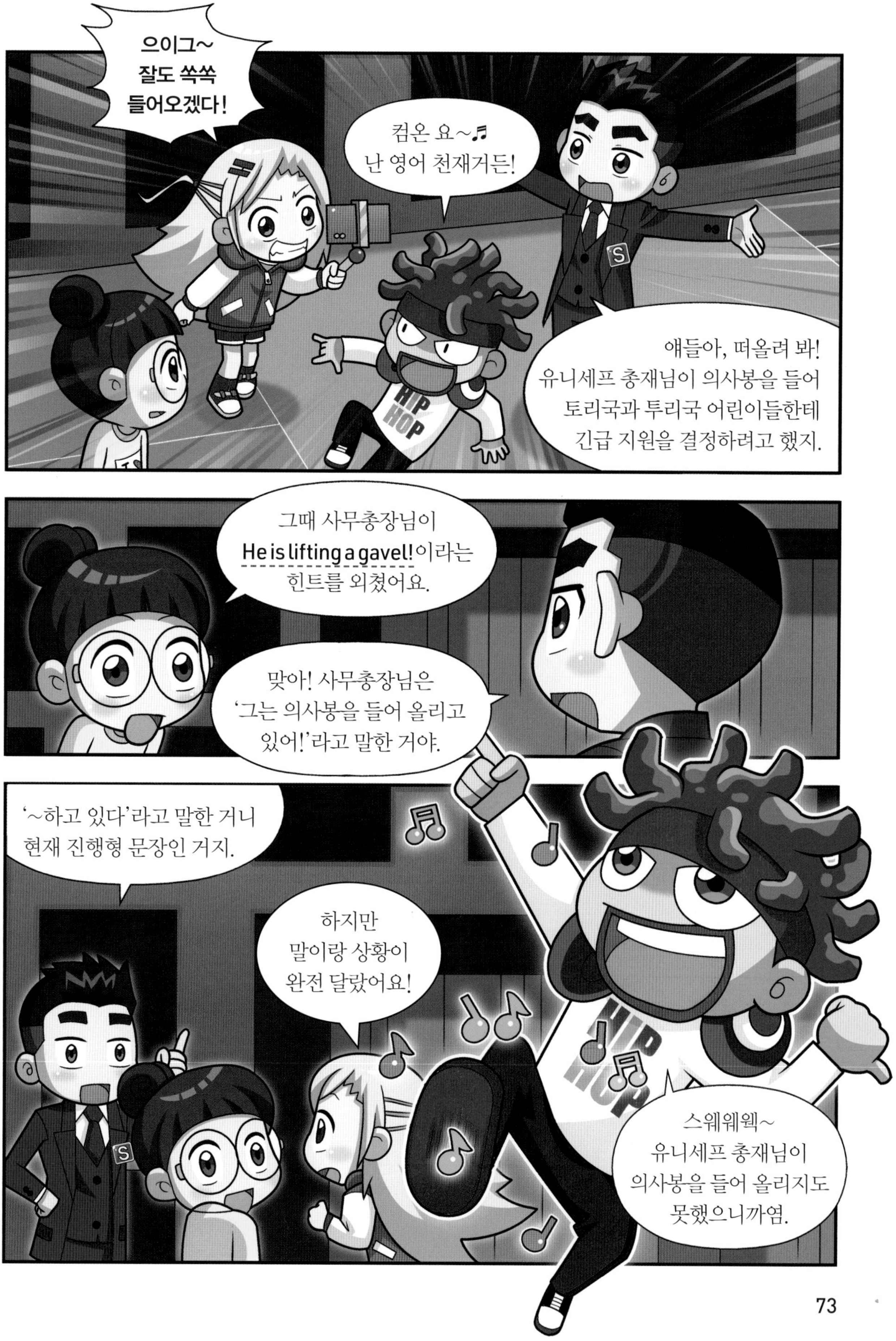

으이그~
잘도 쏙쏙
들어오겠다!
컴온 요~♬
난 영어 천재거든!
애들아, 떠올려 봐!
유니세프 총재님이 의사봉을 들어
토리국과 투리국 어린이들한테
긴급 지원을 결정하려고 했지.
HIP HOP
그때 사무총장님이
He is lifting a gavel!이라는
힌트를 외쳤어요.
맞아! 사무총장님은
'그는 의사봉을 들어 올리고
있어!'라고 말한 거야.
'~하고 있다'라고 말한 거니
현재 진행형 문장인 거지.
하지만
말이랑 상황이
완전 달랐어요!
스웨웨웩~
유니세프 총재님이
의사봉을 들어 올리지도
못했으니까염.

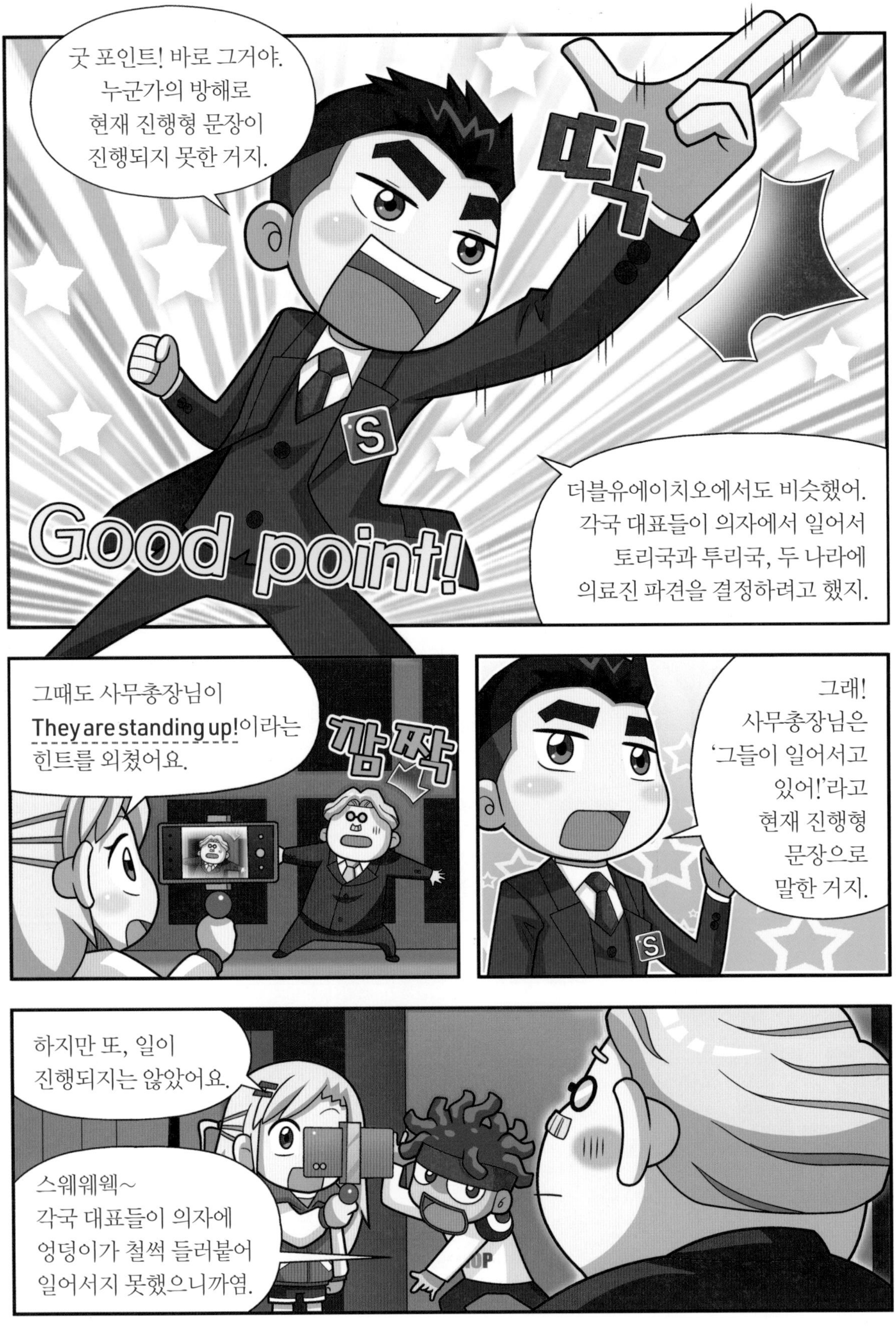
굿 포인트! 바로 그거야. 누군가의 방해로 현재 진행형 문장이 진행되지 못한 거지.
딱
Good point!
더블유에이치오에서도 비슷했어. 각국 대표들이 의자에서 일어서 토리국과 투리국, 두 나라에 의료진 파견을 결정하려고 했지.
그때도 사무총장님이 They are standing up!이라는 힌트를 외쳤어요.
깜짝
그래! 사무총장님은 '그들이 일어서고 있어!'라고 현재 진행형 문장으로 말한 거지.
하지만 또, 일이 진행되지는 않았어요.
스웨웨웩~ 각국 대표들이 의자에 엉덩이가 철썩 들러붙어 일어서지 못했으니까염.

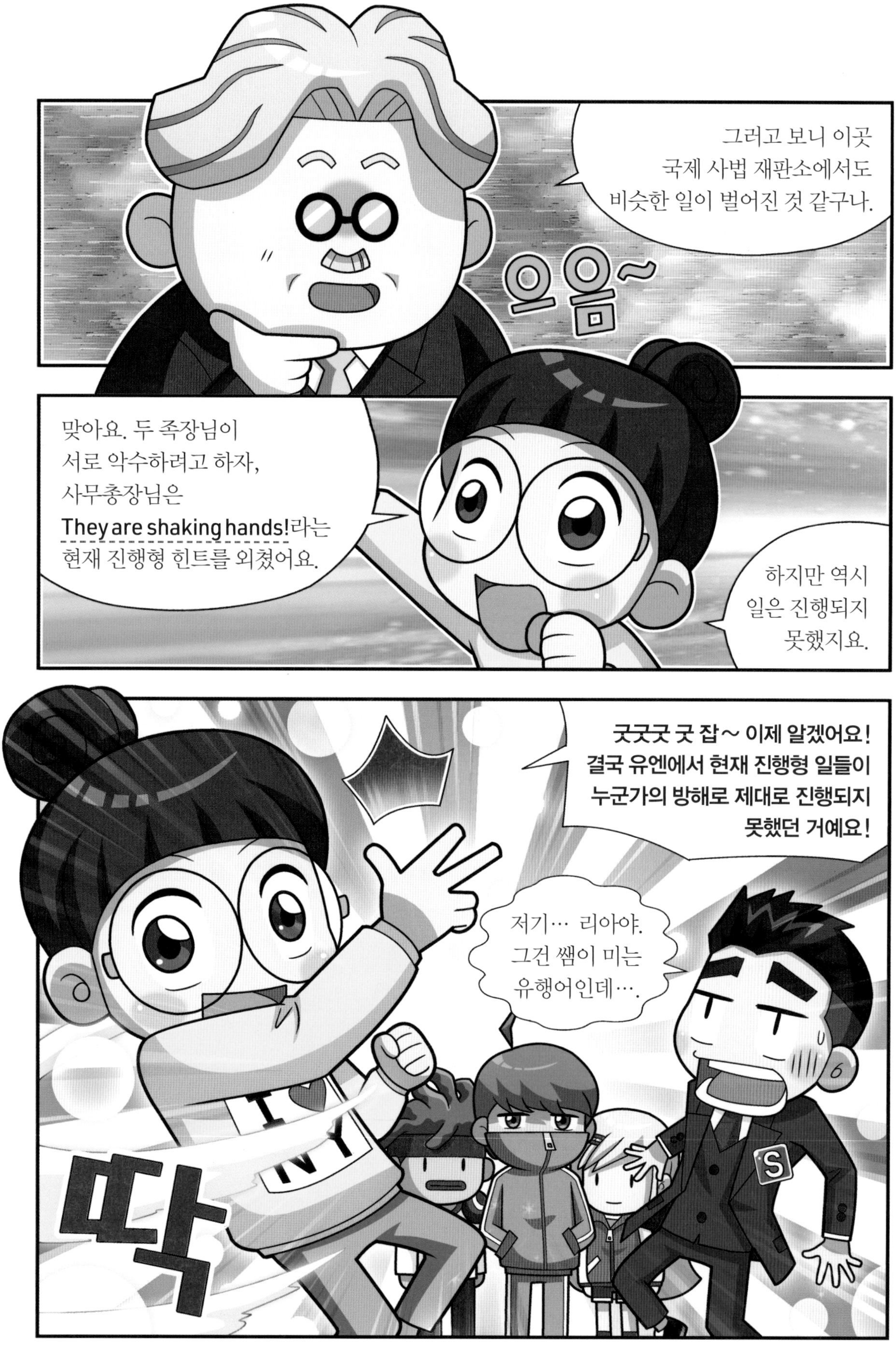
그러고 보니 이곳 국제 사법 재판소에서도 비슷한 일이 벌어진 것 같구나.
오음~
맞아요. 두 족장님이 서로 악수하려고 하자, 사무총장님은 They are shaking hands!라는 현재 진행형 힌트를 외쳤어요.
하지만 역시 일은 진행되지 못했지요.
굿굿굿 굿 잡~ 이제 알겠어요! 결국 유엔에서 현재 진행형 일들이 누군가의 방해로 제대로 진행되지 못했던 거예요!
저기… 리아야. 그건 쌤이 미는 유행어인데….
딱

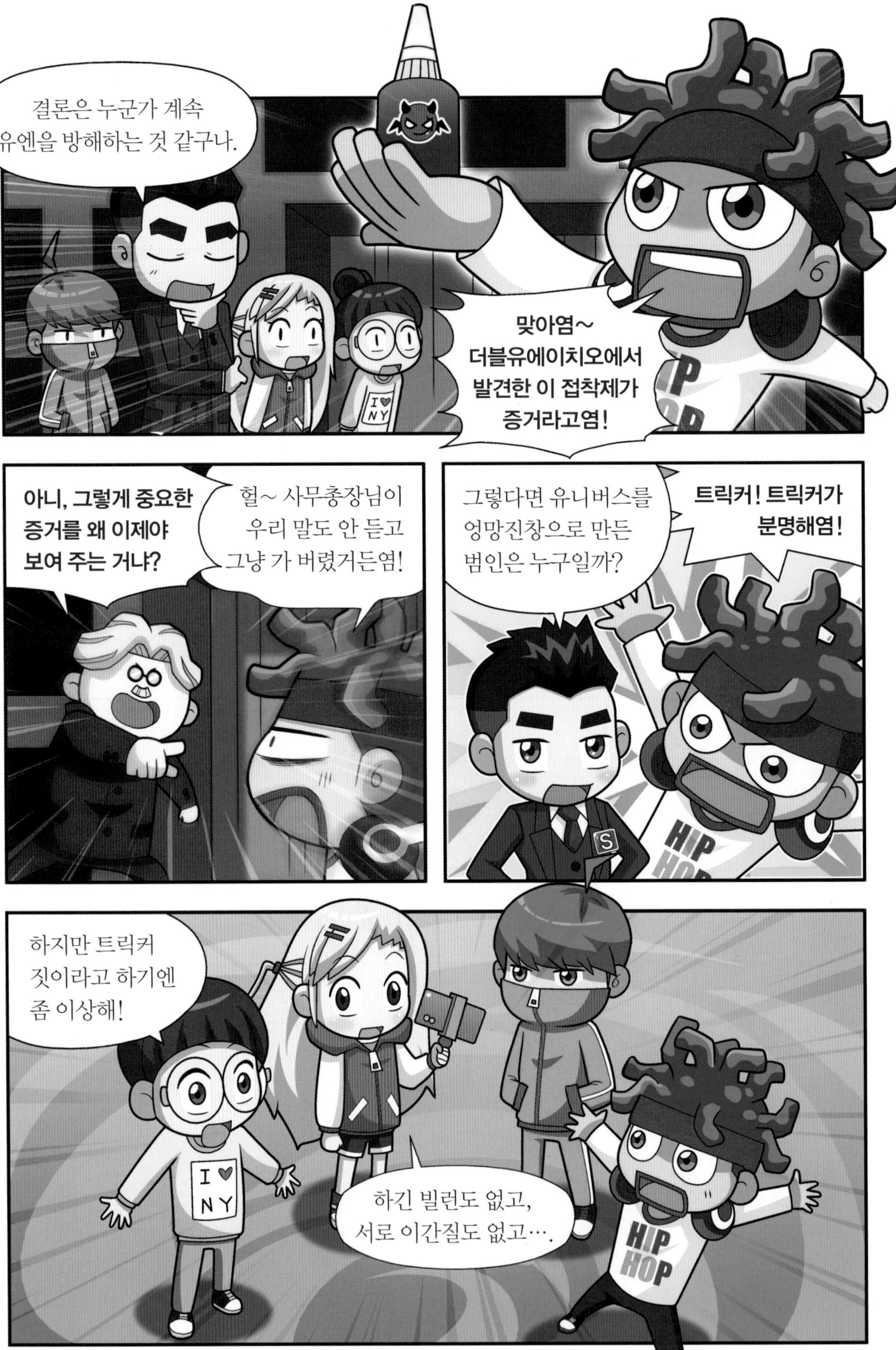

결론은 누군가 계속
유엔을 방해하는 것 같구나.
맞아염~
더블유에이치오에서
발견한 이 접착제가
증거라고염!
아니, 그렇게 중요한
증거를 왜 이제야
보여 주는 거냐?
헐~ 사무총장님이
우리 말도 안 듣고
그냥 가 버렸거든염!
그렇다면 유니버스를
엉망진창으로 만든
범인은 누구일까?
트릭커! 트릭커가
분명해염!
하지만 트릭커
짓이라고 하기엔
좀 이상해!
하긴 빌런도 없고,
서로 이간질도 없고….

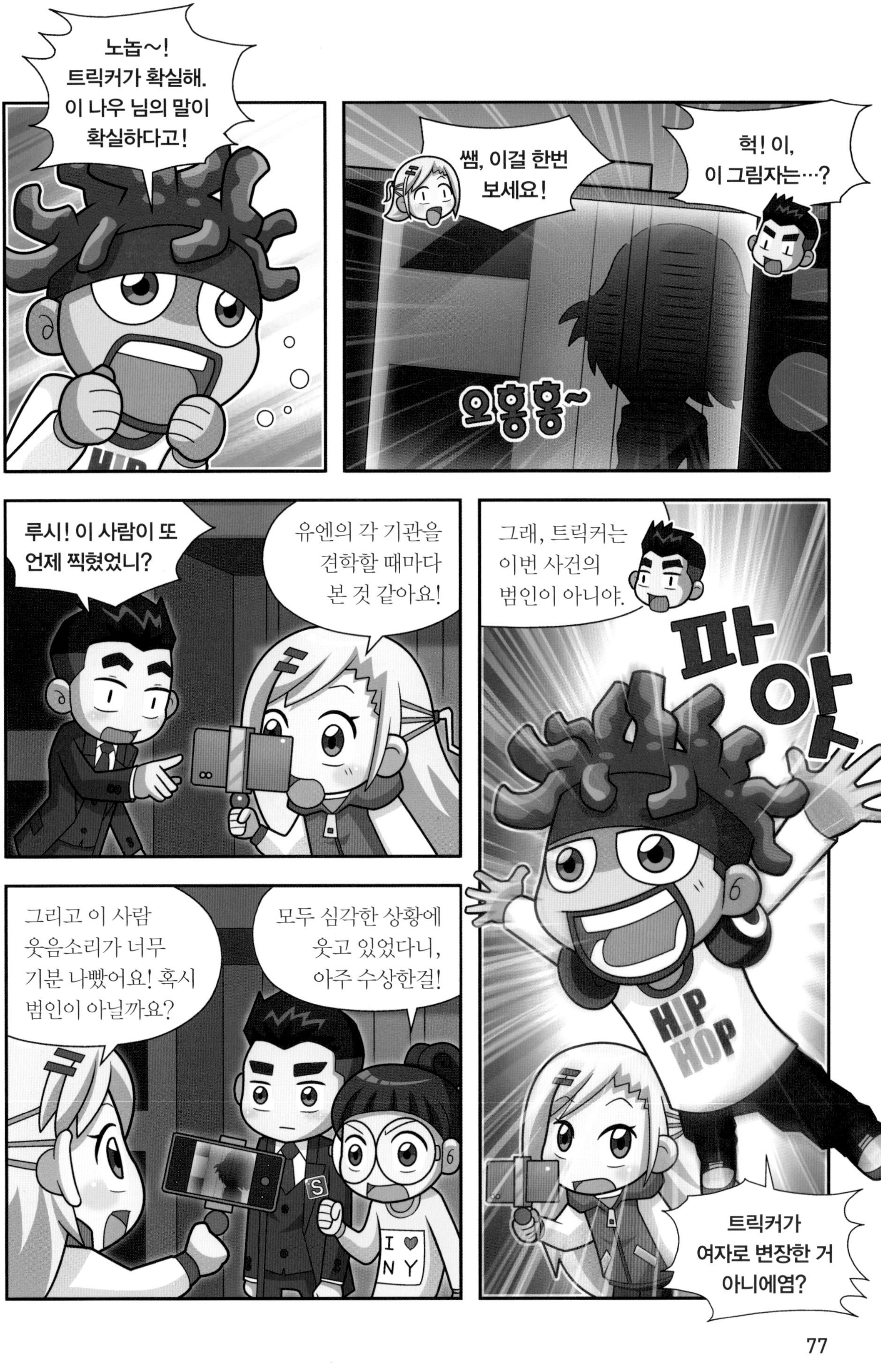
노놉~!
트릭커가 확실해.
이 나우 님의 말이
확실하다고!
쌤, 이걸 한번
보세요!
헉! 이,
이 그림자는…?
오홍홍~
루시! 이 사람이 또
언제 찍혔었니?
유엔의 각 기관을
견학할 때마다
본 것 같아요!
그래, 트릭커는
이번 사건의
범인이 아니야.
파야
HIP
HOP
그리고 이 사람
웃음소리가 너무
기분 나빴어요! 혹시
범인이 아닐까요?
모두 심각한 상황에
웃고 있었다니,
아주 수상한걸!
I ♥
NY
트릭커가
여자로 변장한 거
아니에염?

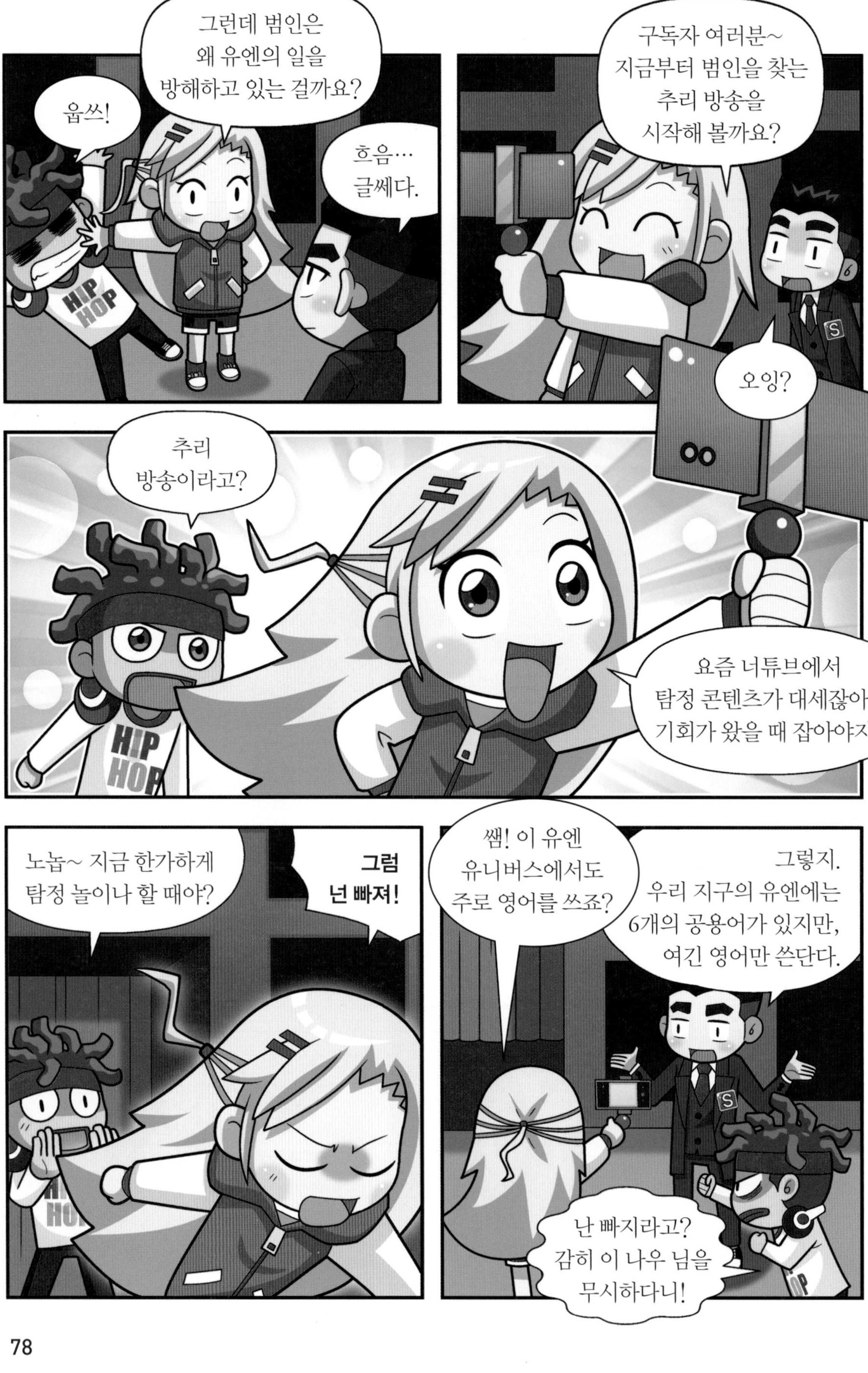

그런데 범인은 왜 유엔의 일을 방해하고 있는 걸까요?
웁쓰!
흐음… 글쎄다.
구독자 여러분~ 지금부터 범인을 찾는 추리 방송을 시작해 볼까요?
오잉?
추리 방송이라고?
요즘 너튜브에서 탐정 콘텐츠가 대세잖아? 기회가 왔을 때 잡아야지!
노놉~ 지금 한가하게 탐정 놀이나 할 때야?
그럼 넌 빠져!
쌤! 이 유엔 유니버스에서도 주로 영어를 쓰죠?
그렇지. 우리 지구의 유엔에는 6개의 공용어가 있지만, 여긴 영어만 쓴단다.
난 빠지라고? 감히 이 나우 님을 무시하다니!

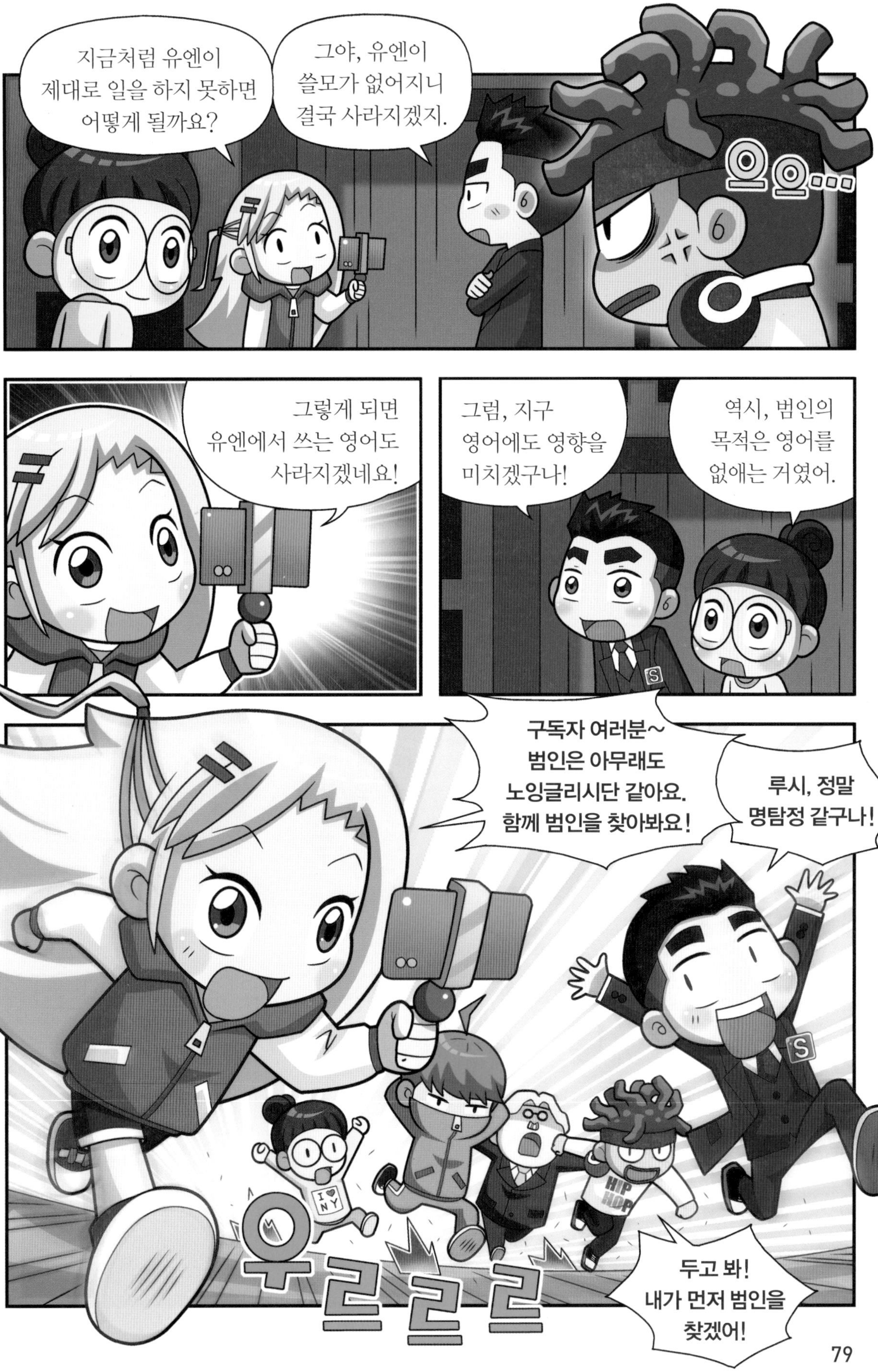
지금처럼 유엔이 제대로 일을 하지 못하면 어떻게 될까요?
그야, 유엔이 쓸모가 없어지니 결국 사라지겠지.
으으...
그렇게 되면 유엔에서 쓰는 영어도 사라지겠네요!
그럼, 지구 영어에도 영향을 미치겠구나!
역시, 범인의 목적은 영어를 없애는 거였어.
구독자 여러분~ 범인은 아무래도 노잉글리시단 같아요. 함께 범인을 찾아봐요!
루시, 정말 명탐정 같구나!
우르르르
두고 봐! 내가 먼저 범인을 찾겠어!

Chapter 4

서서히 드러나는 범인의 정체

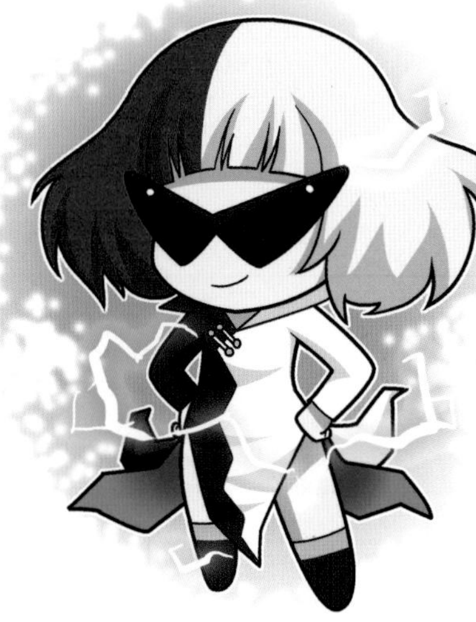

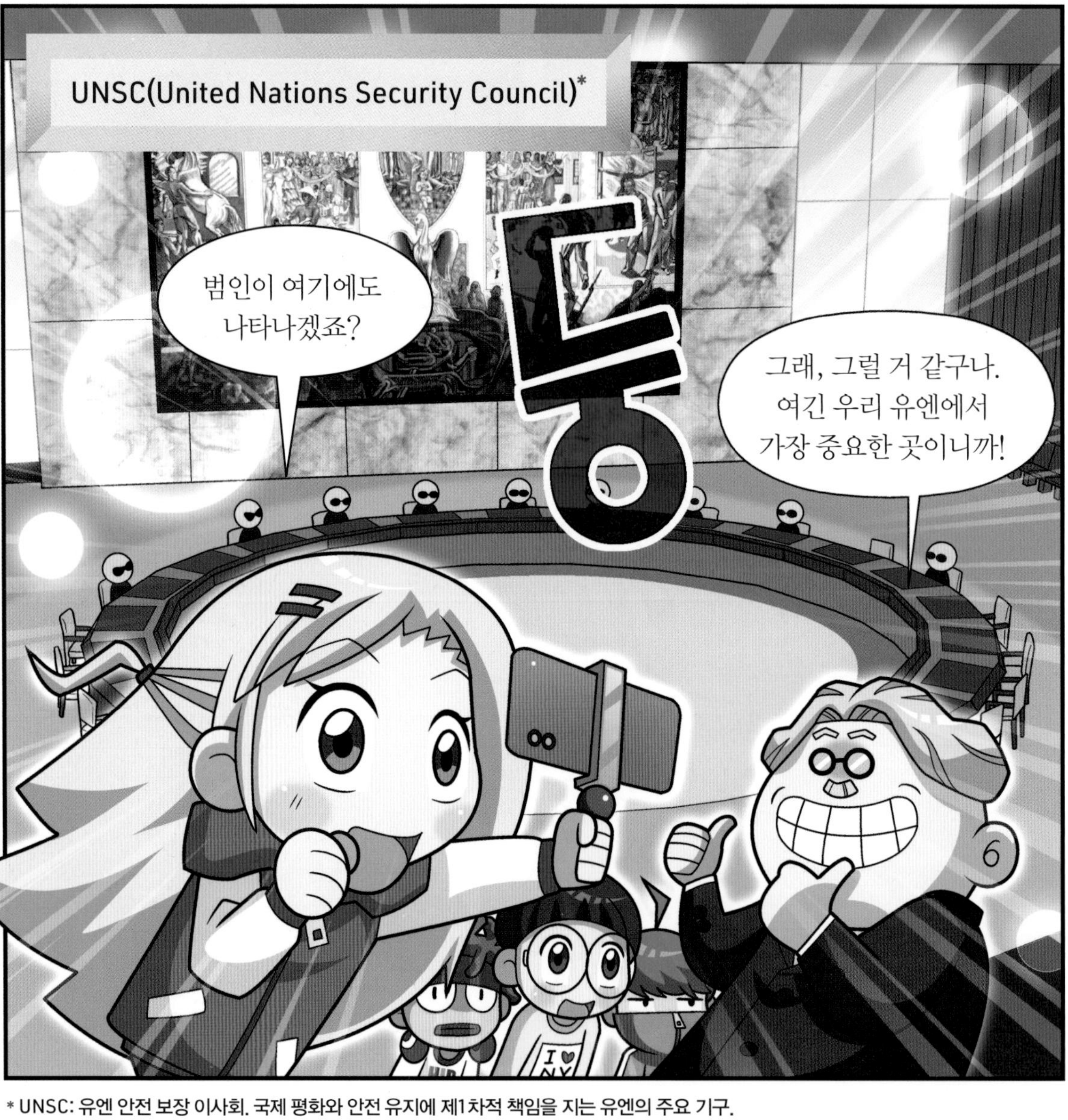
UNSC(United Nations Security Council)*
범인이 여기에도 나타나겠죠?
등
그래, 그럴 거 같구나. 여긴 우리 유엔에서 가장 중요한 곳이니까!

* UNSC: 유엔 안전 보장 이사회. 국제 평화와 안전 유지에 제1차적 책임을 지는 유엔의 주요 기구.

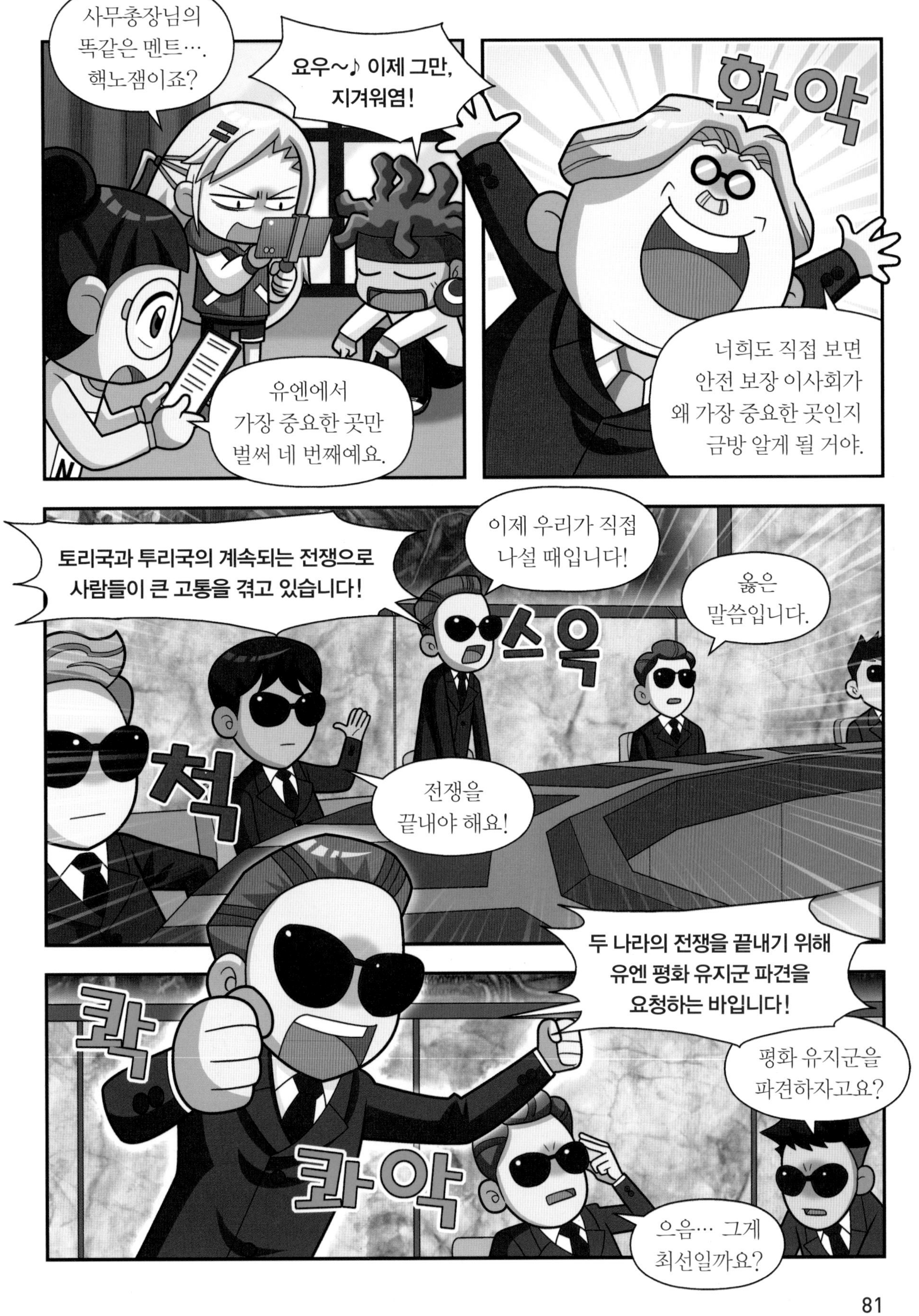
사무총장님의
똑같은 멘트….
핵노잼이죠?
요우~♪ 이제 그만,
지겨워염!
유엔에서
가장 중요한 곳만
벌써 네 번째예요.
화악
너희도 직접 보면
안전 보장 이사회가
왜 가장 중요한 곳인지
금방 알게 될 거야.
토리국과 투리국의 계속되는 전쟁으로
사람들이 큰 고통을 겪고 있습니다!
이제 우리가 직접
나설 때입니다!
스윽
옳은
말씀입니다.
척
전쟁을
끝내야 해요!
두 나라의 전쟁을 끝내기 위해
유엔 평화 유지군 파견을
요청하는 바입니다!
콱
콰악
평화 유지군을
파견하자고요?
으음… 그게
최선일까요?

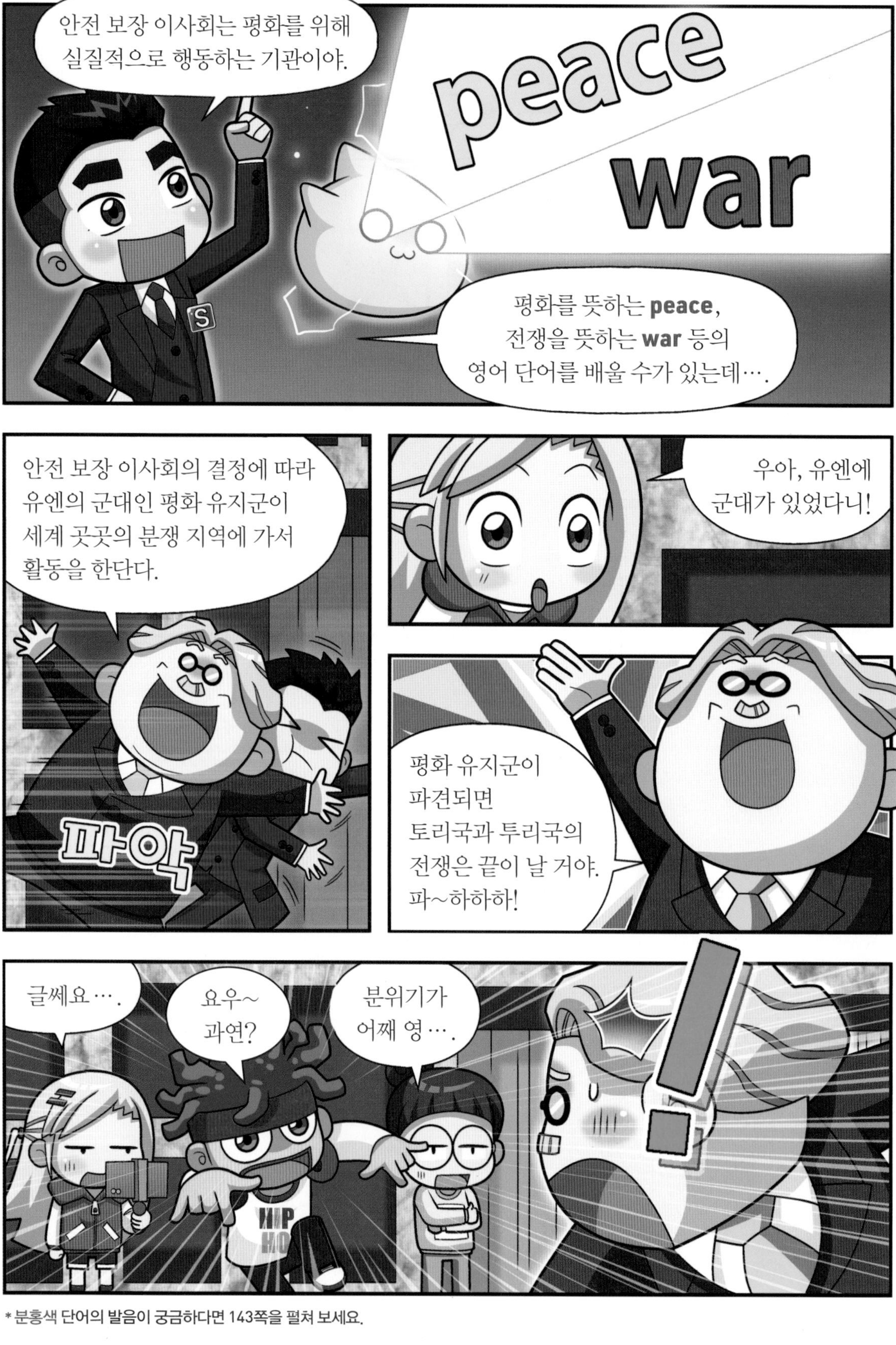
안전 보장 이사회는 평화를 위해 실질적으로 행동하는 기관이야.
peace
war
평화를 뜻하는 peace, 전쟁을 뜻하는 war 등의 영어 단어를 배울 수가 있는데….
안전 보장 이사회의 결정에 따라 유엔의 군대인 평화 유지군이 세계 곳곳의 분쟁 지역에 가서 활동을 한단다.
파악
우아, 유엔에 군대가 있었다니!
평화 유지군이 파견되면 토리국과 투리국의 전쟁은 끝이 날 거야. 파~하하하!
글쎄요….
요우~ 과연?
분위기가 어째 영….
HIP HO

* 분홍색 단어의 발음이 궁금하다면 143쪽을 펼쳐 보세요.

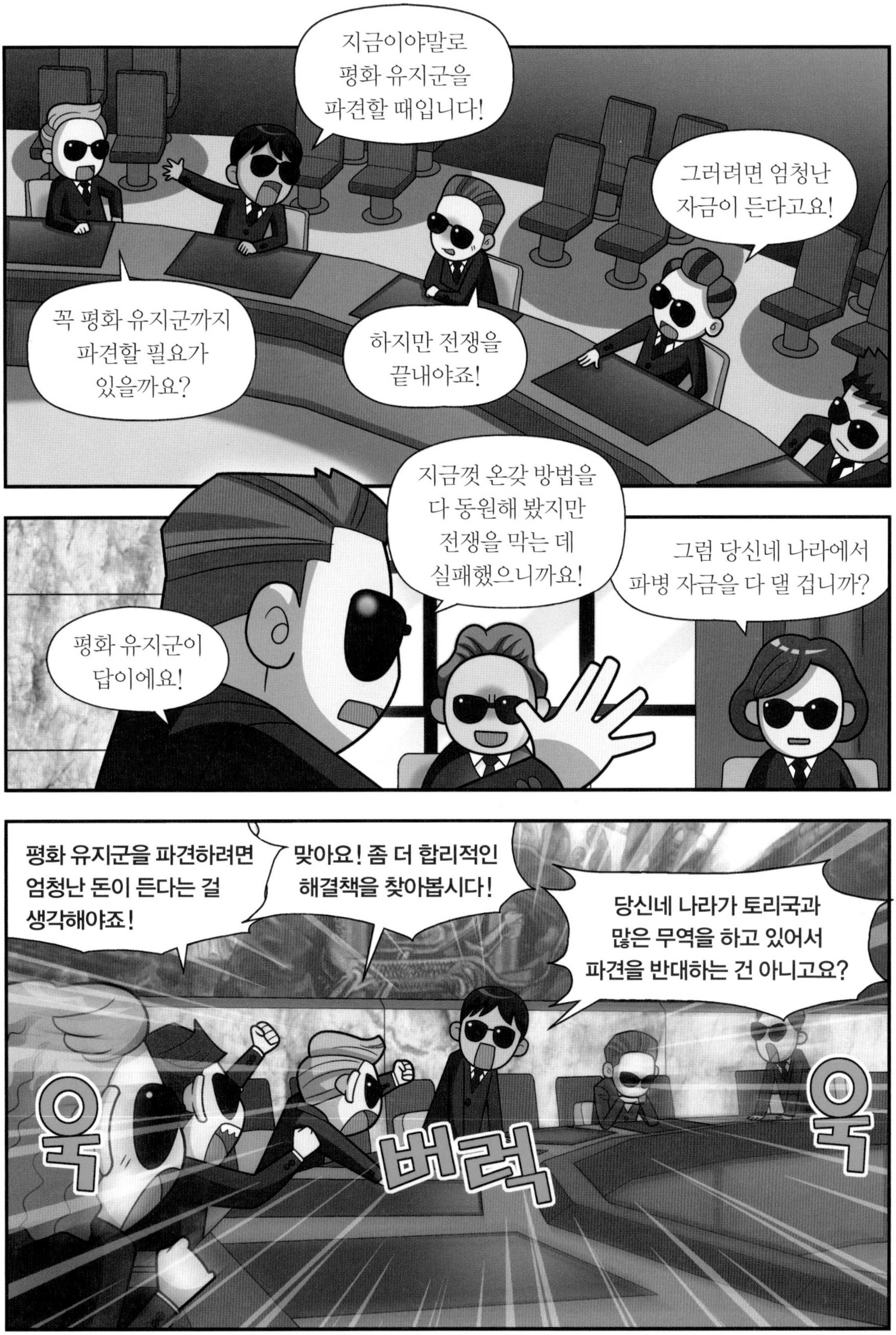
지금이야말로
평화 유지군을
파견할 때입니다!
그러려면 엄청난
자금이 든다고요!
꼭 평화 유지군까지
파견할 필요가
있을까요?
하지만 전쟁을
끝내야죠!
지금껏 온갖 방법을
다 동원해 봤지만
전쟁을 막는 데
실패했으니까요!
그럼 당신네 나라에서
파병 자금을 다 댈 겁니까?
평화 유지군이
답이에요!
평화 유지군을 파견하려면
엄청난 돈이 든다는 걸
생각해야죠!
맞아요! 좀 더 합리적인
해결책을 찾아봅시다!
당신네 나라가 토리국과
많은 무역을 하고 있어서
파견을 반대하는 건 아니고요?
욱
벌컥
욱

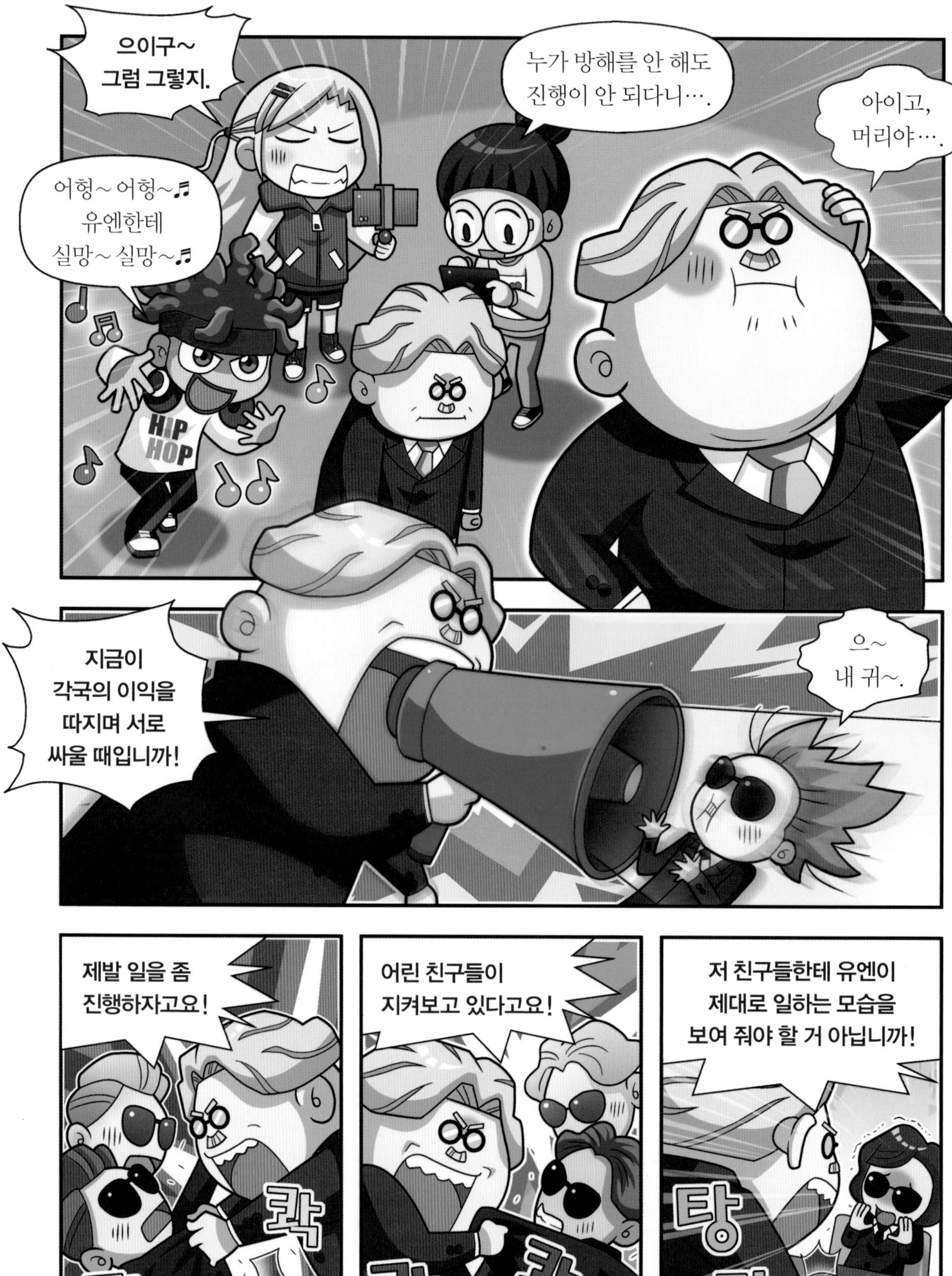
으이구~ 그럼 그렇지.
어헝~ 어헝~♬ 유엔한테 실망~ 실망~♬
누가 방해를 안 해도 진행이 안 되다니….
아이고, 머리야….
지금이 각국의 이익을 따지며 서로 싸울 때입니까!
으~ 내 귀~.
제발 일을 좀 진행하자고요!
콱
콱
어린 친구들이 지켜보고 있다고요!
콱
콱
저 친구들한테 유엔이 제대로 일하는 모습을 보여 줘야 할 거 아닙니까!
탕
탕

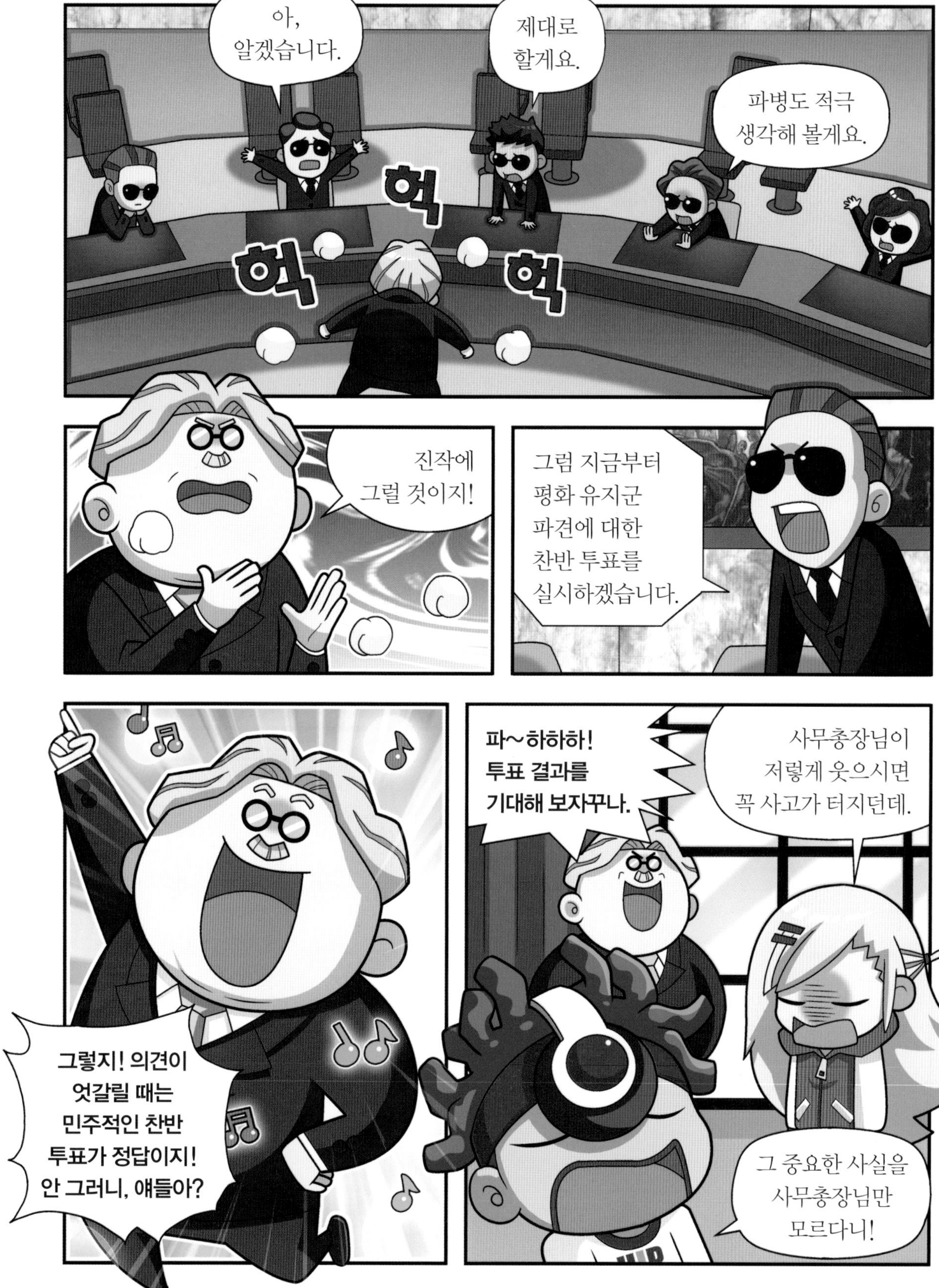
아, 알겠습니다.
제대로 할게요.
파병도 적극 생각해 볼게요.
헉
헉
헉
진작에 그럴 것이지!
그럼 지금부터 평화 유지군 파견에 대한 찬반 투표를 실시하겠습니다.
그렇지! 의견이 엇갈릴 때는 민주적인 찬반 투표가 정답이지! 안 그러니, 얘들아?
파~하하하! 투표 결과를 기대해 보자꾸나.
사무총장님이 저렇게 웃으시면 꼭 사고가 터지던데.
그 중요한 사실을 사무총장님만 모르다니!

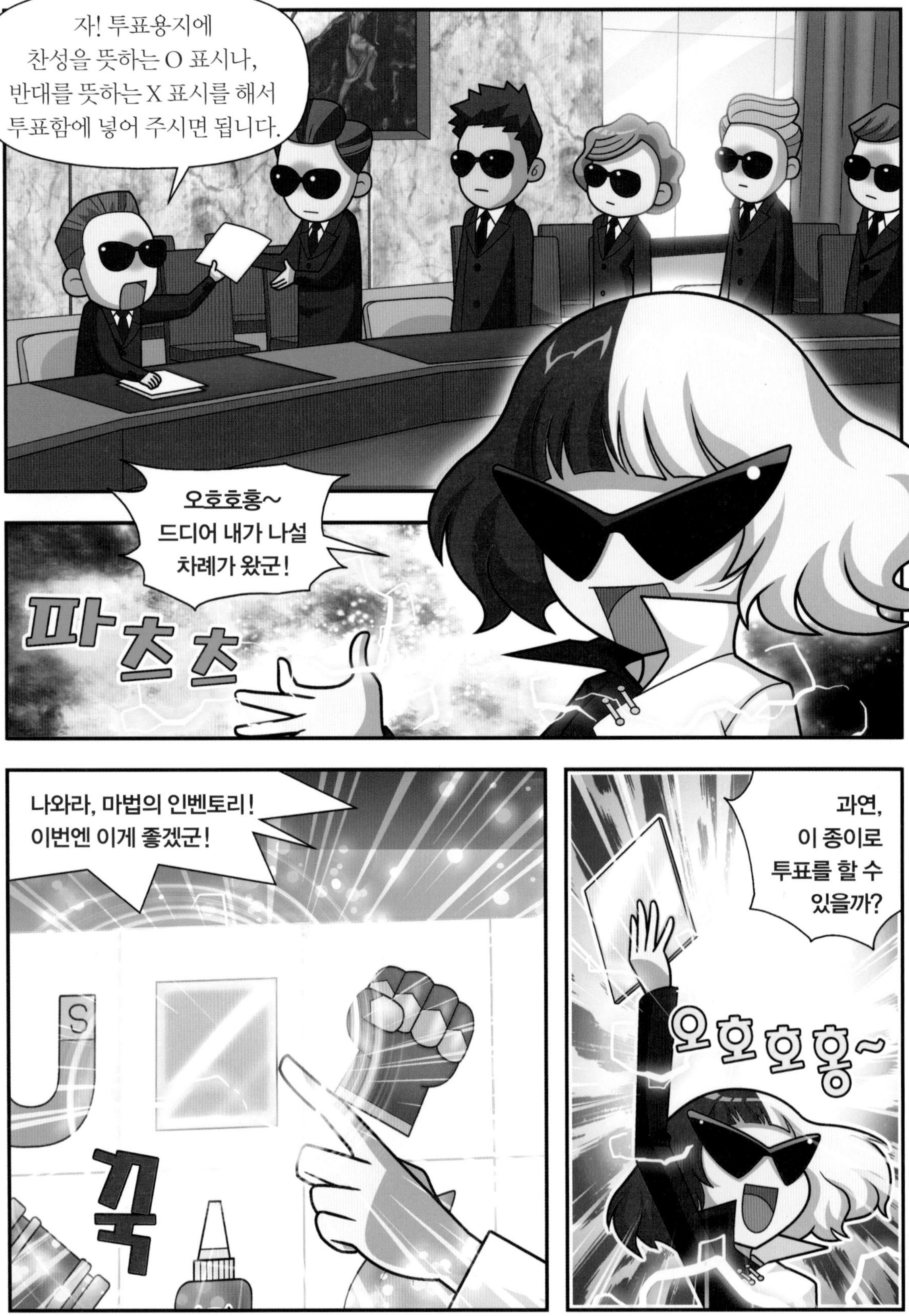
자! 투표용지에 찬성을 뜻하는 O 표시나, 반대를 뜻하는 X 표시를 해서 투표함에 넣어 주시면 됩니다.
오호호홍~ 드디어 내가 나설 차례가 왔군!
파츠츠
나와라, 마법의 인벤토리! 이번엔 이게 좋겠군!
S
꾹
과연, 이 종이로 투표를 할 수 있을까?
오호호홍~

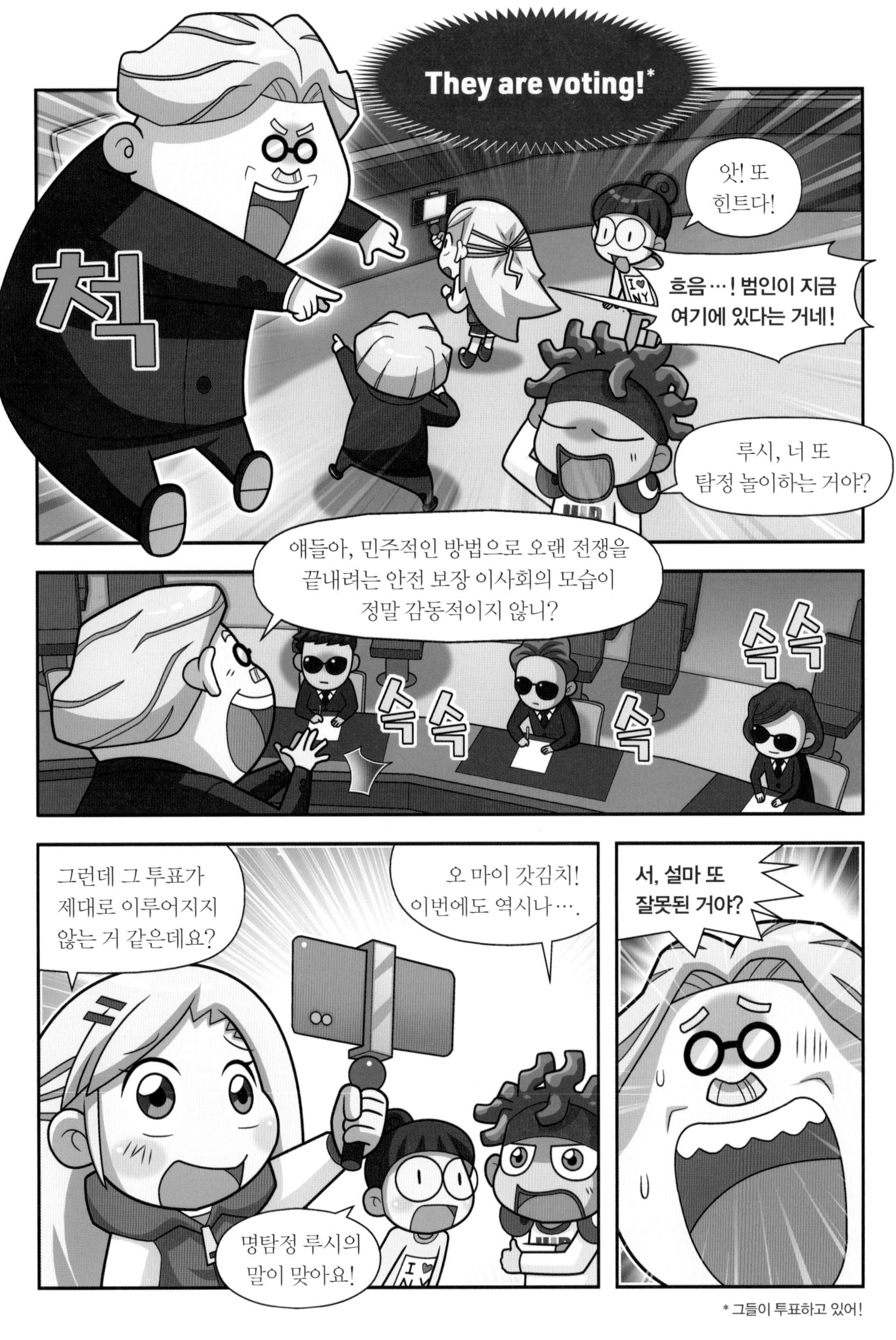
They are voting!*
척
앗! 또
힌트다!
흐음…! 범인이 지금
여기에 있다는 거네!
루시, 너 또
탐정 놀이하는 거야?
애들아, 민주적인 방법으로 오랜 전쟁을
끝내려는 안전 보장 이사회의 모습이
정말 감동적이지 않니?
슥슥
슥슥
슥
그런데 그 투표가
제대로 이루어지지
않는 거 같은데요?
오 마이 갓김치!
이번에도 역시나….
명탐정 루시의
말이 맞아요!
서, 설마 또
잘못된 거야?

* 그들이 투표하고 있어!

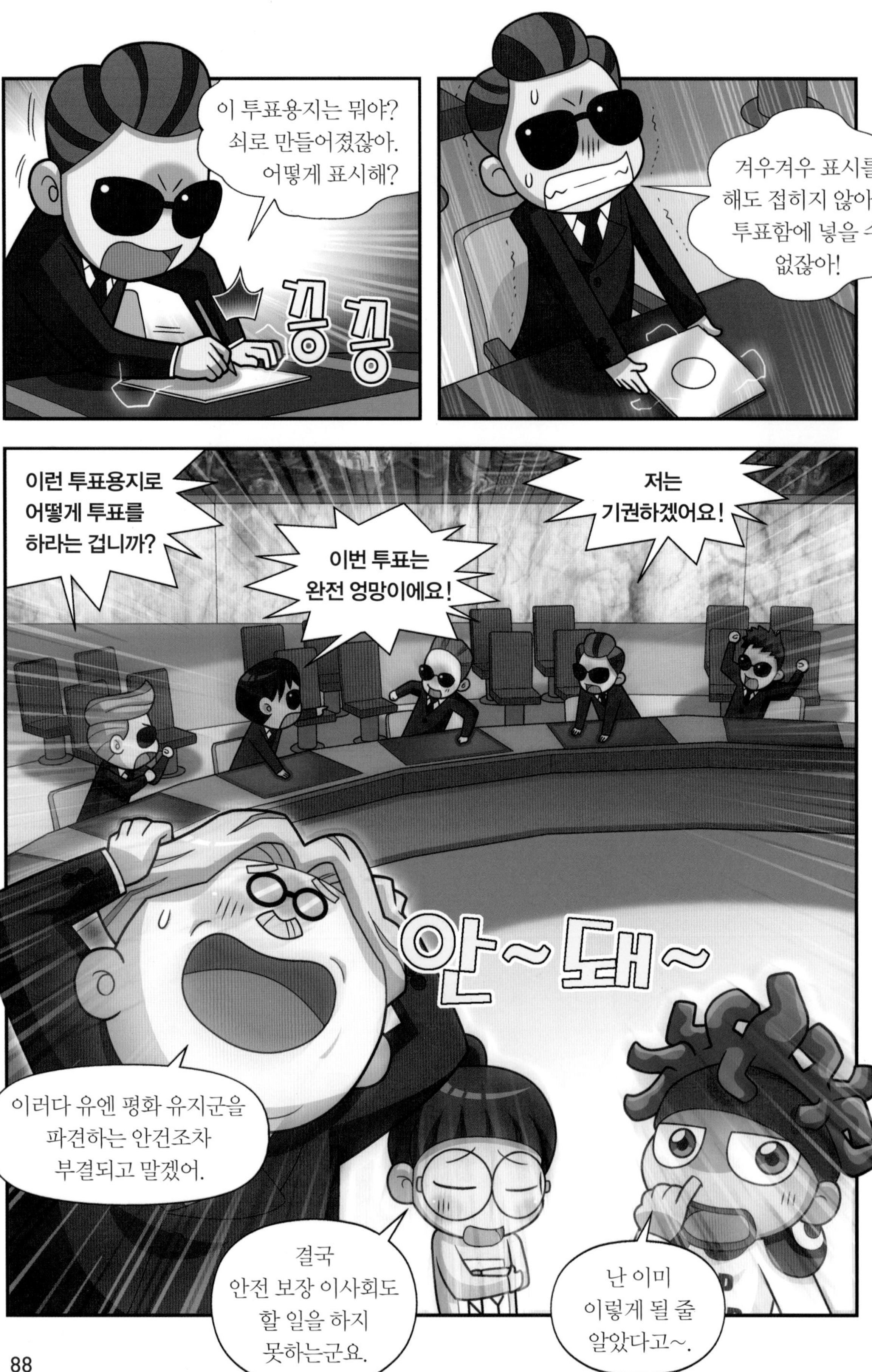

이 투표용지는 뭐야? 쇠로 만들어졌잖아. 어떻게 표시해?
끙끙
겨우겨우 표시를 해도 접히지 않아서 투표함에 넣을 수 없잖아!
이런 투표용지로 어떻게 투표를 하라는 겁니까?
이번 투표는 완전 엉망이에요!
저는 기권하겠어요!
안~돼~
이러다 유엔 평화 유지군을 파견하는 안건조차 부결되고 말겠어.
결국 안전 보장 이사회도 할 일을 하지 못하는군요.
난 이미 이렇게 될 줄 알았다고~.

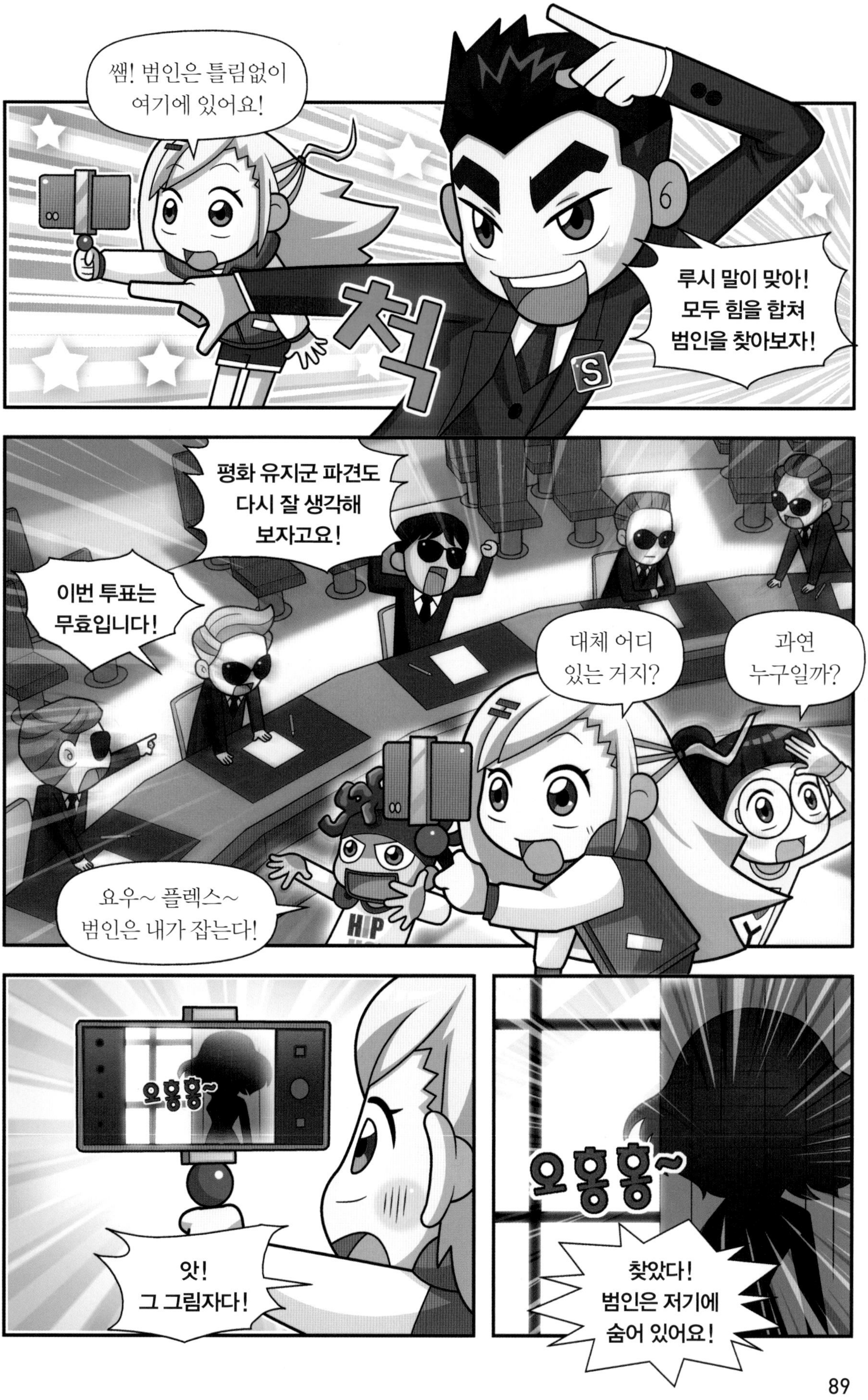
쌤! 범인은 틀림없이 여기에 있어요!
척
루시 말이 맞아! 모두 힘을 합쳐 범인을 찾아보자!
평화 유지군 파견도 다시 잘 생각해 보자고요!
이번 투표는 무효입니다!
대체 어디 있는 거지?
과연 누구일까?
요우~ 플렉스~ 범인은 내가 잡는다!
오홍홍~
앗! 그 그림자다!
오홍홍~
찾았다! 범인은 저기에 숨어 있어요!

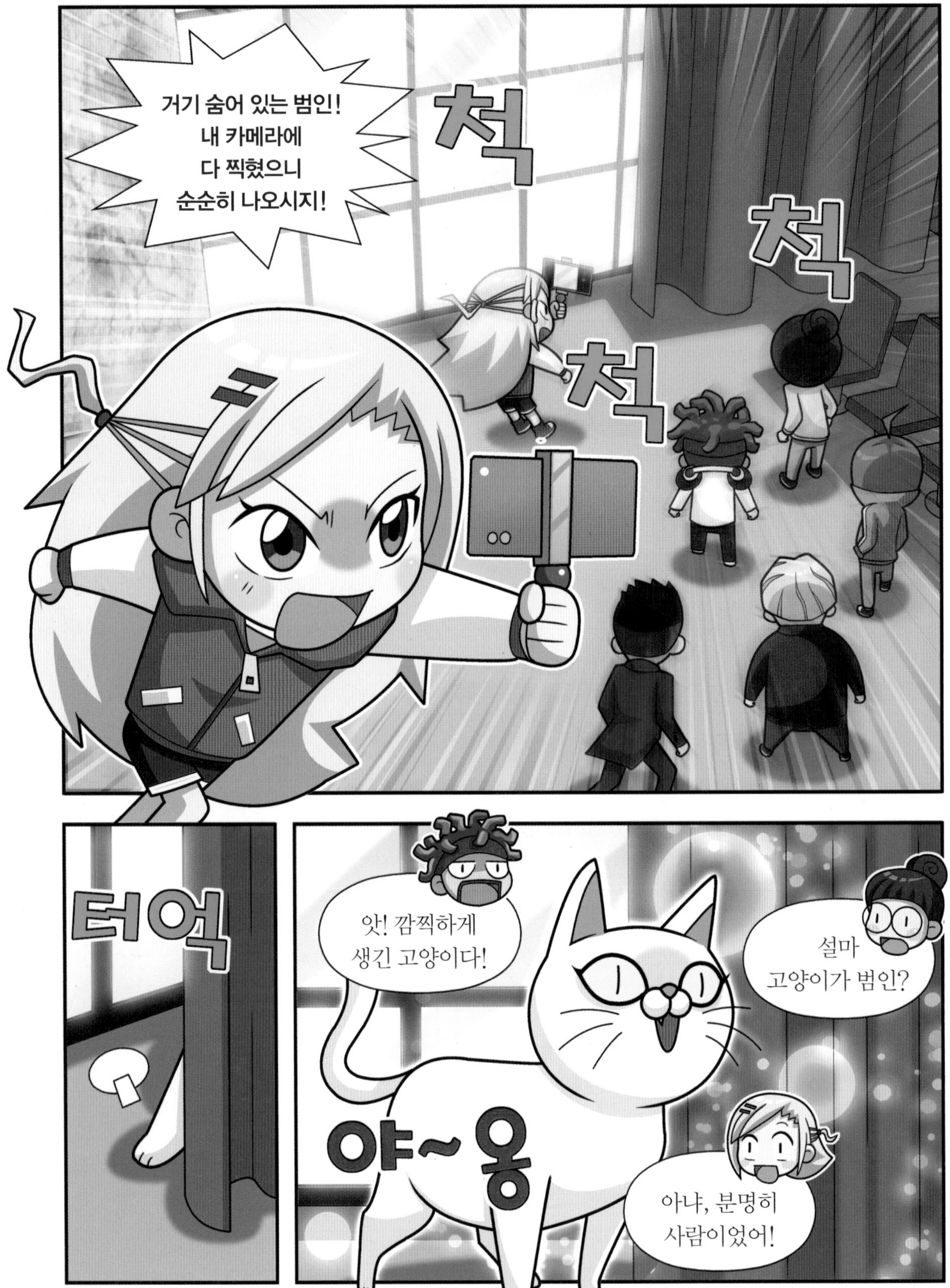
거기 숨어 있는 범인!
내 카메라에
다 찍혔으니
순순히 나오시지!
척
척
척
터억
앗! 깜찍하게
생긴 고양이다!
설마
고양이가 범인?
야~옹
아냐, 분명히
사람이었어!

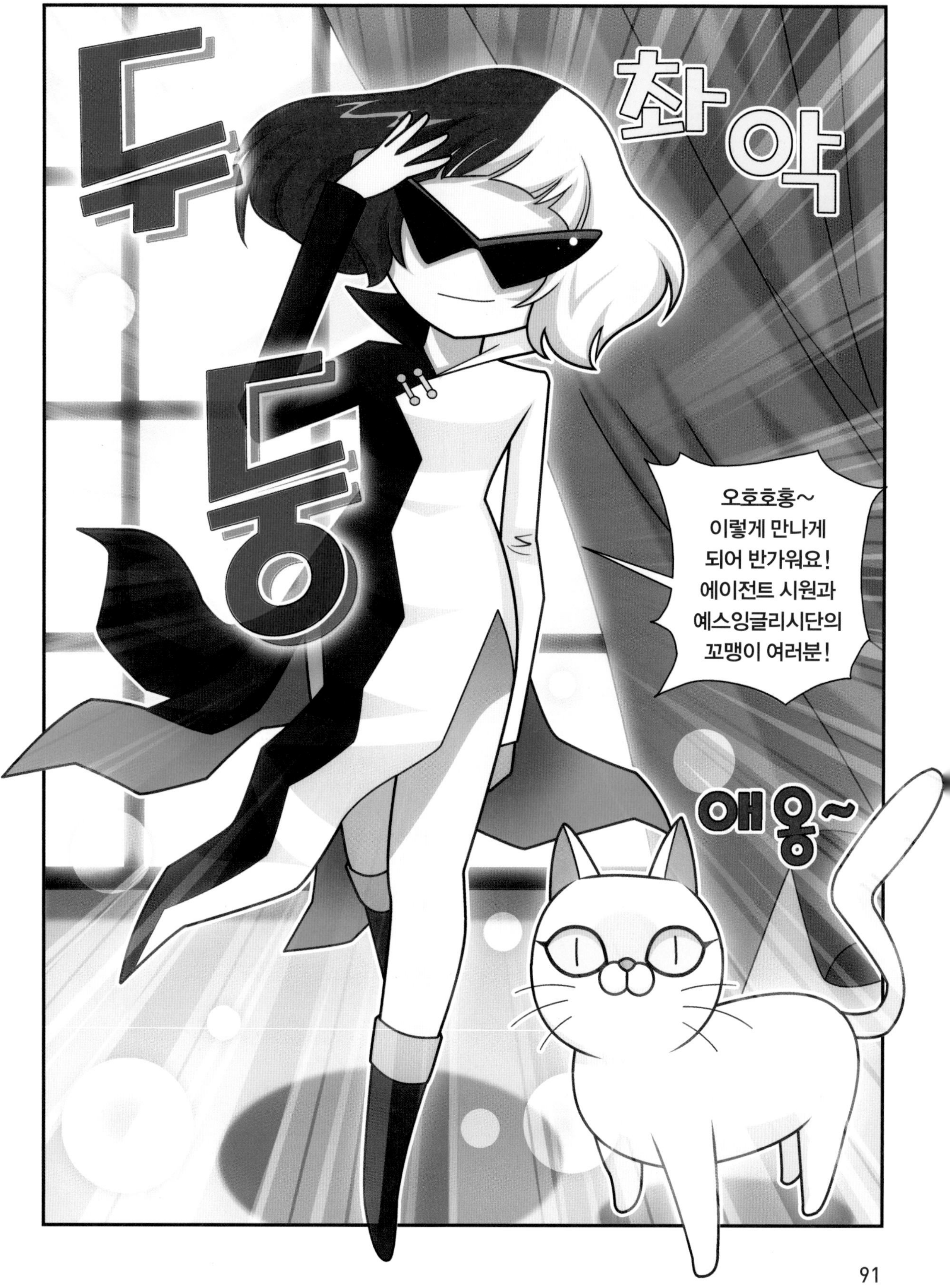
두둥
촤악
오호호홍~
이렇게 만나게
되어 반가워요!
에이전트 시원과
예스잉글리시단의
꼬맹이 여러분!
애옹~

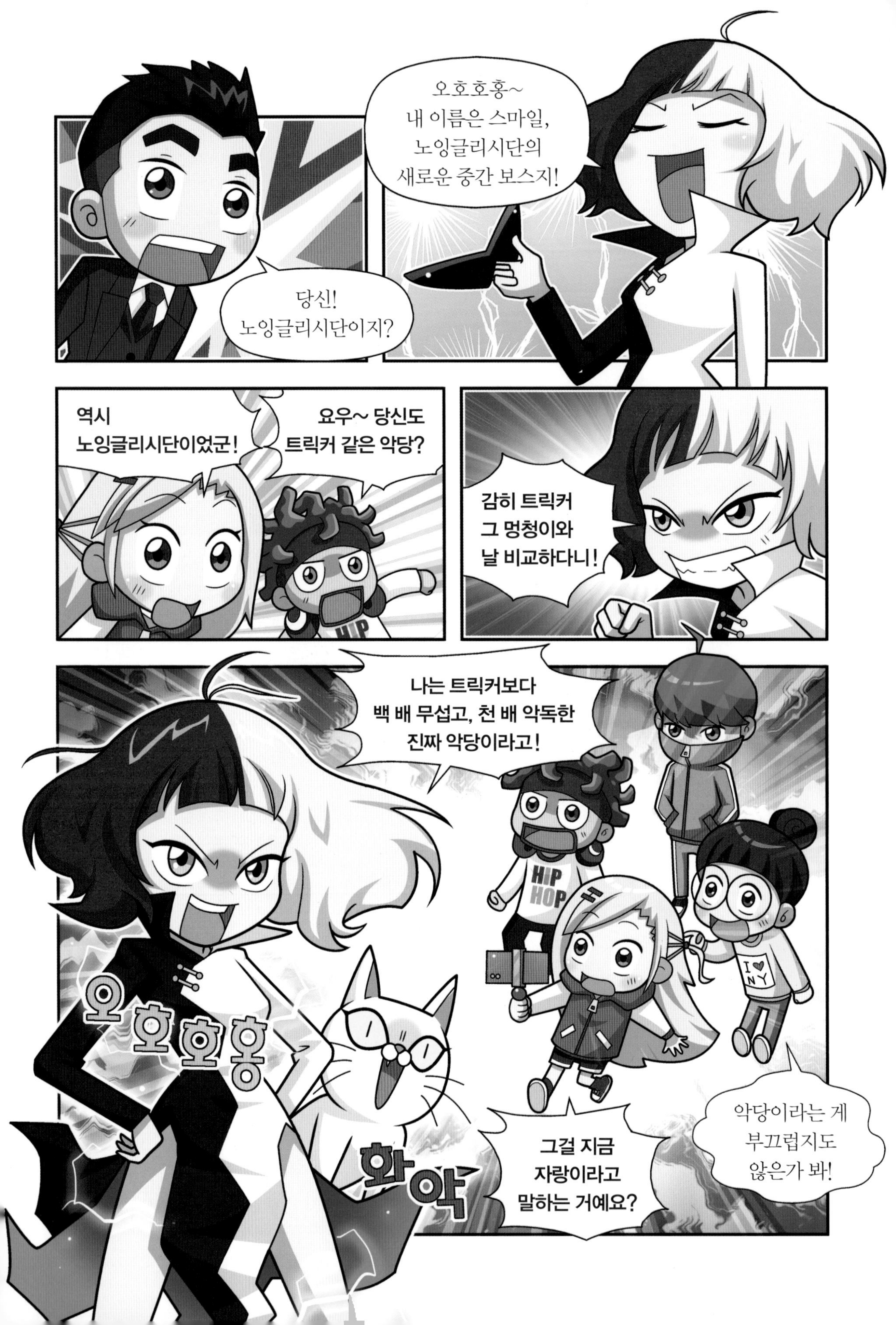
당신!
노잉글리시단이지?
오호호홍~
내 이름은 스마일,
노잉글리시단의
새로운 중간 보스지!
역시
노잉글리시단이었군!
요우~ 당신도
트릭커 같은 악당?
감히 트릭커
그 멍청이와
날 비교하다니!
나는 트릭커보다
백 배 무섭고, 천 배 악독한
진짜 악당이라고!
오호호홍
화악
그걸 지금
자랑이라고
말하는 거예요?
악당이라는 게
부끄럽지도
않은가 봐!

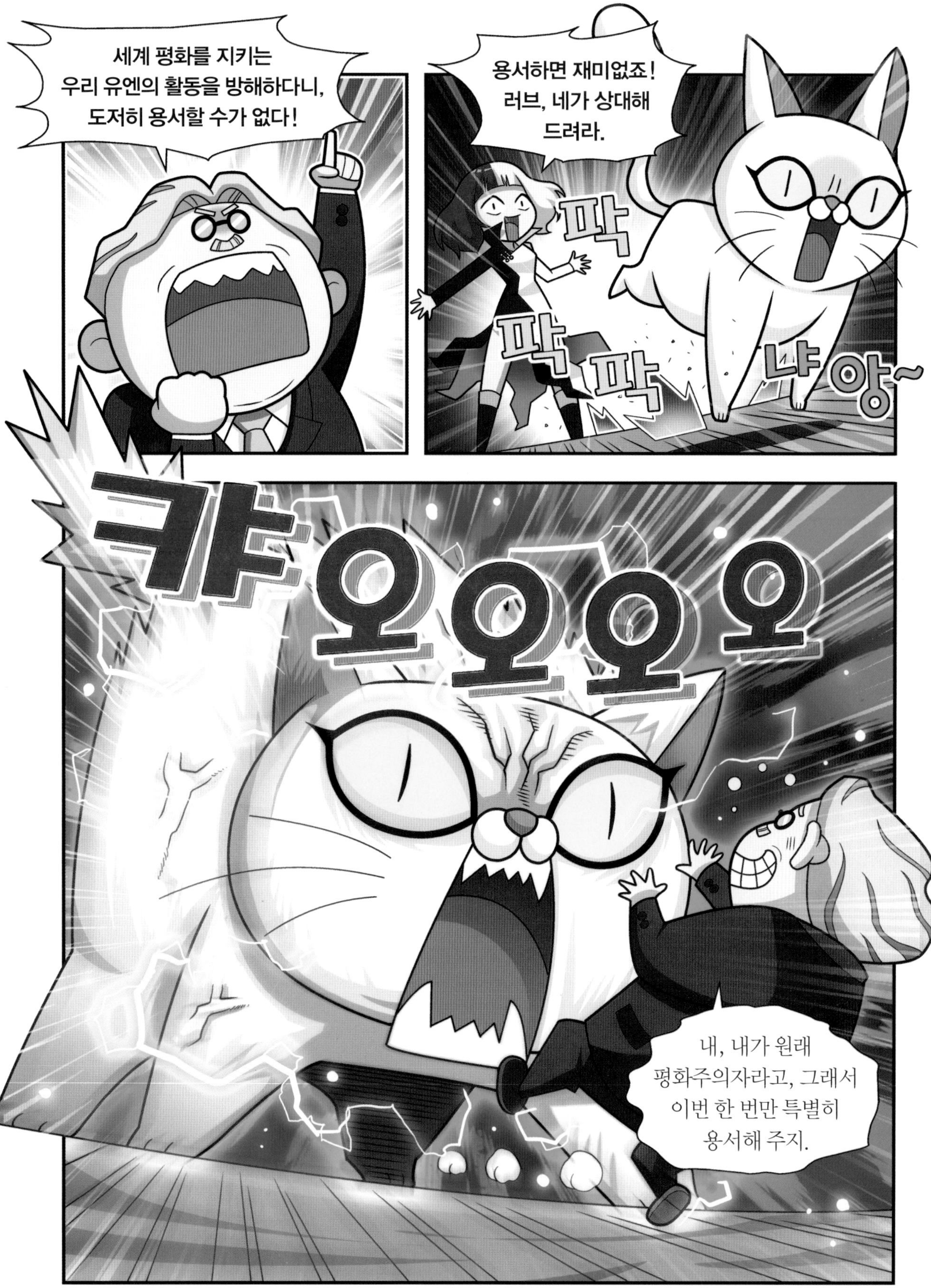

세계 평화를 지키는 우리 유엔의 활동을 방해하다니, 도저히 용서할 수가 없다!
용서하면 재미없죠! 러브, 네가 상대해 드려라.
팍
팍 팍
냐 양~
캬오오오오
내, 내가 원래 평화주의자라고, 그래서 이번 한 번만 특별히 용서해 주지.

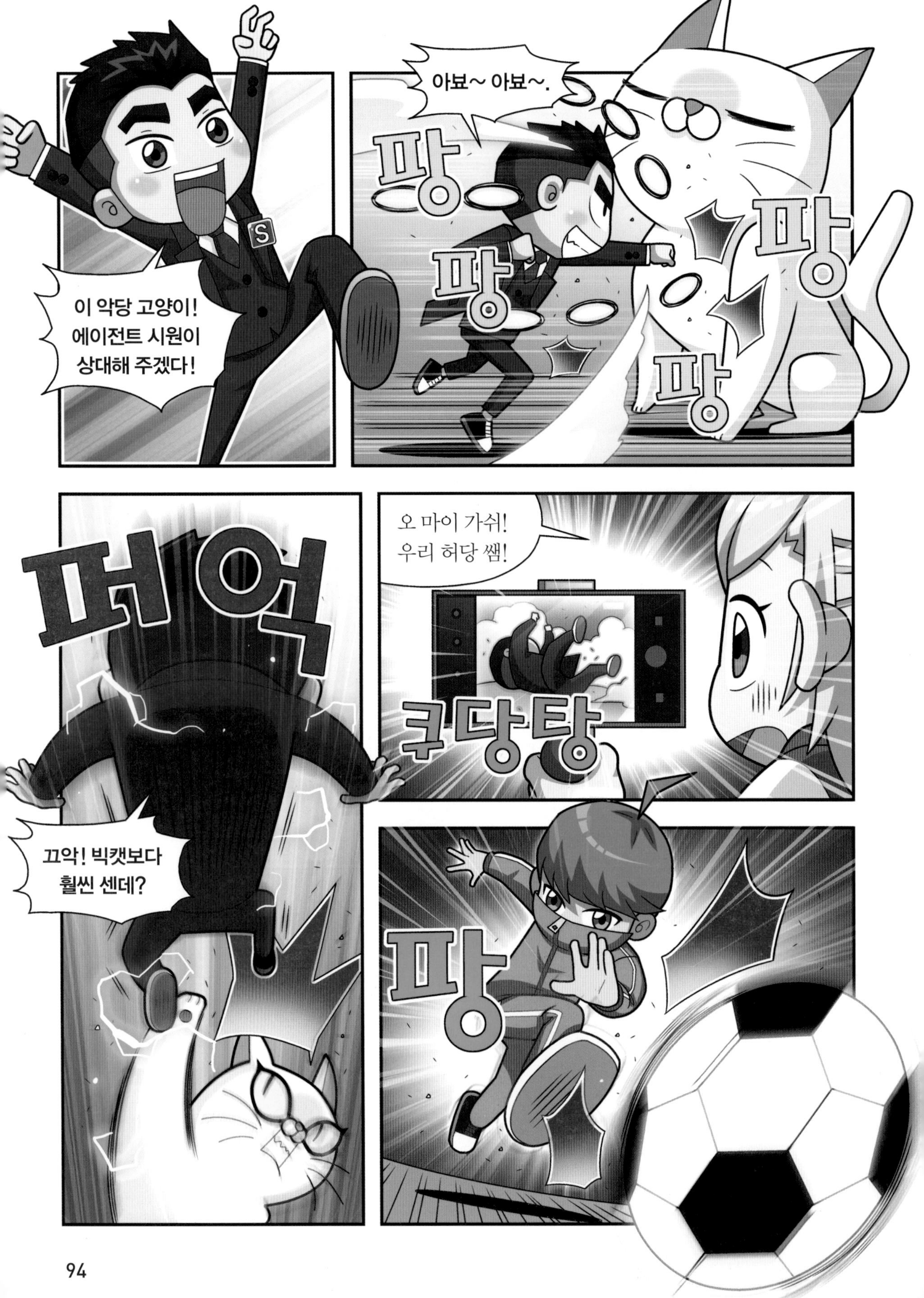
이 악당 고양이!
에이전트 시원이
상대해 주겠다!
아뵤~ 아뵤~.
팡
팡
팡
팡
퍼억
끄악! 빅캣보다
훨씬 센데?
오 마이 가쉬!
우리 허당 쌤!
쿠당탕
팡

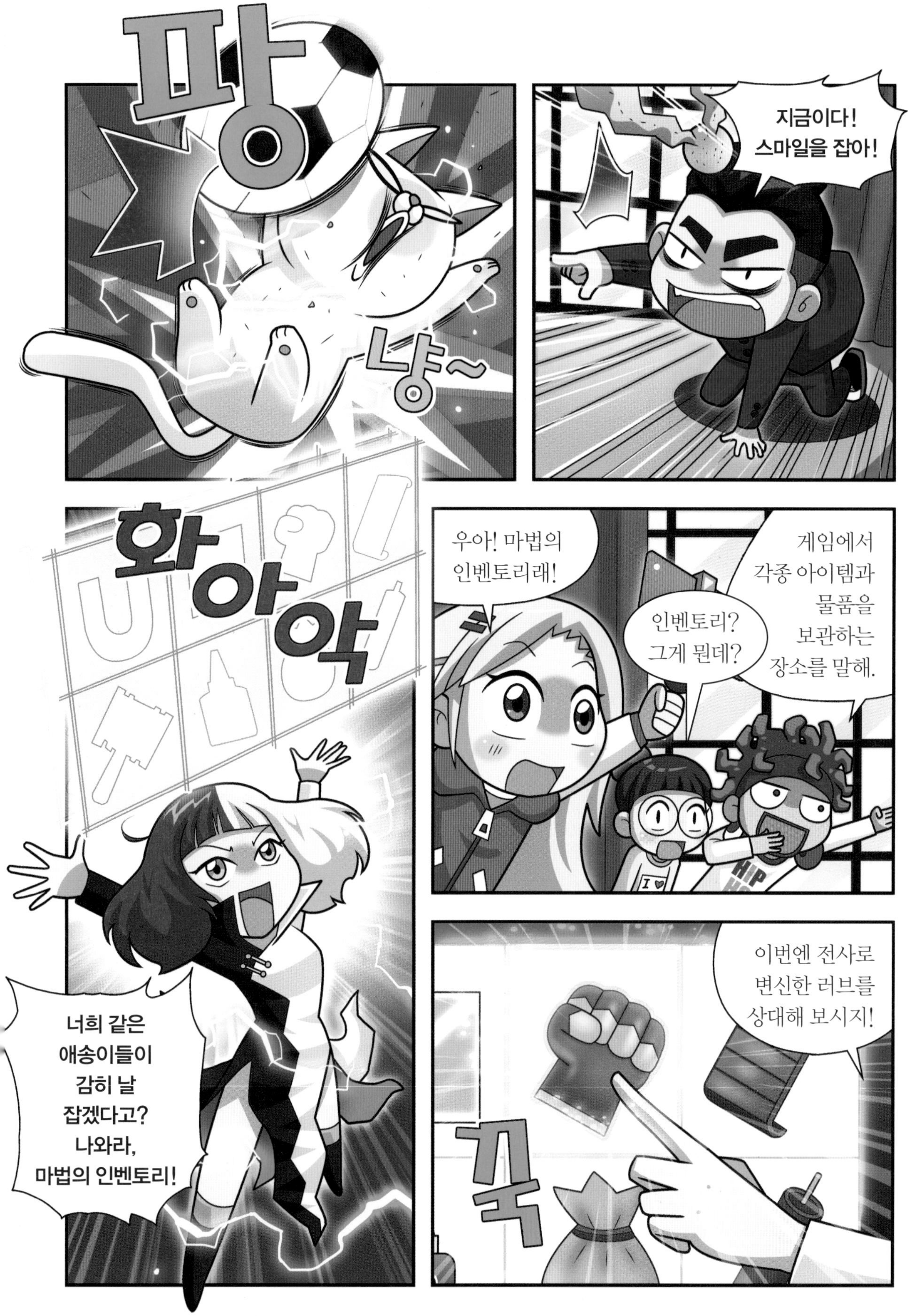

팡
냥~
지금이다!
스마일을 잡아!
화아악
너희 같은
애송이들이
감히 날
잡겠다고?
나와라,
마법의 인벤토리!
우아! 마법의
인벤토리래!
인벤토리?
그게 뭔데?
게임에서
각종 아이템과
물품을
보관하는
장소를 말해.
이번엔 전사로
변신한 러브를
상대해 보시지!
꾹

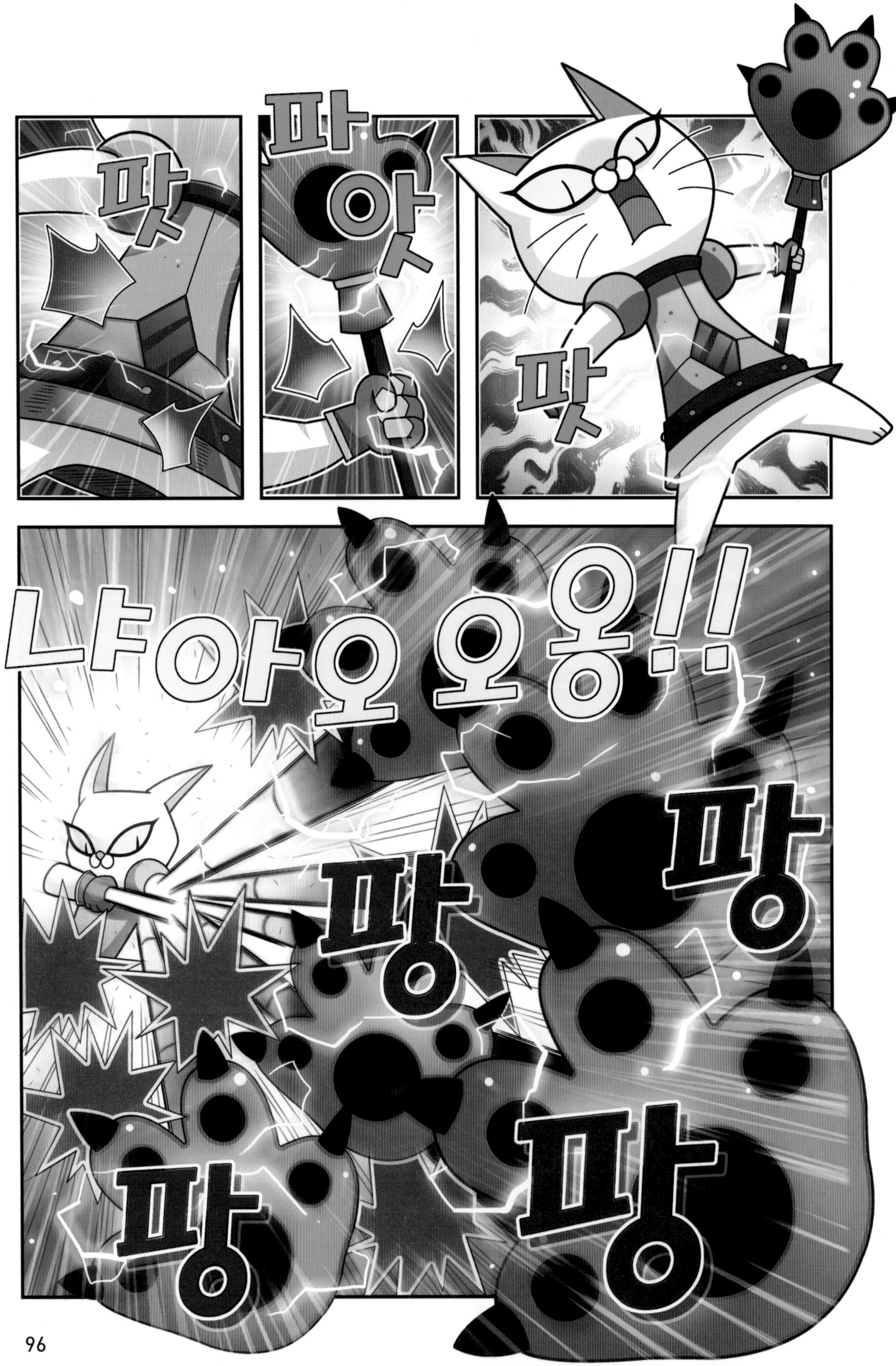
팍
파앗
팍
냐아오옹!!
팡
팡
팡
팡

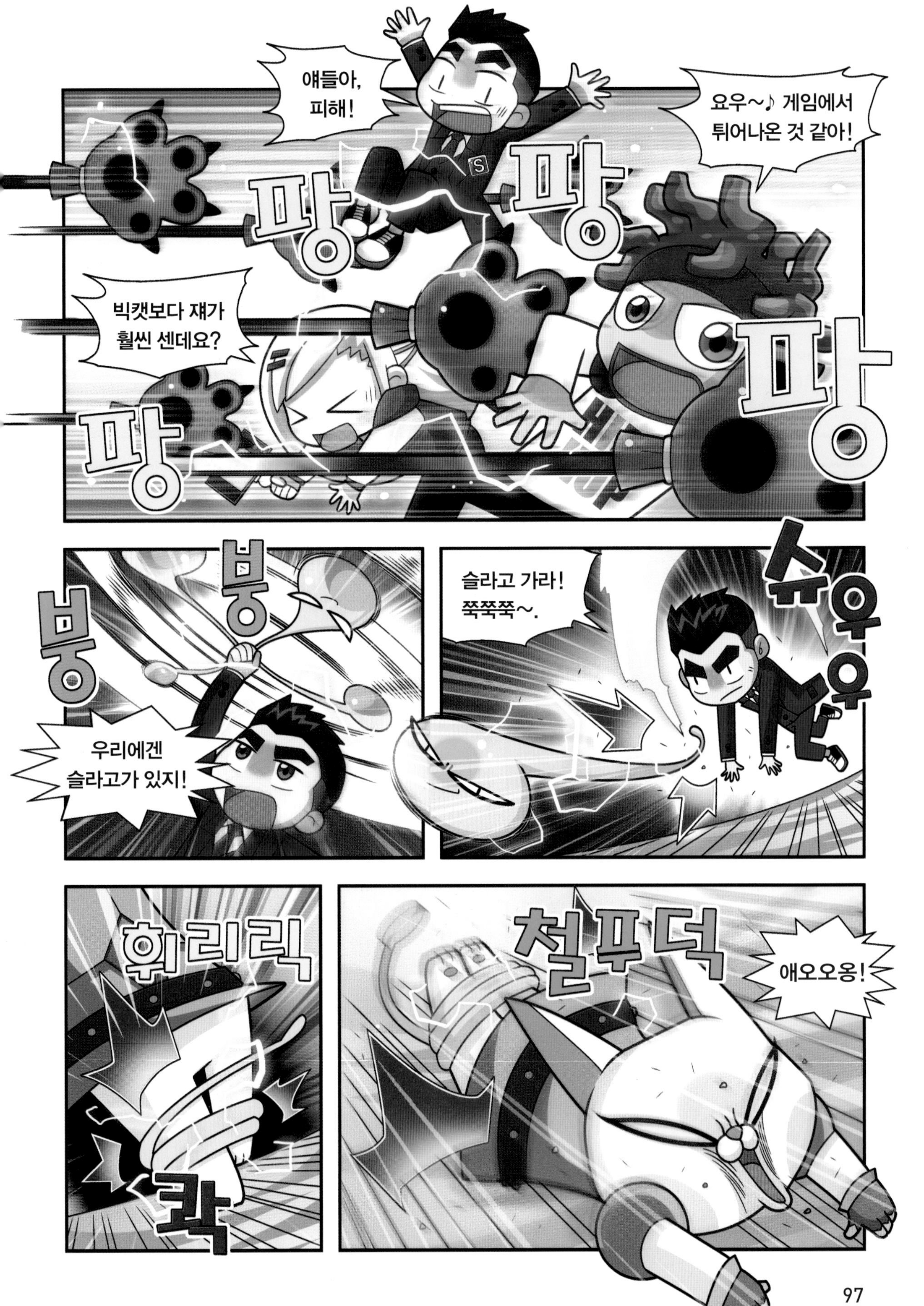
애들아,
피해!
요우~♪ 게임에서
튀어나온 것 같아!
팡
팡
빅캣보다 쟤가
훨씬 센데요?
팡
팡
붕
붕
우리에겐
슬라고가 있지!
슬라고 가라!
쭉쭉쭉~.
슈우우
휘리릭
콱
철푸덕
애오오옹!

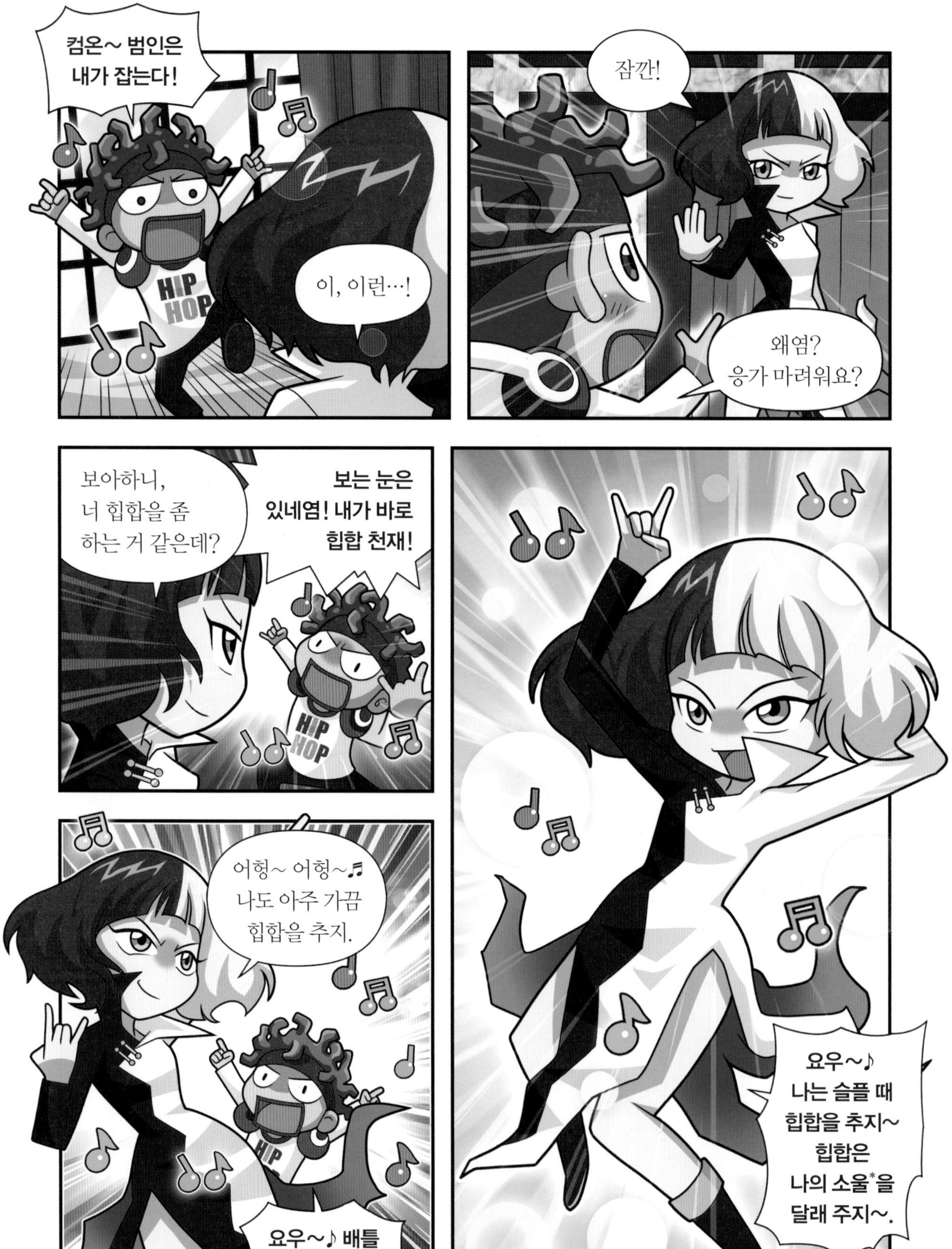
컴온~ 범인은 내가 잡는다!
이, 이런…!
잠깐!
왜염? 응가 마려워요?
보아하니, 너 힙합을 좀 하는 거 같은데?
보는 눈은 있네염! 내가 바로 힙합 천재!
요우~♪ 나는 슬플 때 힙합을 추지~ 힙합은 나의 소울*을 달래 주지~.
어헝~ 어헝~♬ 나도 아주 가끔 힙합을 추지.
요우~♪ 배틀 신청인가염?

* soul[soul]: 영혼.

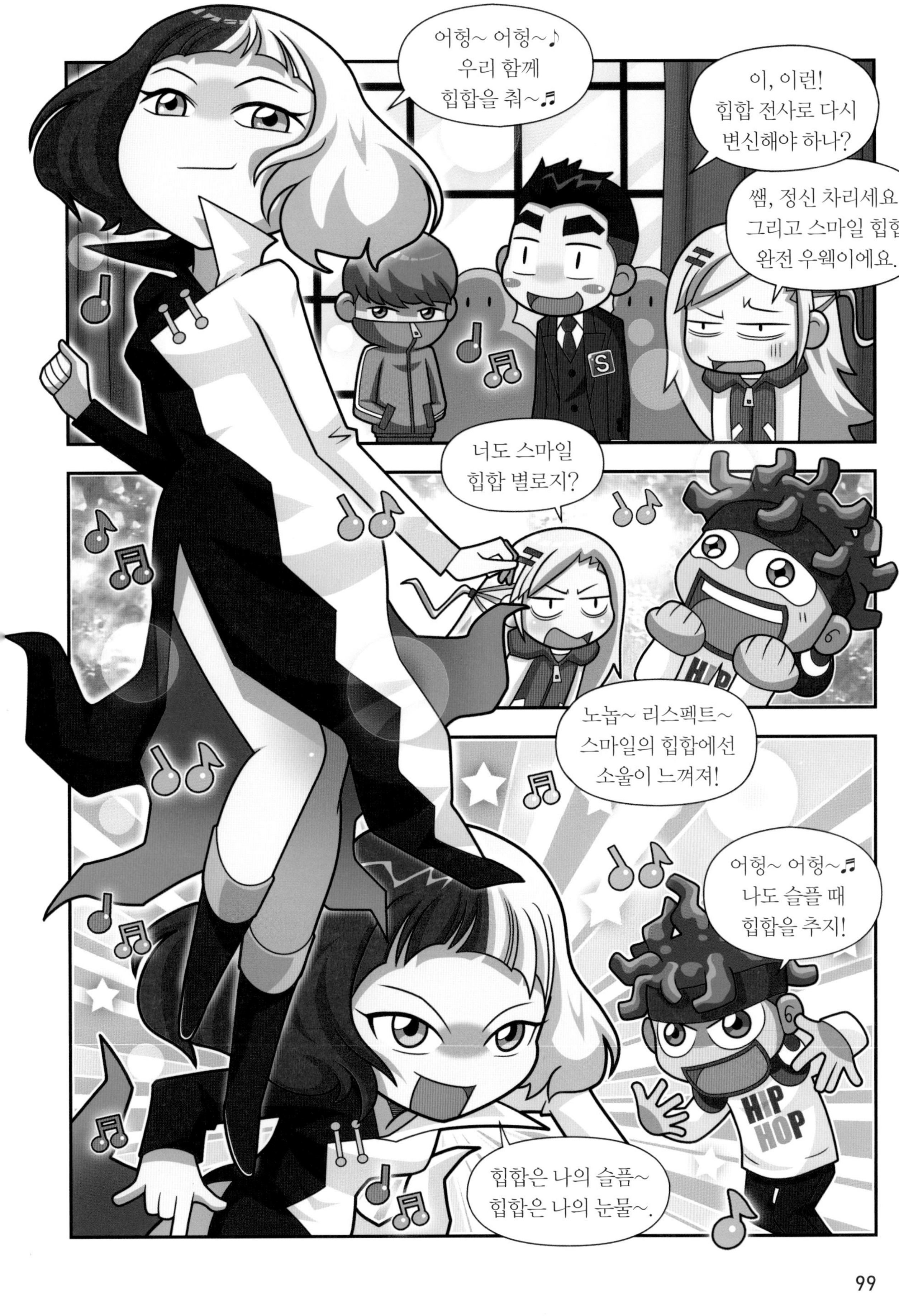
어헝~ 어헝~♪ 우리 함께 힙합을 춰~♬
이, 이런! 힙합 전사로 다시 변신해야 하나?
쌤, 정신 차리세요! 그리고 스마일 힙합 완전 우웩이에요.
너도 스마일 힙합 별로지?
노놉~ 리스펙트~ 스마일의 힙합에선 소울이 느껴져!
어헝~ 어헝~♬ 나도 슬플 때 힙합을 추지!
HIP HOP
힙합은 나의 슬픔~ 힙합은 나의 눈물~.

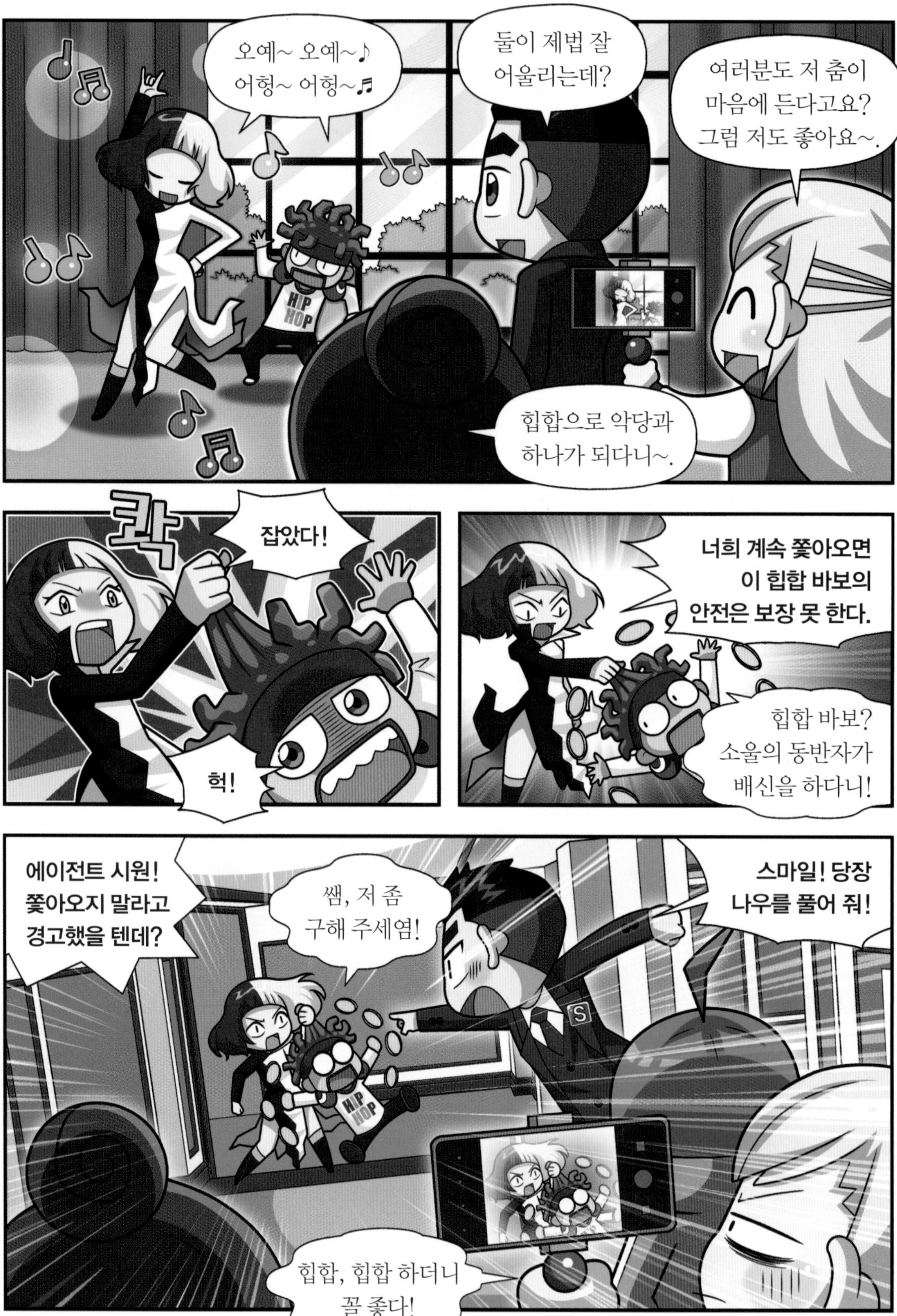

오예~ 오예~♪ 어헝~ 어헝~♬
둘이 제법 잘 어울리는데?
HIP HOP
여러분도 저 춤이 마음에 든다고요? 그럼 저도 좋아요~.
힙합으로 악당과 하나가 되다니~.
콱
잡았다!
헉!
너희 계속 쫓아오면 이 힙합 바보의 안전은 보장 못 한다.
힙합 바보? 소울의 동반자가 배신을 하다니!
에이전트 시원! 쫓아오지 말라고 경고했을 텐데?
쌤, 저 좀 구해 주세염!
스마일! 당장 나우를 풀어 줘!
힙합, 힙합 하더니 꼴 좋다!

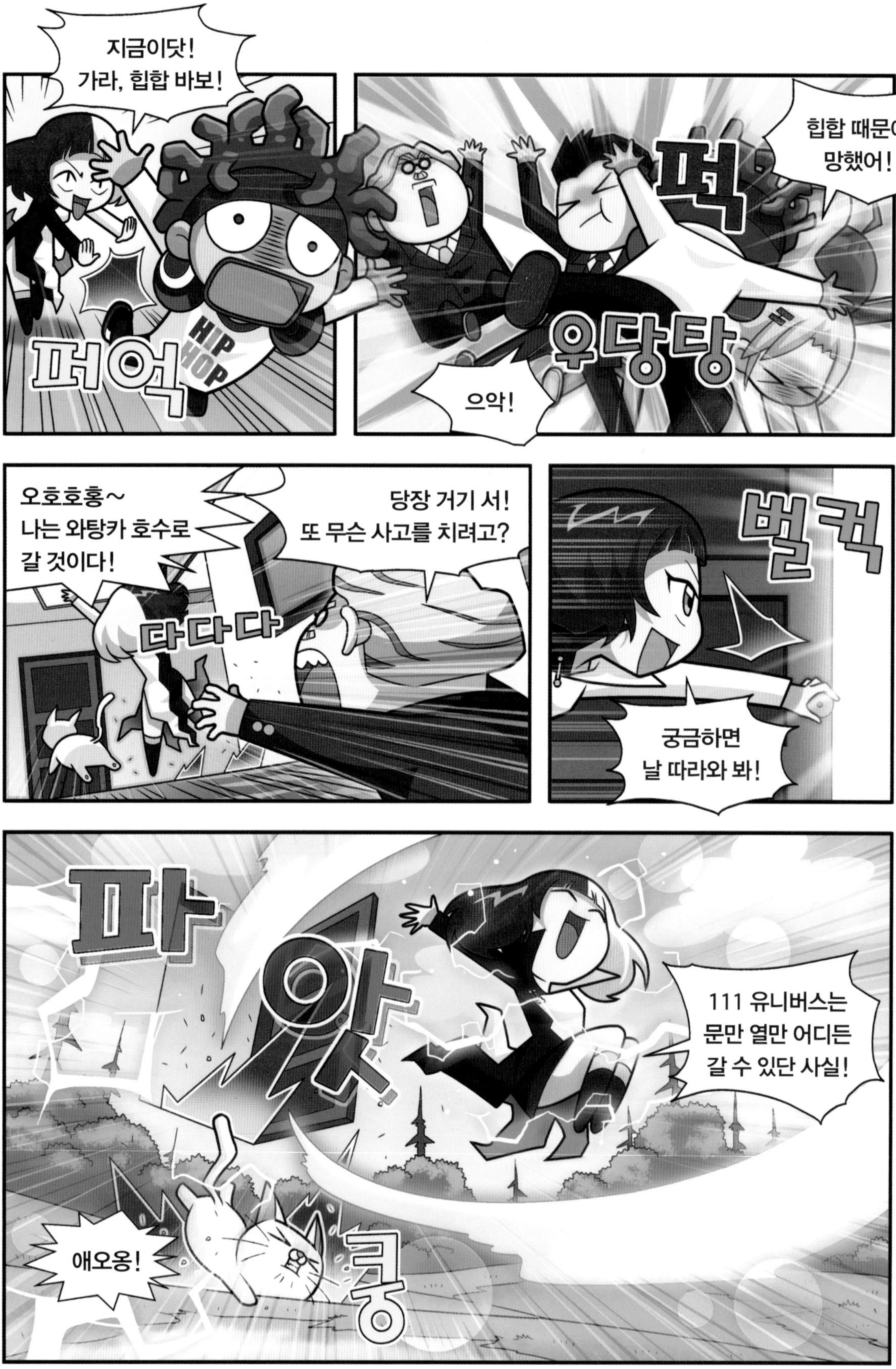
지금이닷!
가라, 힙합 바보!
퍼억
HIP HOP
힙합 때문에
망했어!
퍽
우당탕
으악!
오호호홍~
나는 와탕카 호수로
갈 것이다!
당장 거기 서!
또 무슨 사고를 치려고?
다다다
벌컥
궁금하면
날 따라와 봐!
파앗
111 유니버스는
문만 열만 어디든
갈 수 있단 사실!
애오옹!
쿵

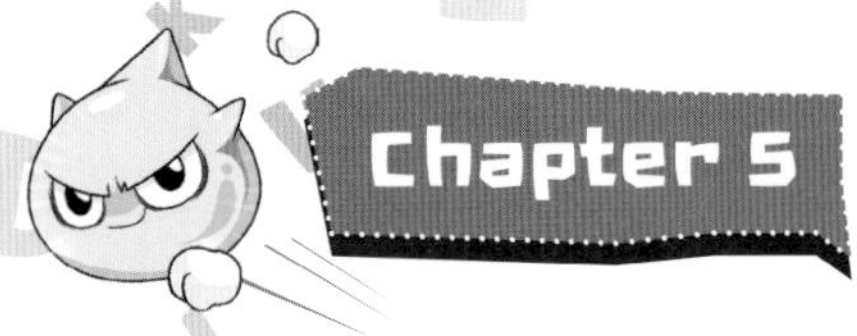

Chapter 5

우리는 평화 유지군

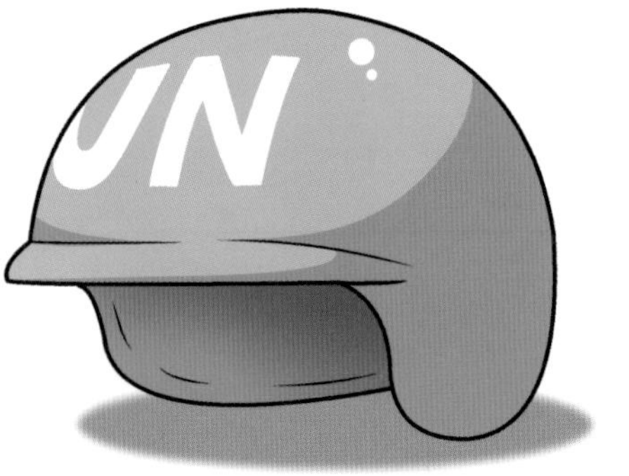
UN

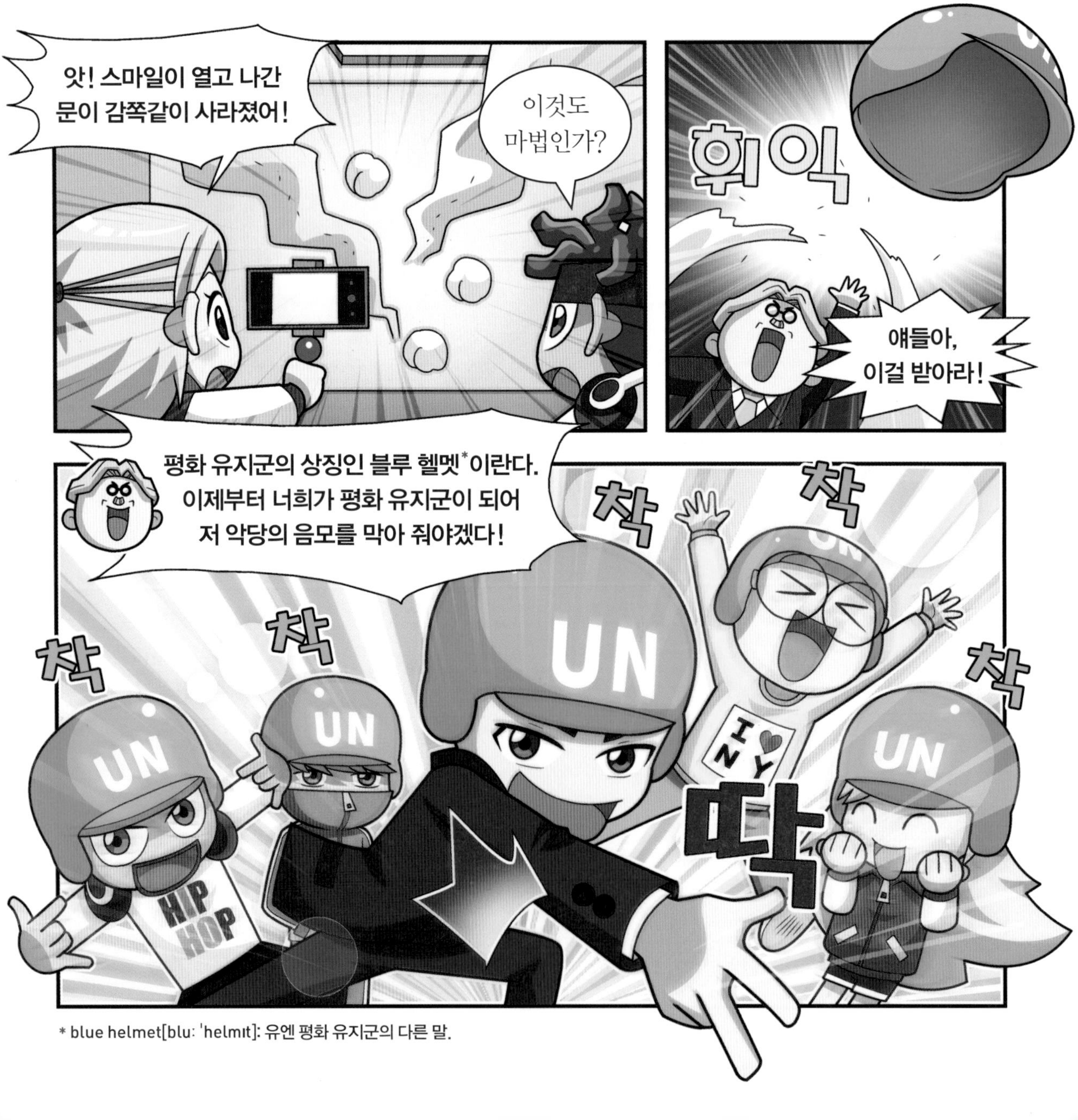
앗! 스마일이 열고 나간 문이 감쪽같이 사라졌어!
이것도 마법인가?
휘익
얘들아, 이걸 받아라!
평화 유지군의 상징인 블루 헬멧*이란다. 이제부터 너희가 평화 유지군이 되어 저 악당의 음모를 막아 줘야겠다!
착
착
착
착
착
딱
UN
HIP HOP
I ♥ NY

* blue helmet[bluː ˈhelmɪt]: 유엔 평화 유지군의 다른 말.

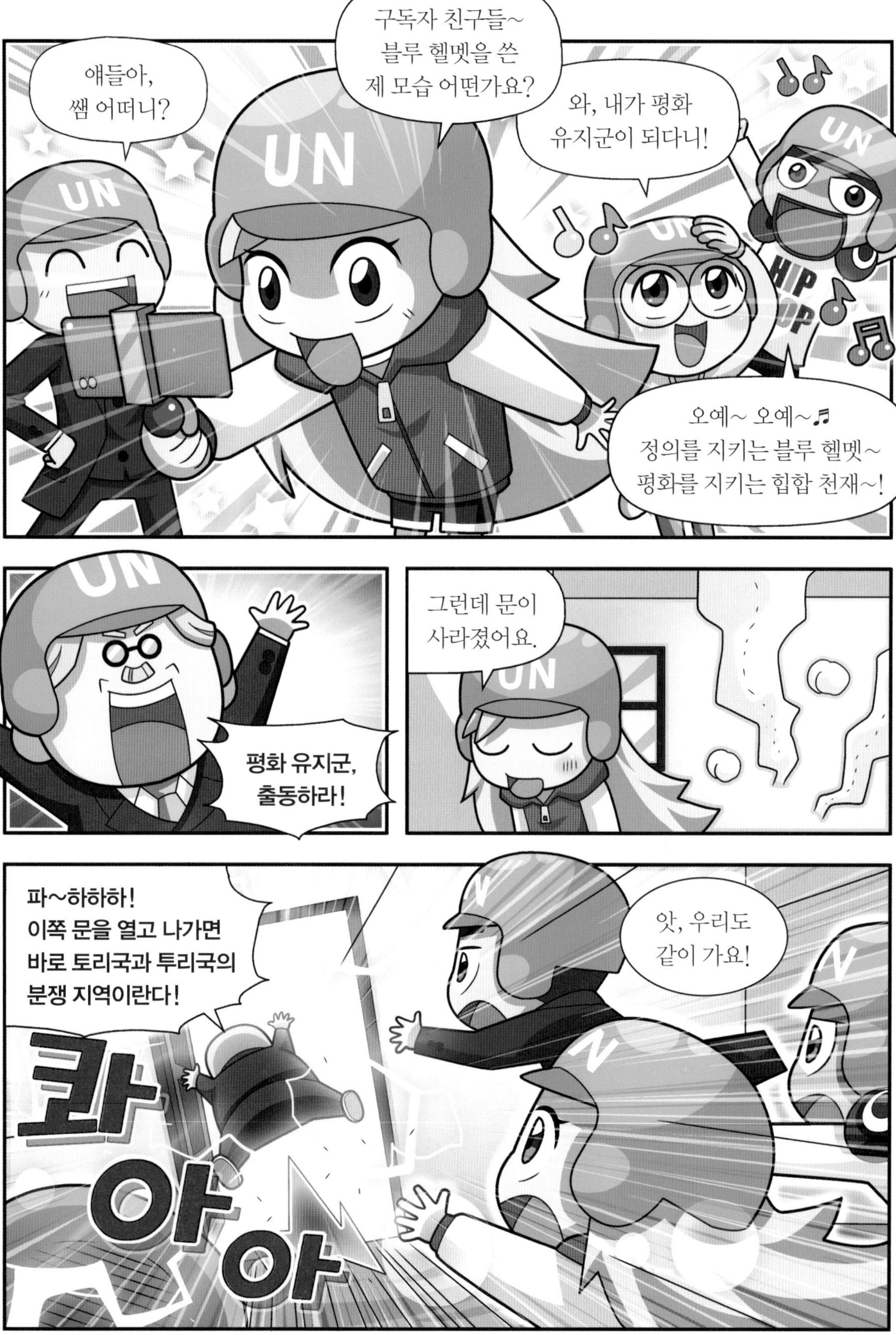
애들아,
쌤 어떠니?
구독자 친구들~
블루 헬멧을 쓴
제 모습 어떤가요?
와, 내가 평화
유지군이 되다니!
오예~ 오예~♬
정의를 지키는 블루 헬멧~
평화를 지키는 힙합 천재~!
평화 유지군,
출동하라!
그런데 문이
사라졌어요.
파~하하하!
이쪽 문을 열고 나가면
바로 토리국과 투리국의
분쟁 지역이란다!
앗, 우리도
같이 가요!
콰아아

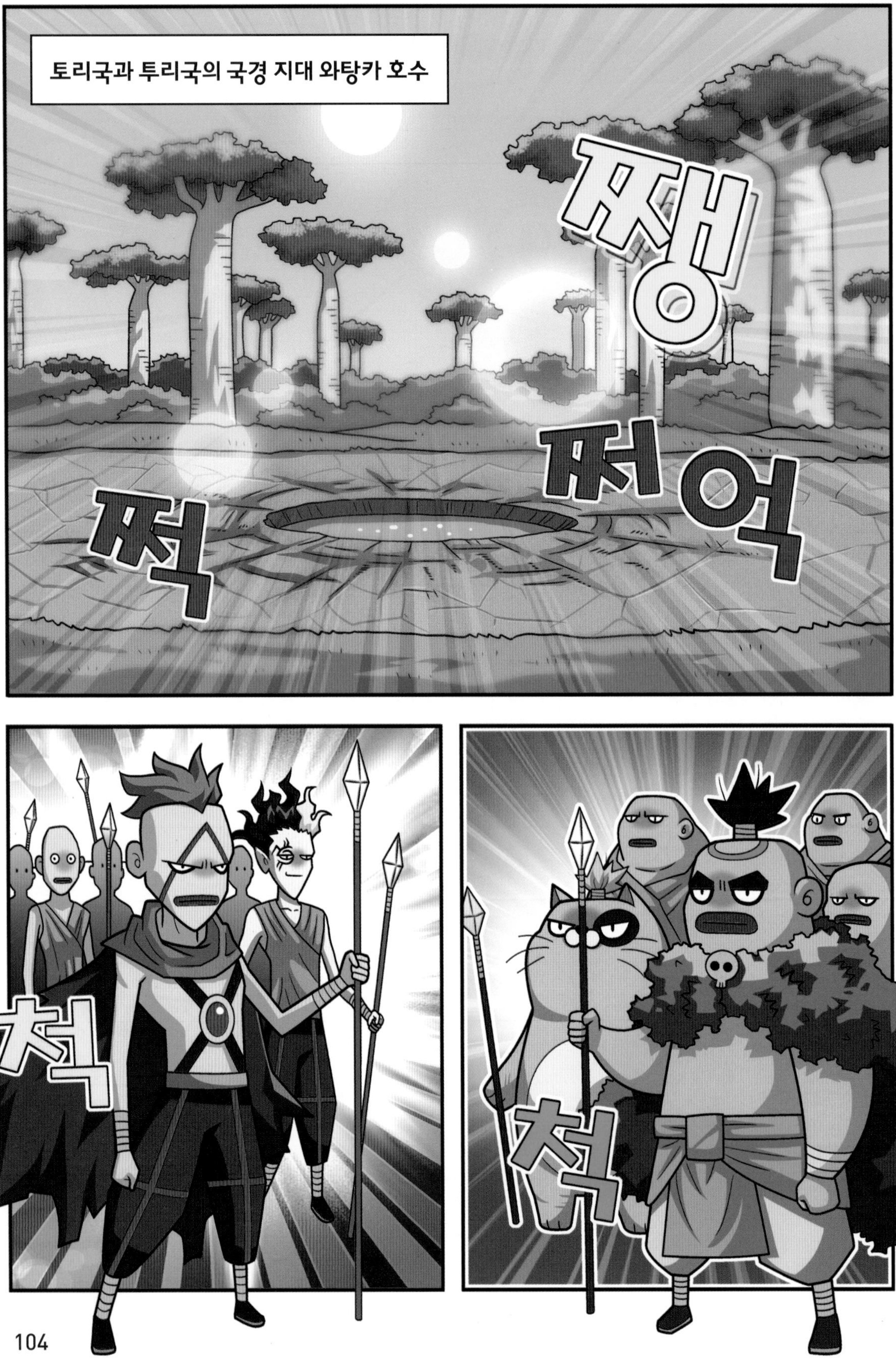
토리국과 투리국의 국경 지대 와탕카 호수
쨍
쩍
쩌억
척
척

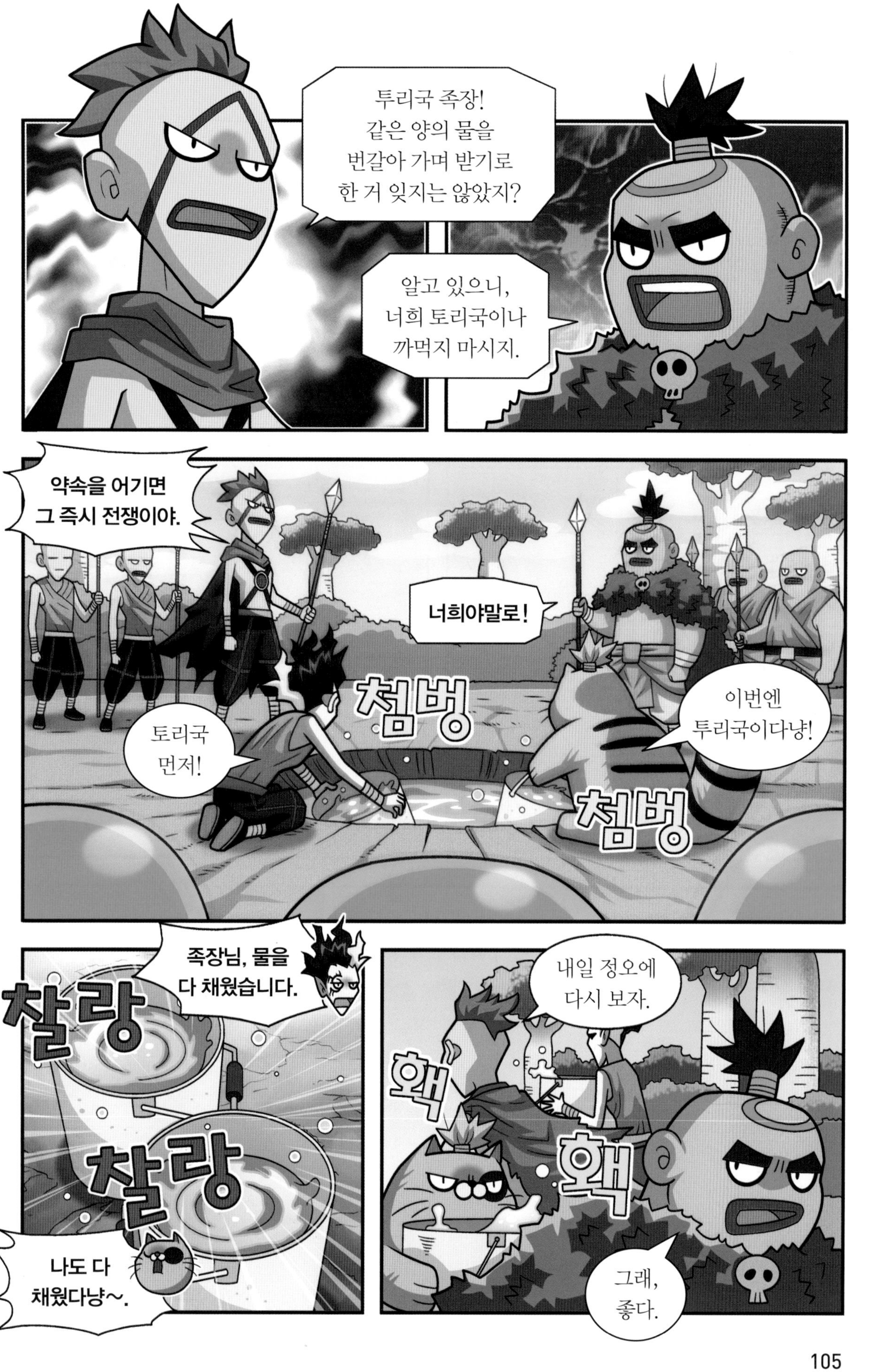

투리국 족장!
같은 양의 물을
번갈아 가며 받기로
한 거 잊지는 않았지?
알고 있으니,
너희 토리국이나
까먹지 마시지.
약속을 어기면
그 즉시 전쟁이야.
너희야말로!
첨벙
토리국
먼저!
이번엔
투리국이다냥!
첨벙
족장님, 물을
다 채웠습니다.
찰랑
찰랑
나도 다
채웠다냥~.
내일 정오에
다시 보자.
홱
홱
그래,
좋다.

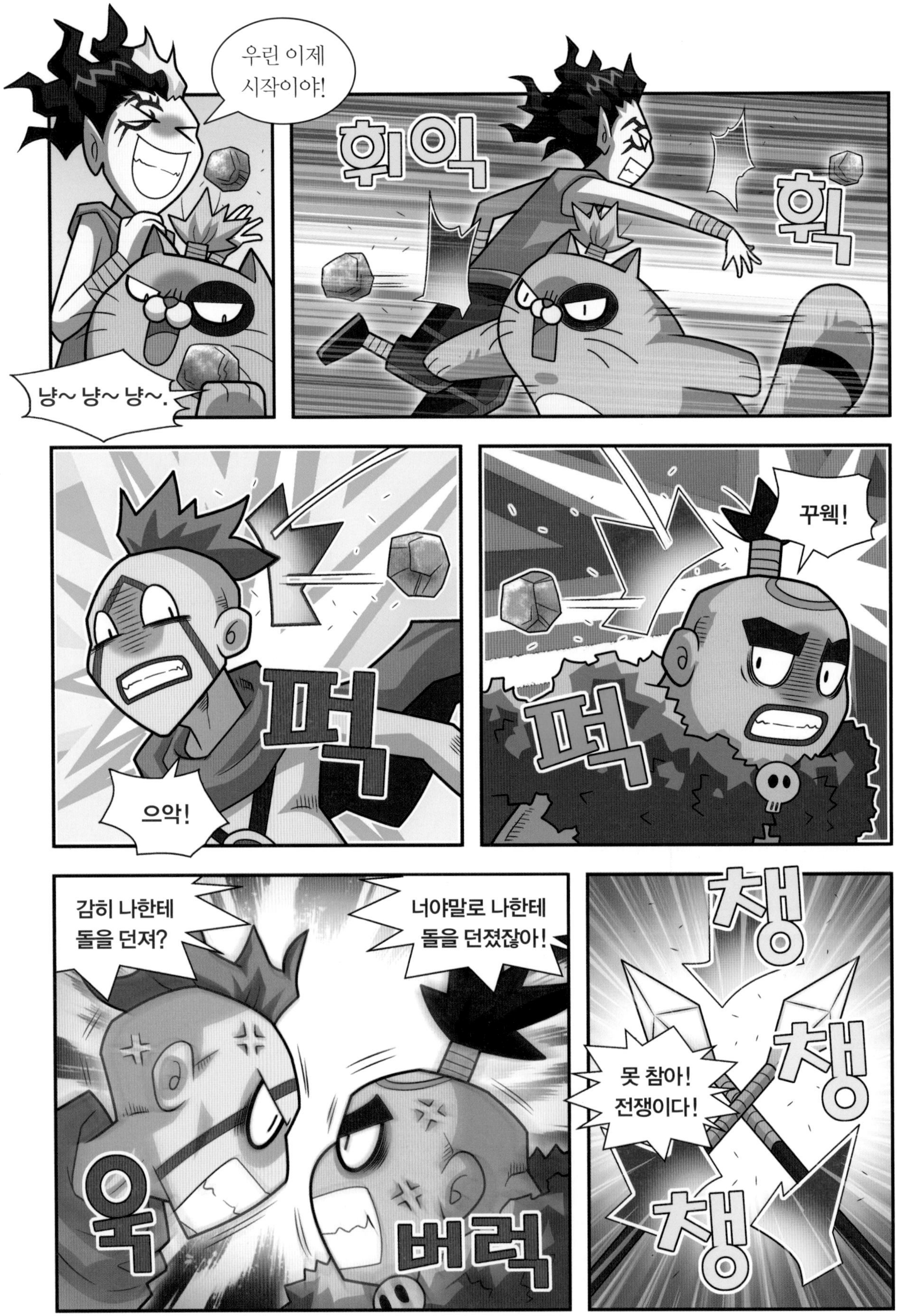

우린 이제
시작이야!
휘익
휙
냥~ 냥~ 냥~.
퍽
으악!
꾸웩!
퍽
감히 나한테
돌을 던져?
너야말로 나한테
돌을 던졌잖아!
욱
버럭
챙
챙
못 참아!
전쟁이다!
챙

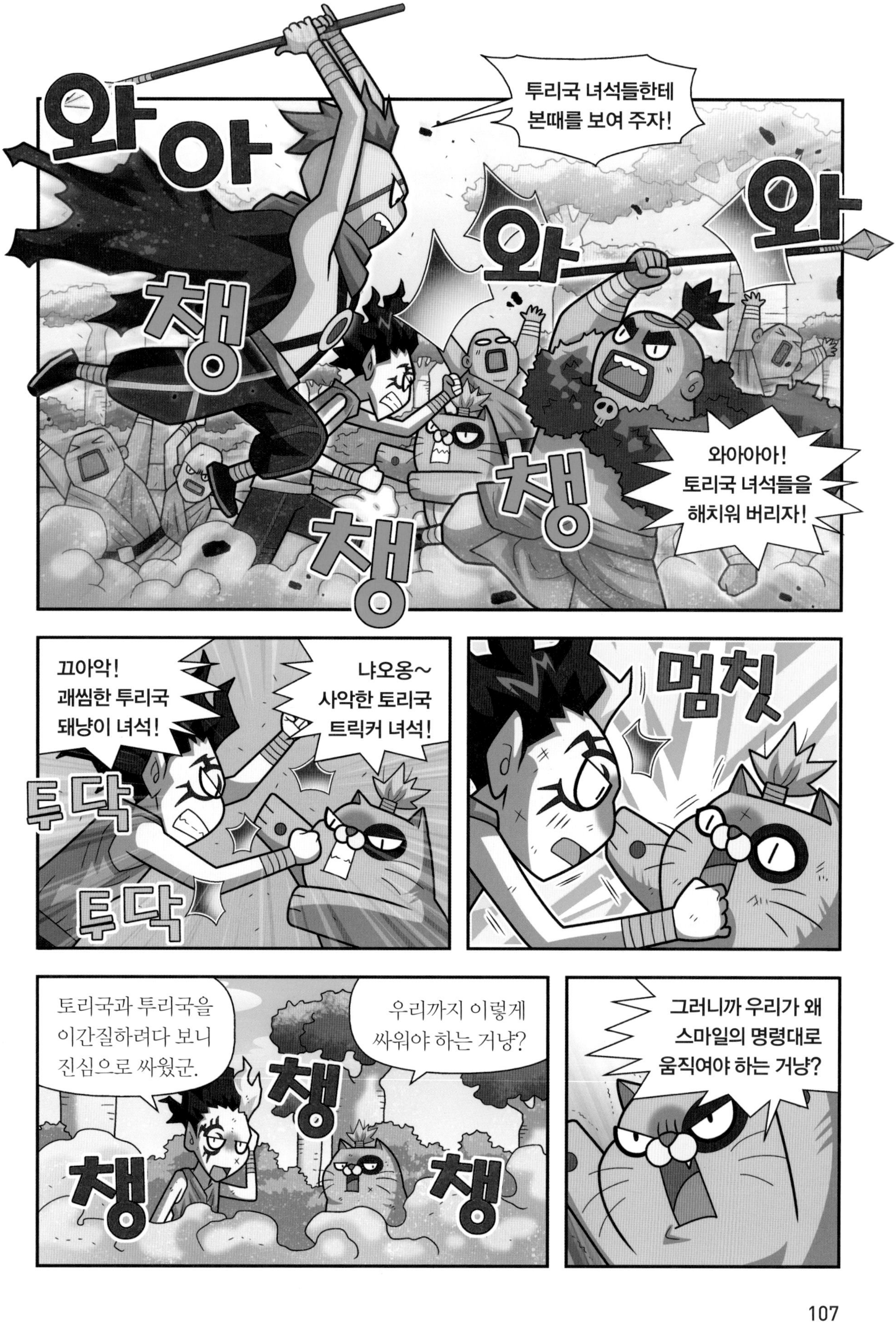

와아
투리국 녀석들한테 본때를 보여 주자!
와 와
챙
와아아아! 토리국 녀석들을 해치워 버리자!
챙
챙
끄아악! 괘씸한 투리국 돼냥이 녀석!
냐오옹~ 사악한 토리국 트릭커 녀석!
투닥
투닥
멈칫
토리국과 투리국을 이간질하려다 보니 진심으로 싸웠군.
우리까지 이렇게 싸워야 하는 거냥?
챙
챙
챙
그러니까 우리가 왜 스마일의 명령대로 움직여야 하는 거냥?

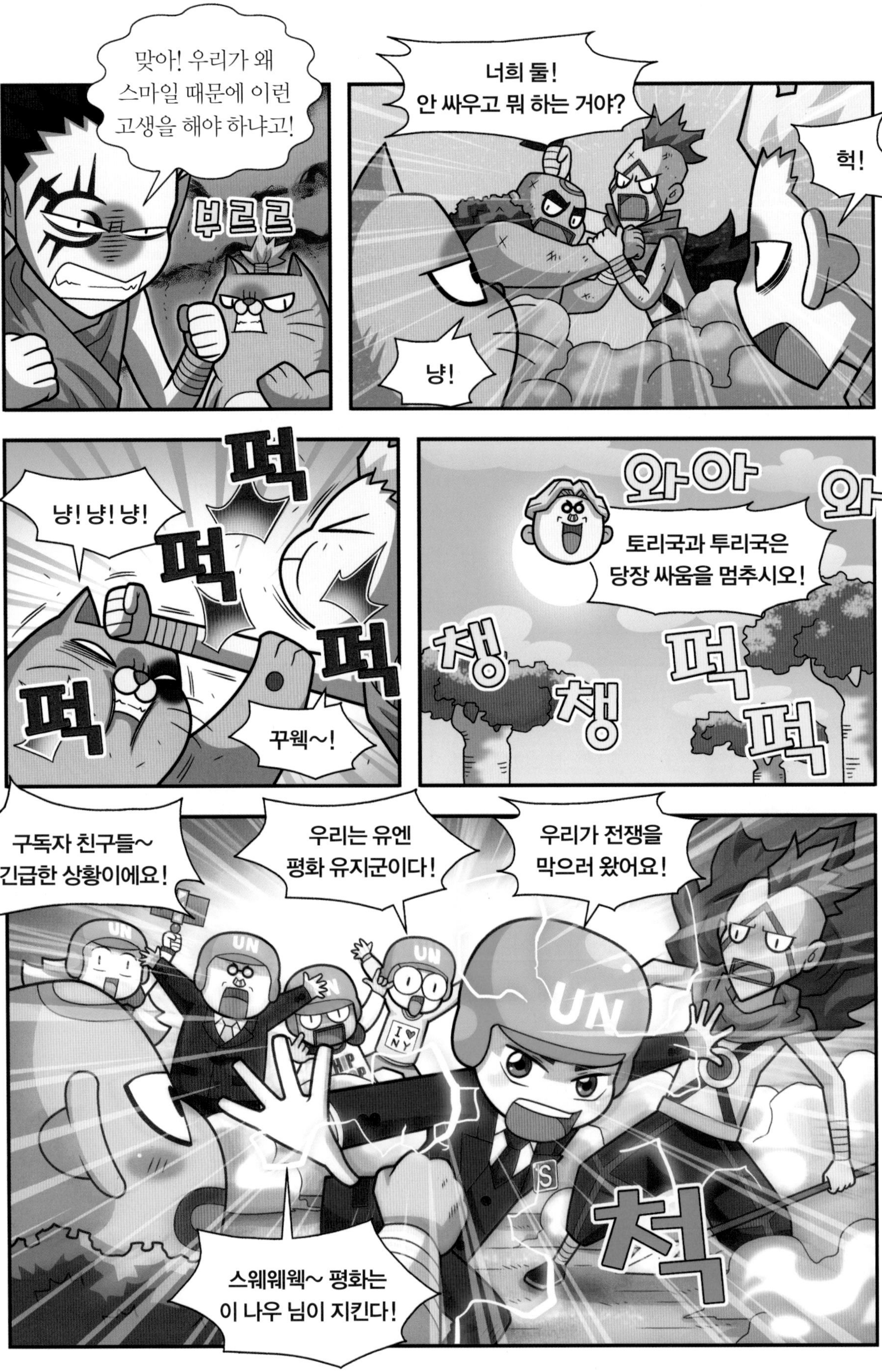
맞아! 우리가 왜 스마일 때문에 이런 고생을 해야 하냐고!
부르르
너희 둘! 안 싸우고 뭐 하는 거야?
헉!
냥!
냥! 냥! 냥!
퍽
퍽
퍽
퍽
꾸웩~!
와아아
와
토리국과 투리국은 당장 싸움을 멈추시오!
챙
챙
퍽
퍽
구독자 친구들~ 긴급한 상황이에요!
우리는 유엔 평화 유지군이다!
우리가 전쟁을 막으러 왔어요!
UN
척
스웨웨웩~ 평화는 이 나우 님이 지킨다!

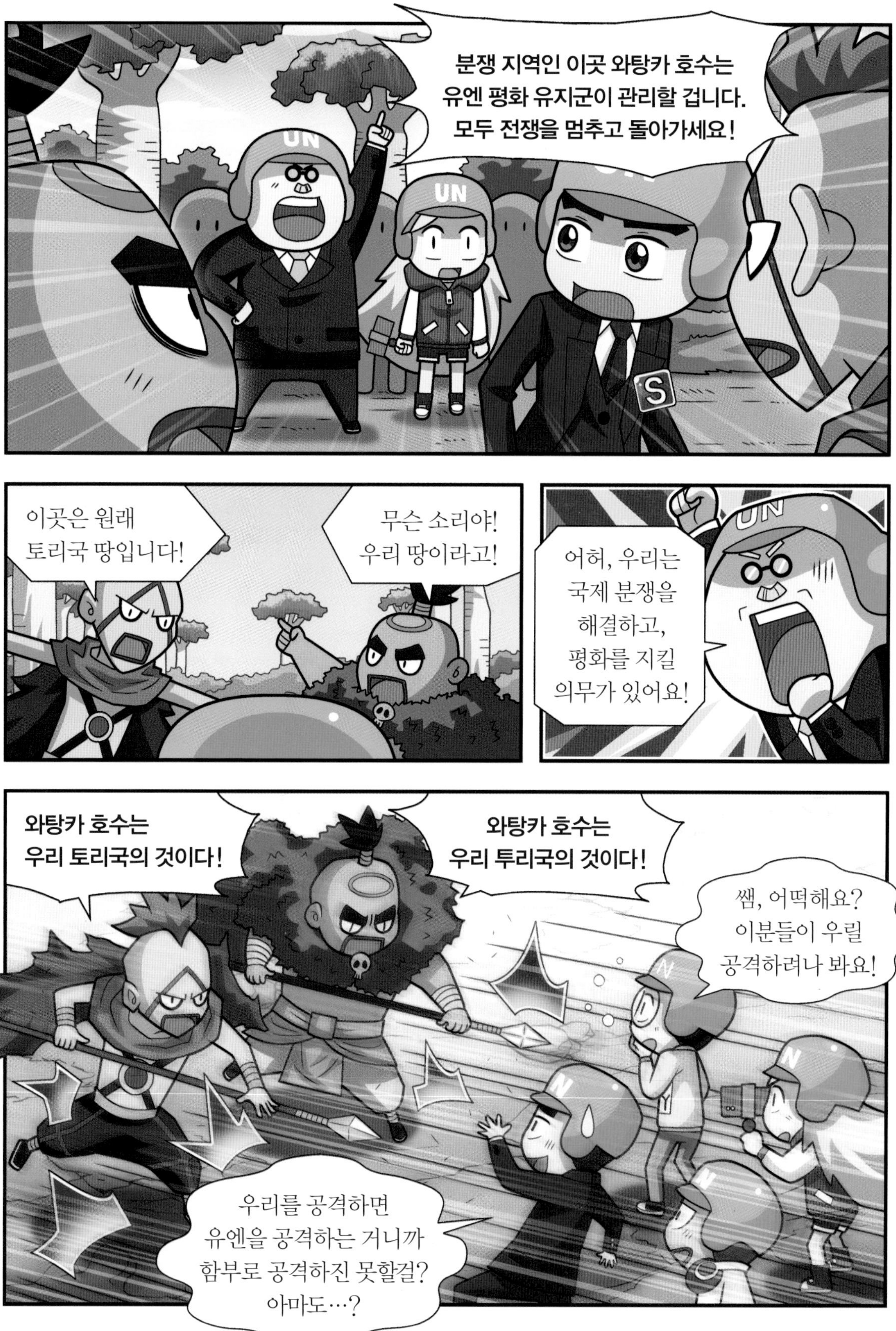

분쟁 지역인 이곳 와탕카 호수는 유엔 평화 유지군이 관리할 겁니다. 모두 전쟁을 멈추고 돌아가세요!
이곳은 원래 토리국 땅입니다!
무슨 소리야! 우리 땅이라고!
어허, 우리는 국제 분쟁을 해결하고, 평화를 지킬 의무가 있어요!
와탕카 호수는 우리 토리국의 것이다!
와탕카 호수는 우리 투리국의 것이다!
쌤, 어떡해요? 이분들이 우릴 공격하려나 봐요!
우리를 공격하면 유엔을 공격하는 거니까 함부로 공격하진 못할걸? 아마도…?

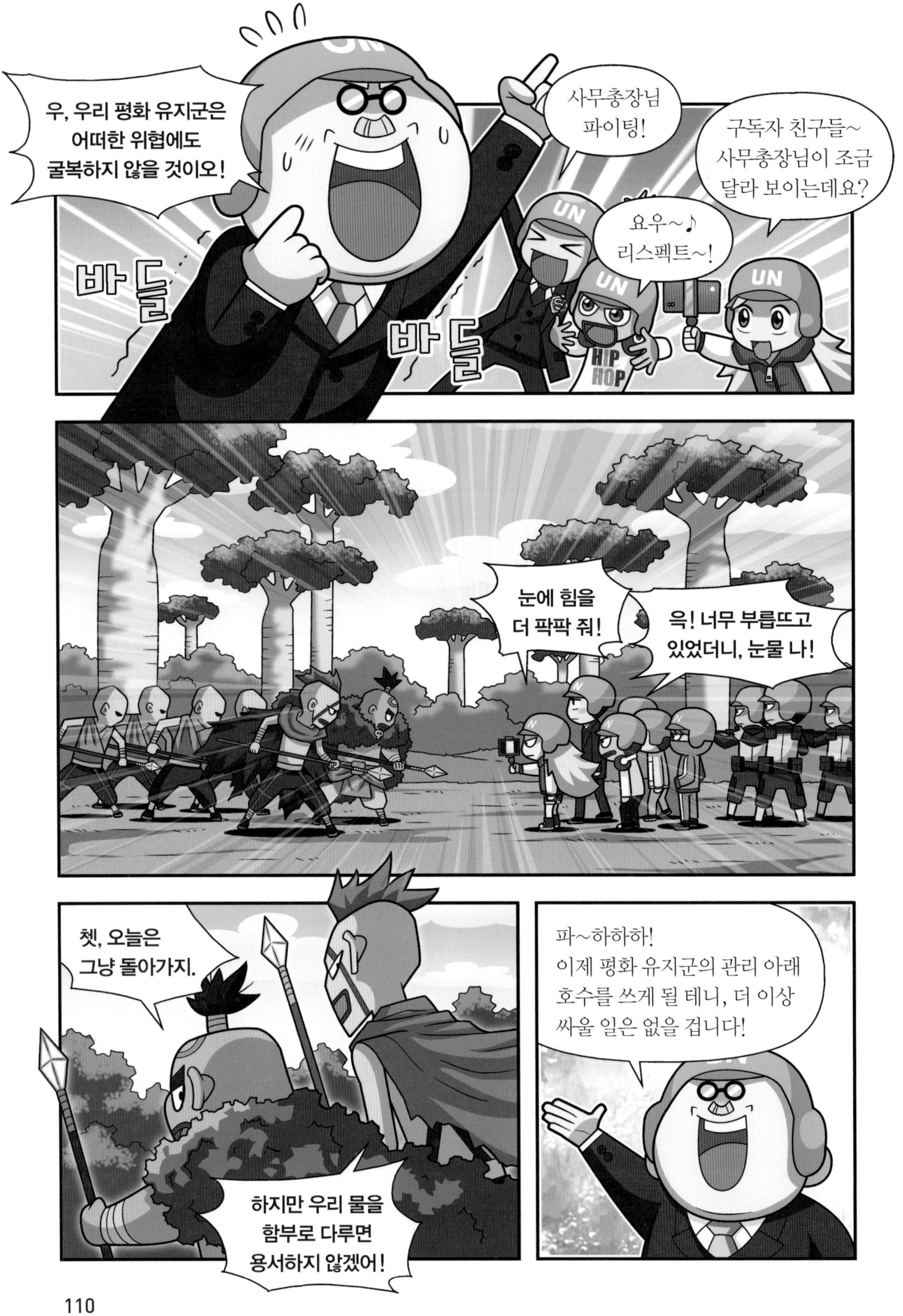
우, 우리 평화 유지군은 어떠한 위협에도 굴복하지 않을 것이오!
사무총장님 파이팅!
구독자 친구들~ 사무총장님이 조금 달라 보이는데요?
요우~♪ 리스펙트~!
바 들
바 들
UN
HIP HOP
눈에 힘을 더 팍팍 줘!
윽! 너무 부릅뜨고 있었더니, 눈물 나!
쳇, 오늘은 그냥 돌아가지.
하지만 우리 물을 함부로 다루면 용서하지 않겠어!
파~하하하! 이제 평화 유지군의 관리 아래 호수를 쓰게 될 테니, 더 이상 싸울 일은 없을 겁니다!

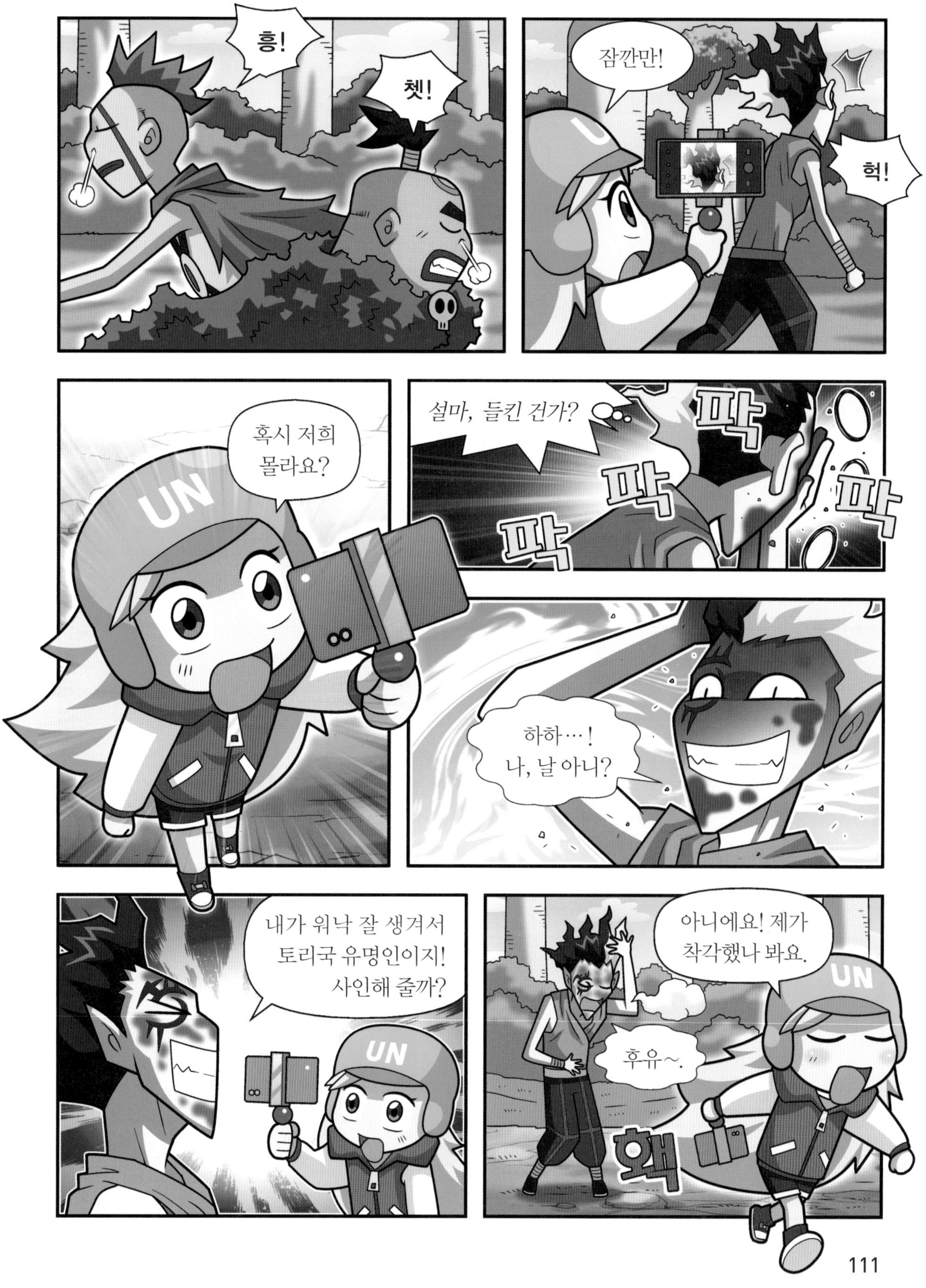
흥!
쳇!
잠깐만!
헉!
혹시 저희 몰라요?
설마, 들킨 건가?
팍
팍
팍
팍
하하…! 나, 날 아니?
내가 워낙 잘 생겨서 토리국 유명인이지! 사인해 줄까?
아니에요! 제가 착각했나 봐요.
후유~.
홱

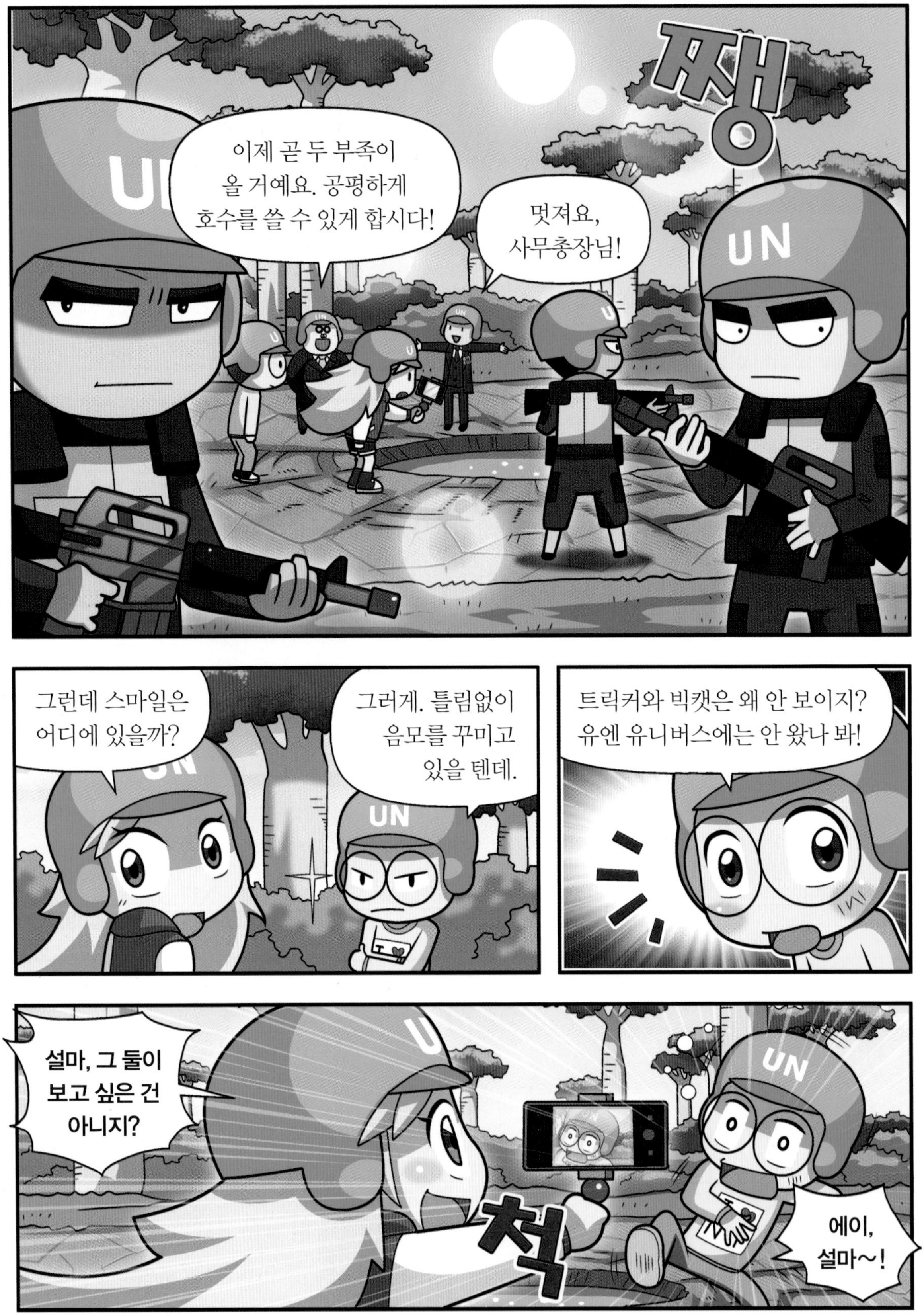
쨍
이제 곧 두 부족이 올 거예요. 공평하게 호수를 쓸 수 있게 합시다!
멋져요, 사무총장님!
그런데 스마일은 어디에 있을까?
그러게. 틀림없이 음모를 꾸미고 있을 텐데.
트릭커와 빅캣은 왜 안 보이지? 유엔 유니버스에는 안 왔나 봐!
설마, 그 둘이 보고 싶은 건 아니지?
척
에이, 설마~!

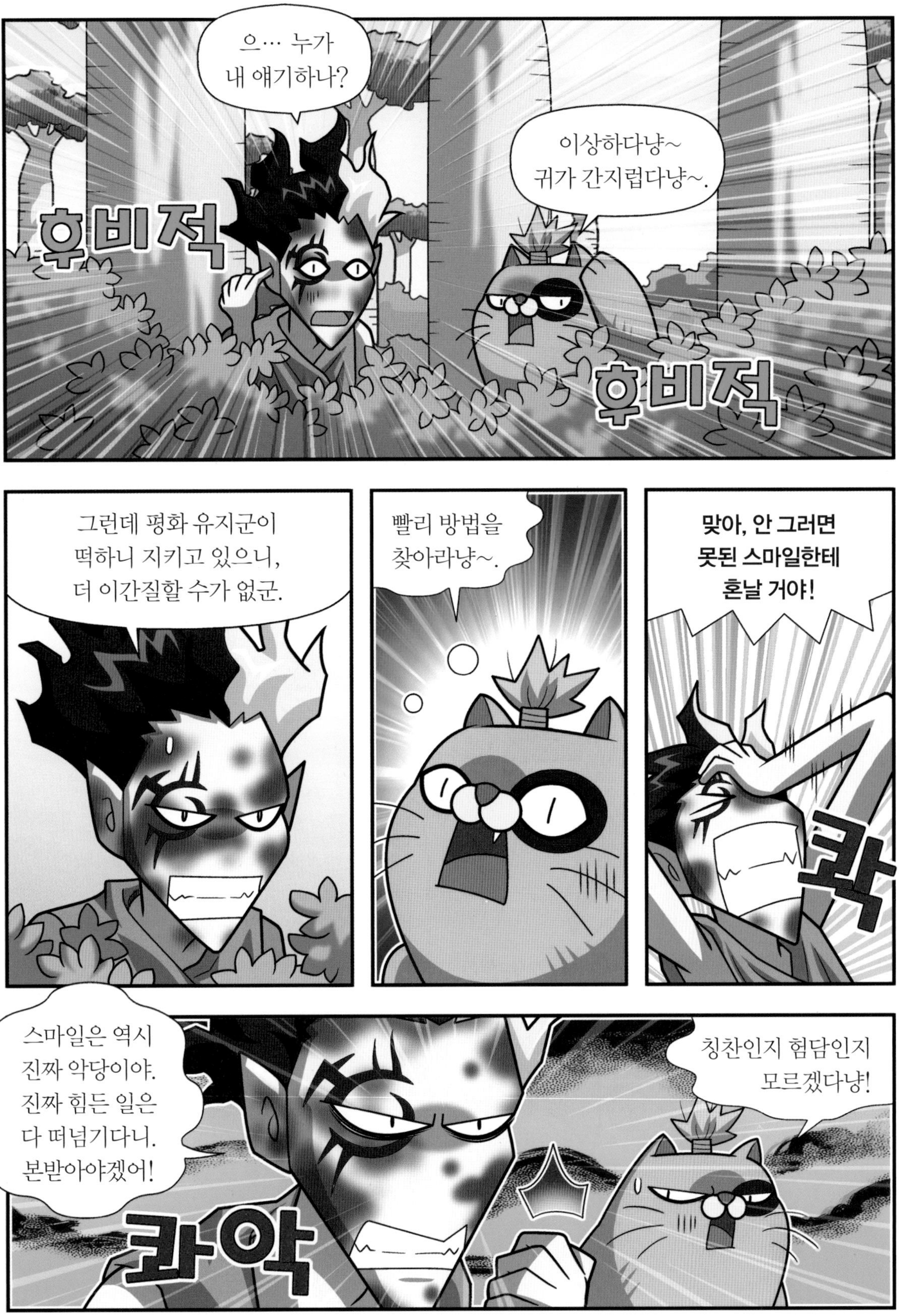

으… 누가 내 얘기하나?
이상하다냥~ 귀가 간지럽다냥~.
후비적
후비적
그런데 평화 유지군이 떡하니 지키고 있으니, 더 이간질할 수가 없군.
빨리 방법을 찾아라냥~.
맞아, 안 그러면 못된 스마일한테 혼날 거야!
콱
스마일은 역시 진짜 악당이야. 진짜 힘든 일은 다 떠넘기다니. 본받아야겠어!
칭찬인지 험담인지 모르겠다냥!
콰악

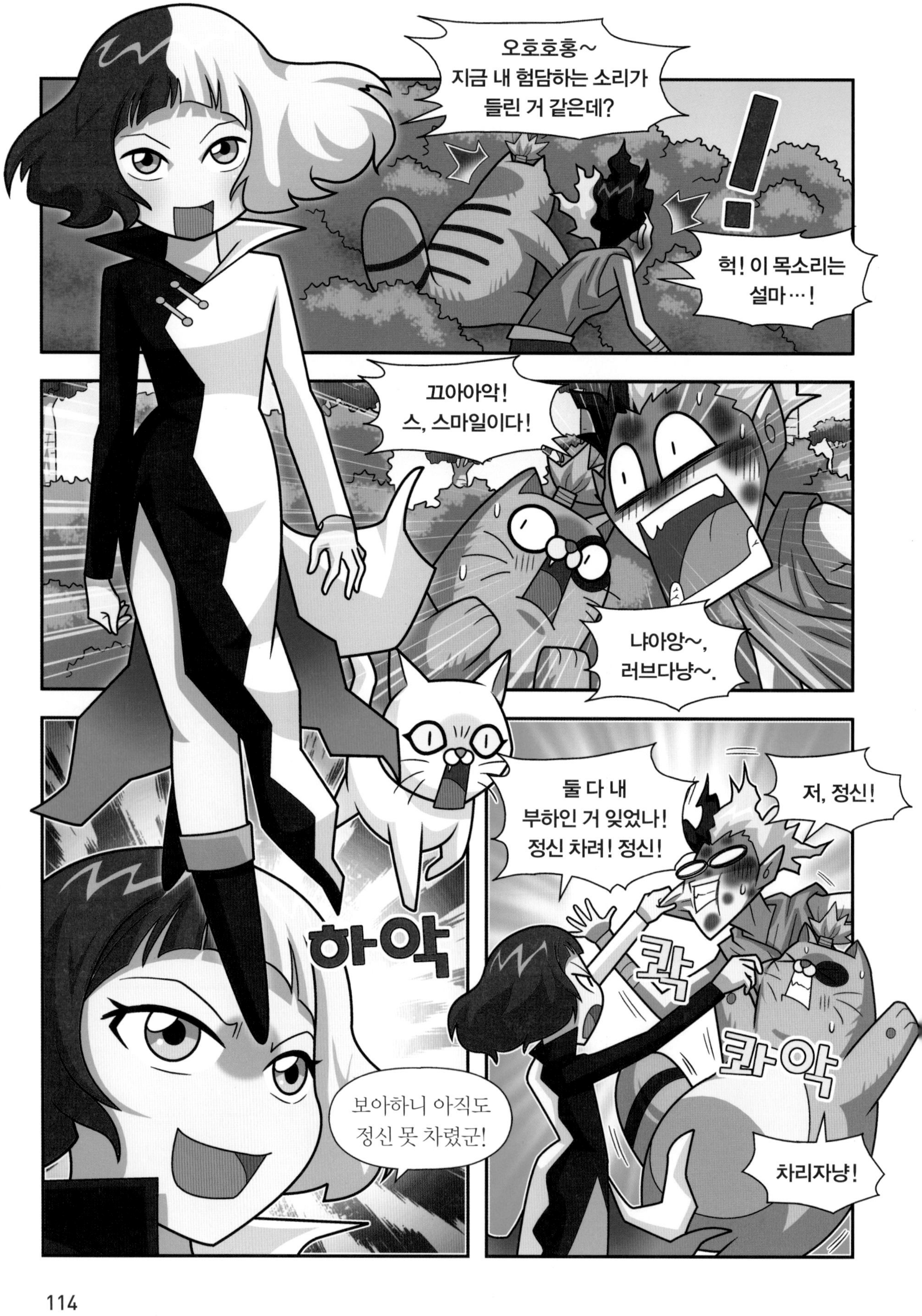
오호호홍~
지금 내 험담하는 소리가
들린 거 같은데?
헉! 이 목소리는
설마…!
끄아아악!
스, 스마일이다!
냐아앙~,
러브다냥~.
하악
둘 다 내
부하인 거 잊었나!
정신 차려! 정신!
저, 정신!
콱
콰악
보아하니 아직도
정신 못 차렸군!
차리자냥!

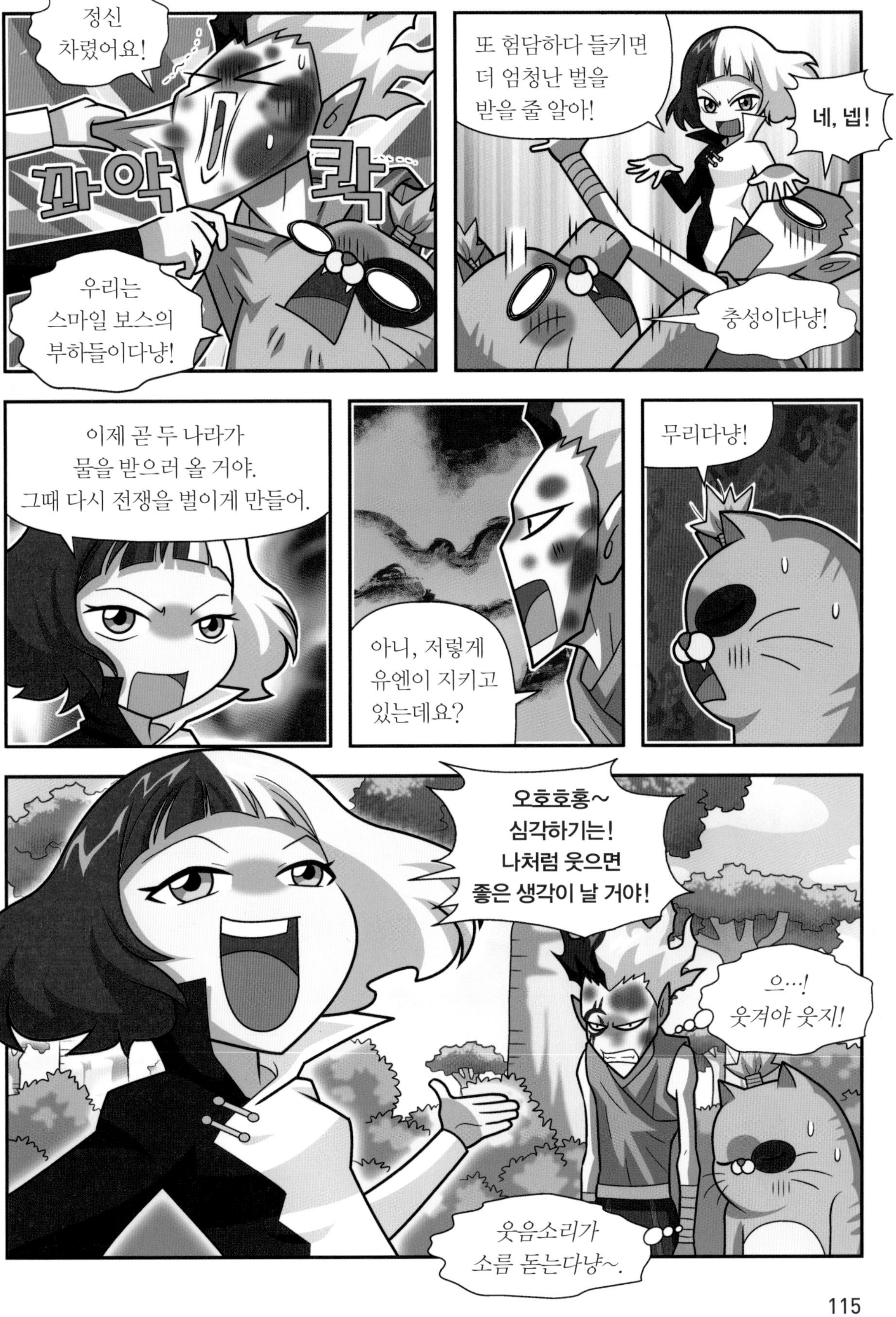
정신 차렸어요!
꽈악
콱
우리는 스마일 보스의 부하들이다냥!
또 험담하다 들키면 더 엄청난 벌을 받을 줄 알아!
네, 넵!
충성이다냥!
이제 곧 두 나라가 물을 받으러 올 거야. 그때 다시 전쟁을 벌이게 만들어.
아니, 저렇게 유엔이 지키고 있는데요?
무리다냥!
오호호홍~ 심각하기는! 나처럼 웃으면 좋은 생각이 날 거야!
으…! 웃겨야 웃지!
웃음소리가 소름 돋는다냥~.

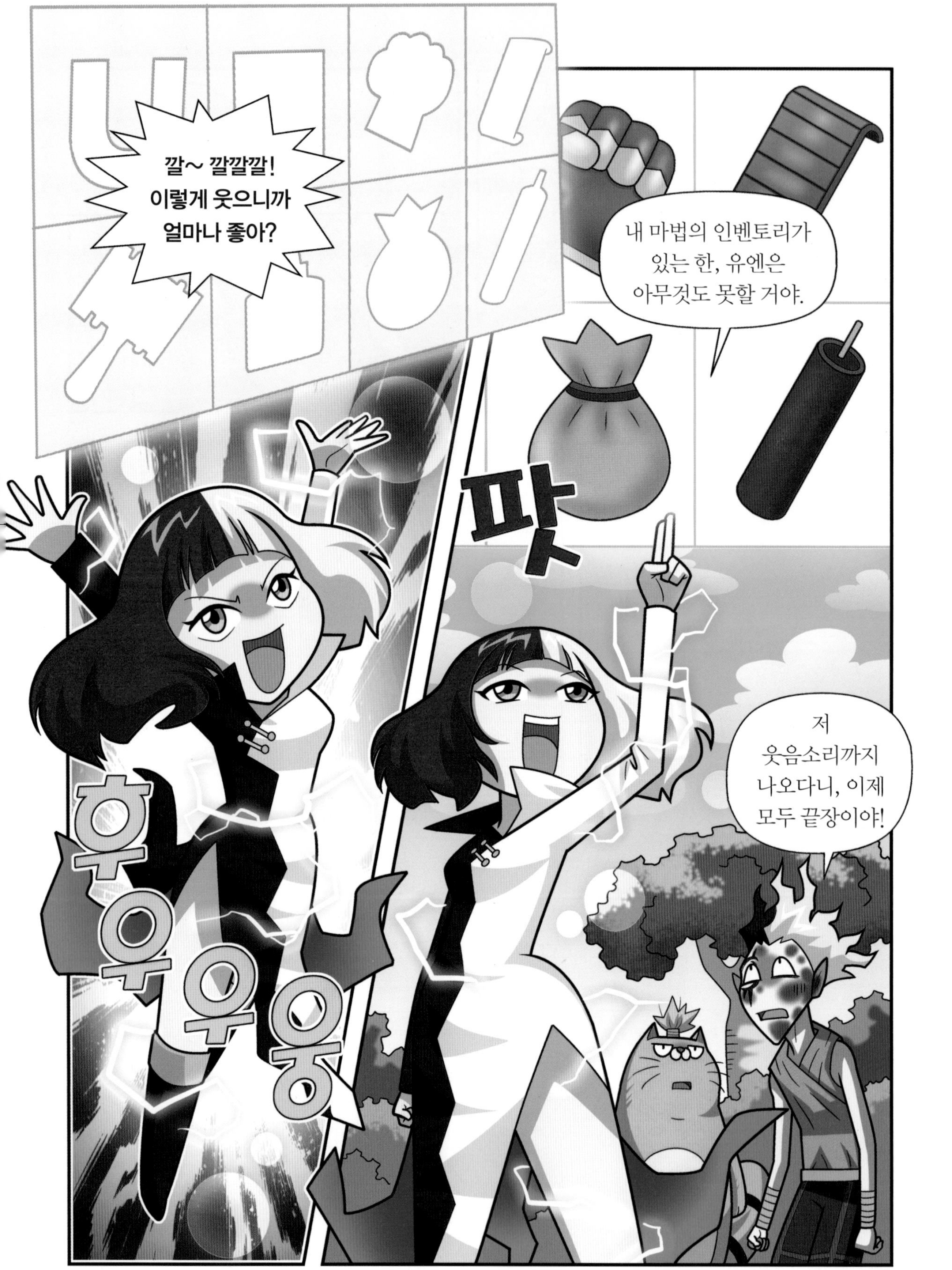
깔~ 깔깔깔!
이렇게 웃으니까
얼마나 좋아?
내 마법의 인벤토리가
있는 한, 유엔은
아무것도 못할 거야.
팟
후우우웅
저
웃음소리까지
나오다니, 이제
모두 끝장이야!

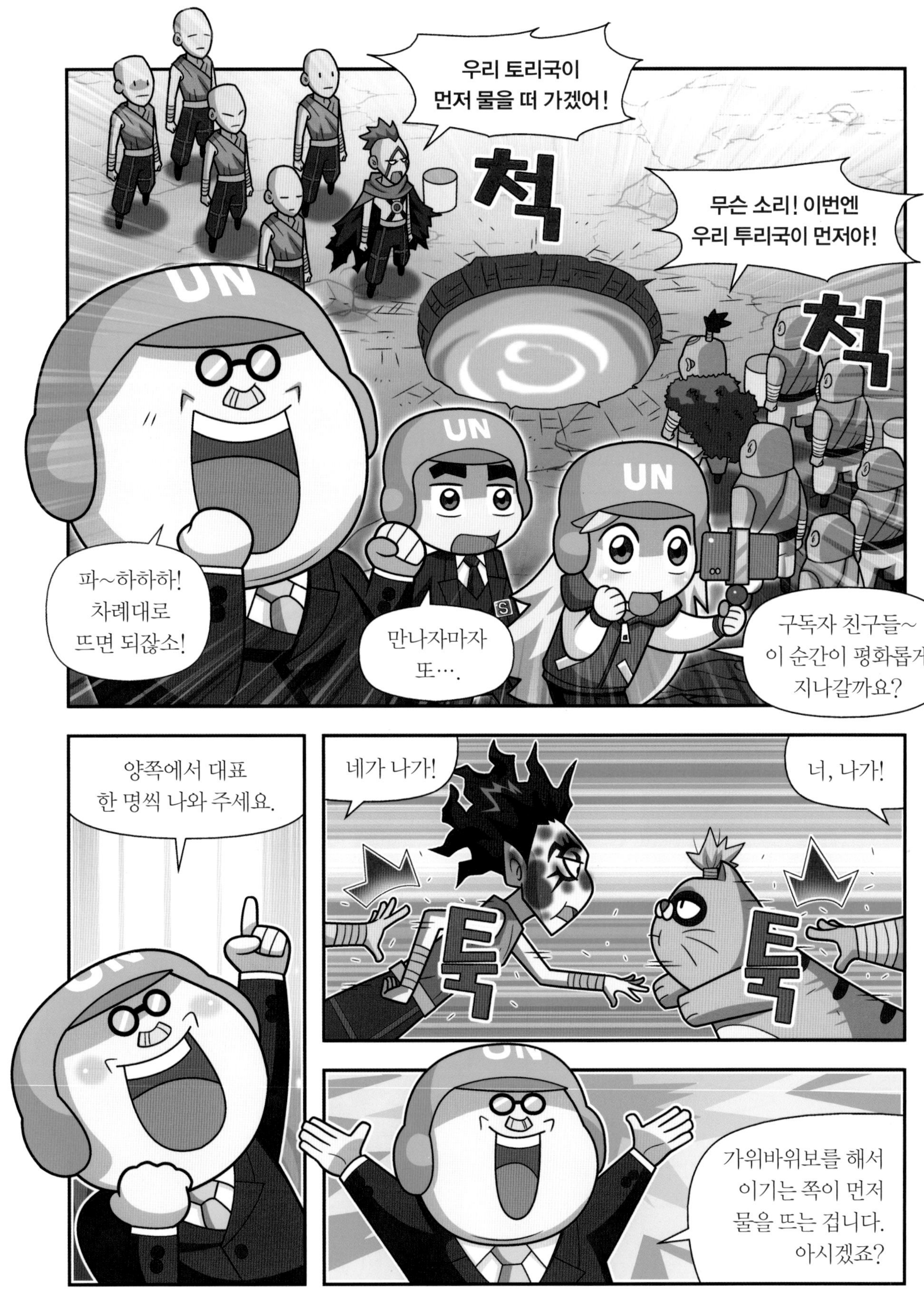

우리 토리국이 먼저 물을 떠 가겠어!
척
무슨 소리! 이번엔 우리 투리국이 먼저야!
척
파~하하하! 차례대로 뜨면 되잖소!
만나자마자 또….
구독자 친구들~ 이 순간이 평화롭게 지나갈까요?
양쪽에서 대표 한 명씩 나와 주세요.
네가 나가!
너, 나가!
툭
툭
가위바위보를 해서 이기는 쪽이 먼저 물을 뜨는 겁니다. 아시겠죠?

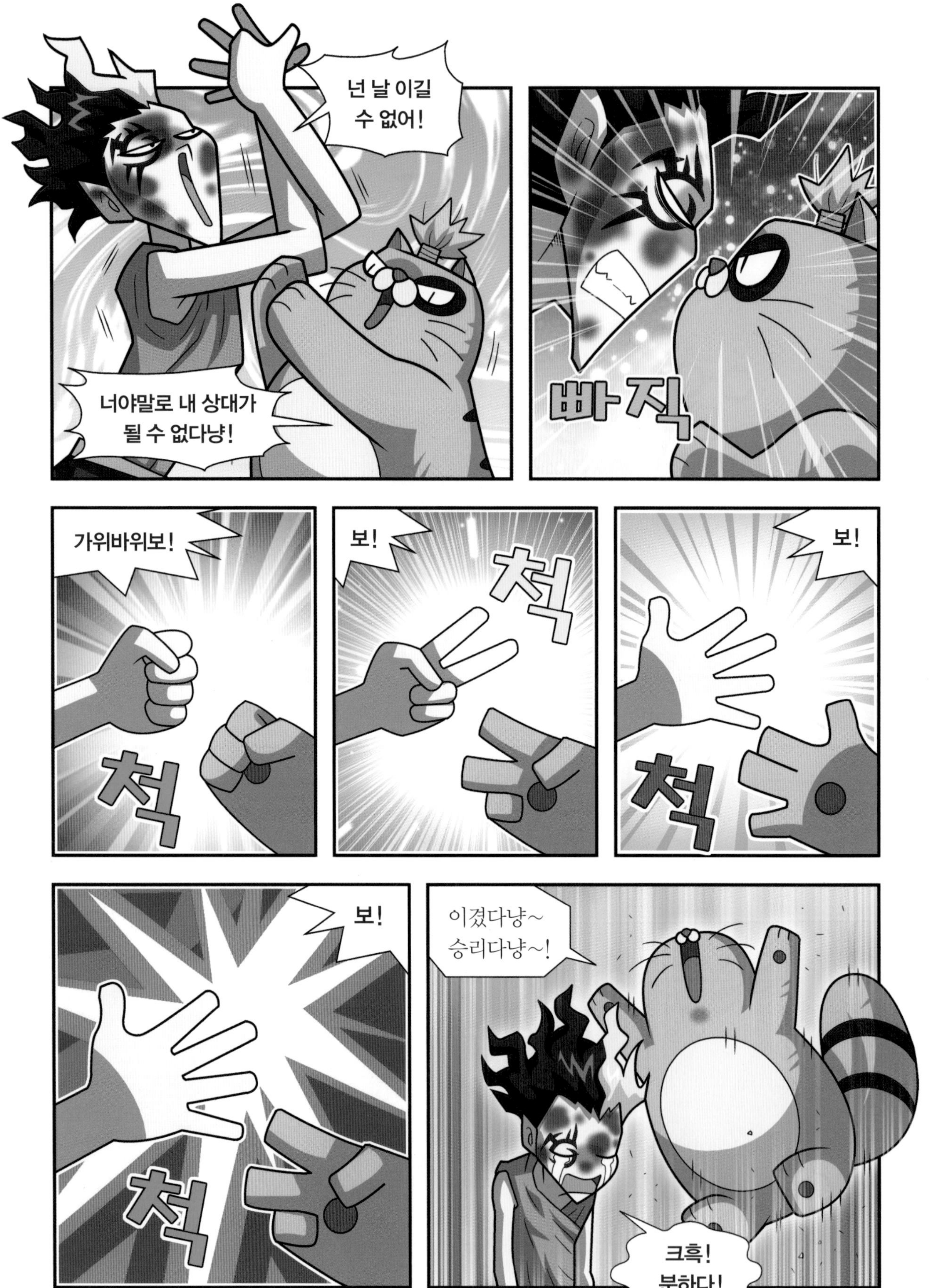
넌 날 이길
수 없어!
너야말로 내 상대가
될 수 없다냥!
빠직
가위바위보!
척
보!
척
보!
척
보!
척
이겼다냥~
승리다냥~!
크흑!
분하다!

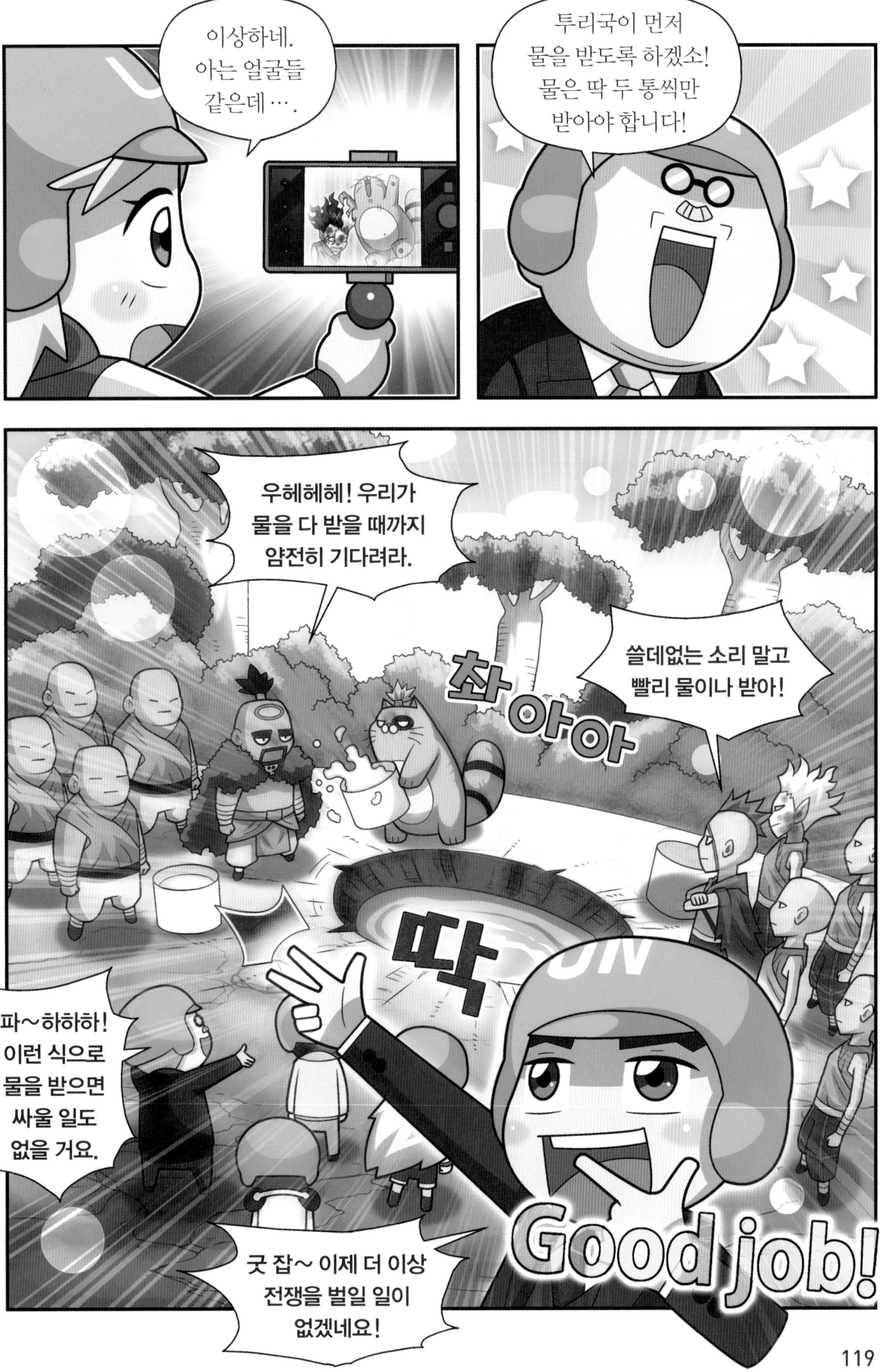

이상하네. 아는 얼굴들 같은데….
투리국이 먼저 물을 받도록 하겠소! 물은 딱 두 통씩만 받아야 합니다!
우헤헤헤! 우리가 물을 다 받을 때까지 얌전히 기다려라.
촤아아
쓸데없는 소리 말고 빨리 물이나 받아!
딱
파~하하하! 이런 식으로 물을 받으면 싸울 일도 없을 거요.
Good job!
굿 잡~ 이제 더 이상 전쟁을 벌일 일이 없겠네요!

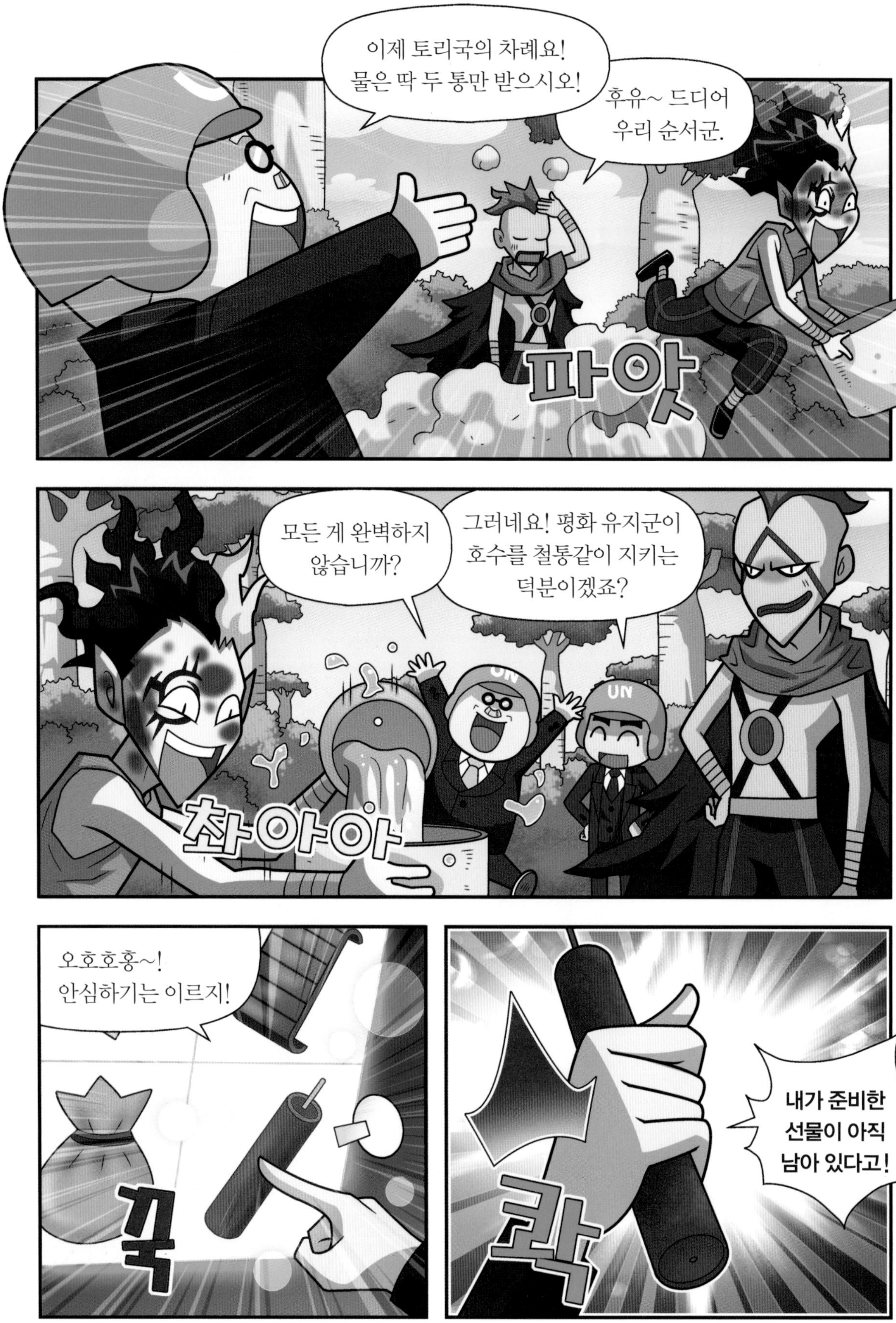
이제 토리국의 차례요!
물은 딱 두 통만 받으시오!
후유~ 드디어
우리 순서군.
파앗
모든 게 완벽하지
않습니까?
그러네요! 평화 유지군이
호수를 철통같이 지키는
덕분이겠죠?
UN
UN
콰아아
오호호홍~!
안심하기는 이르지!
꾹
내가 준비한
선물이 아직
남아 있다고!
콱

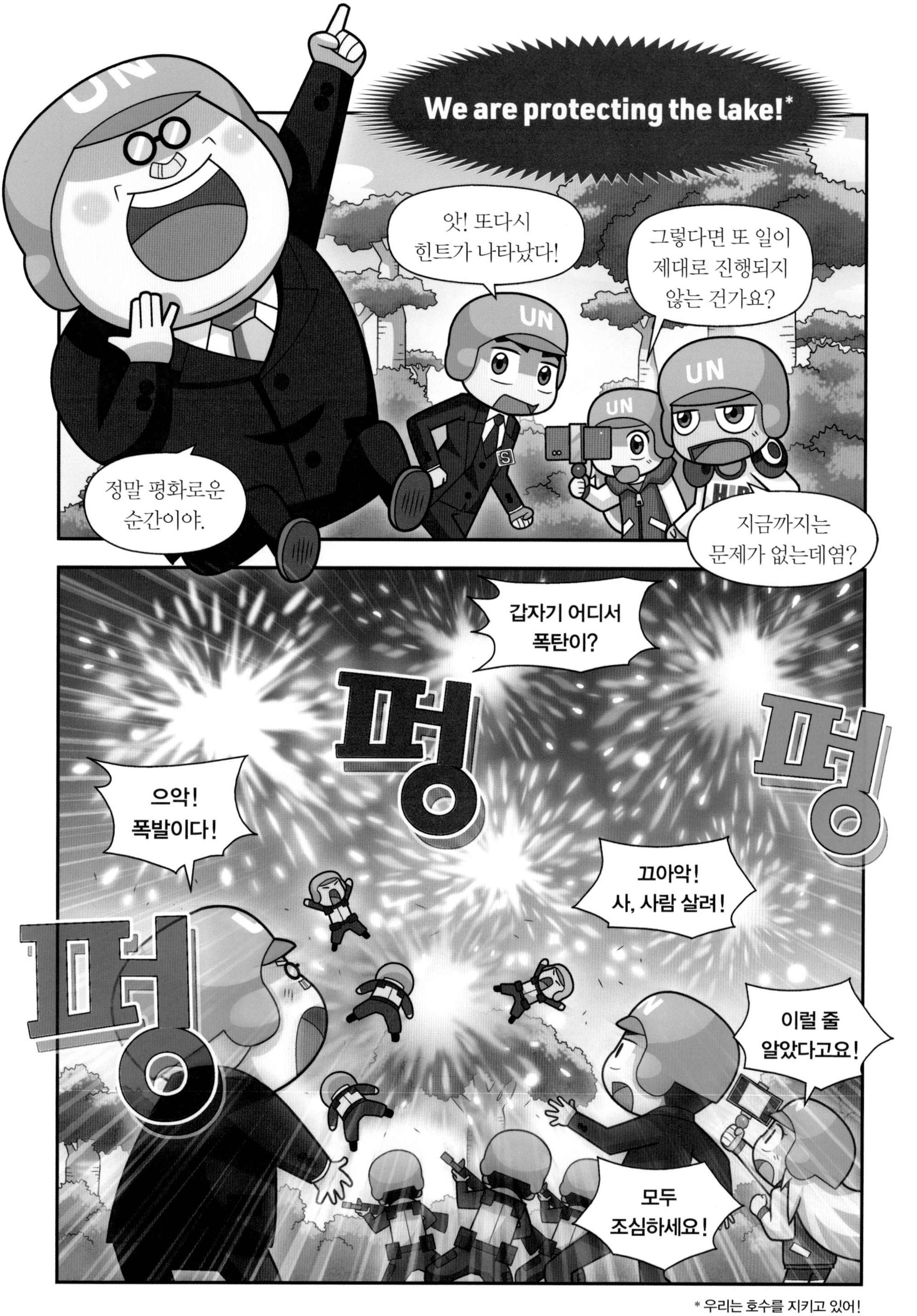
We are protecting the lake!*
앗! 또다시
힌트가 나타났다!
그렇다면 또 일이
제대로 진행되지
않는 건가요?
정말 평화로운
순간이야.
지금까지는
문제가 없는데염?
갑자기 어디서
폭탄이?
펑
펑
으악!
폭발이다!
끄아악!
사, 사람 살려!
펑
이럴 줄
알았다고요!
모두
조심하세요!

* 우리는 호수를 지키고 있어!

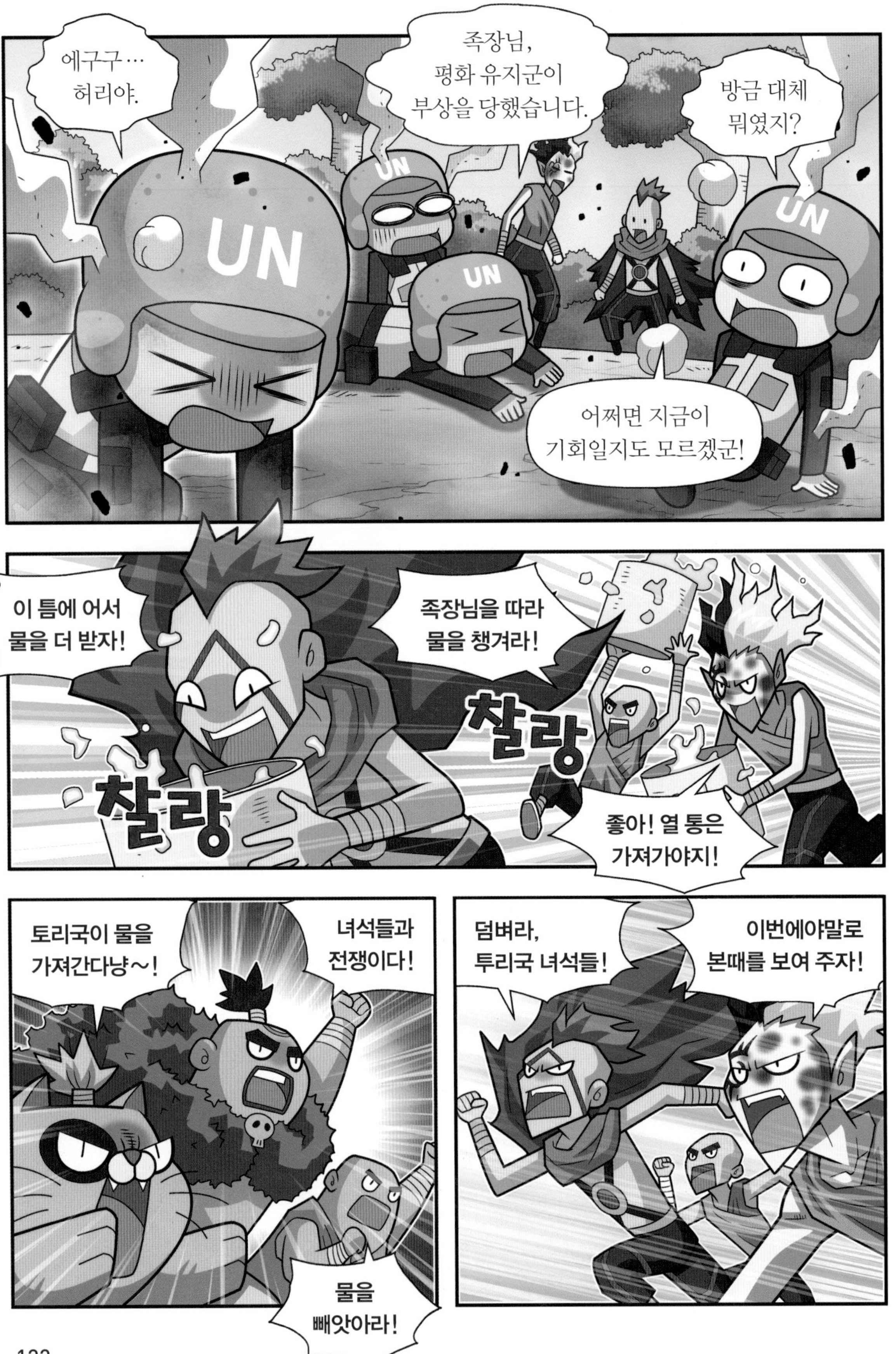

에구구…
허리야.
족장님,
평화 유지군이
부상을 당했습니다.
방금 대체
뭐였지?
어쩌면 지금이
기회일지도 모르겠군!
이 틈에 어서
물을 더 받자!
족장님을 따라
물을 챙겨라!
찰랑
찰랑
좋아! 열 통은
가져가야지!
토리국이 물을
가져간다냥~!
녀석들과
전쟁이다!
물을
빼앗아라!
덤벼라,
투리국 녀석들!
이번에야말로
본때를 보여 주자!

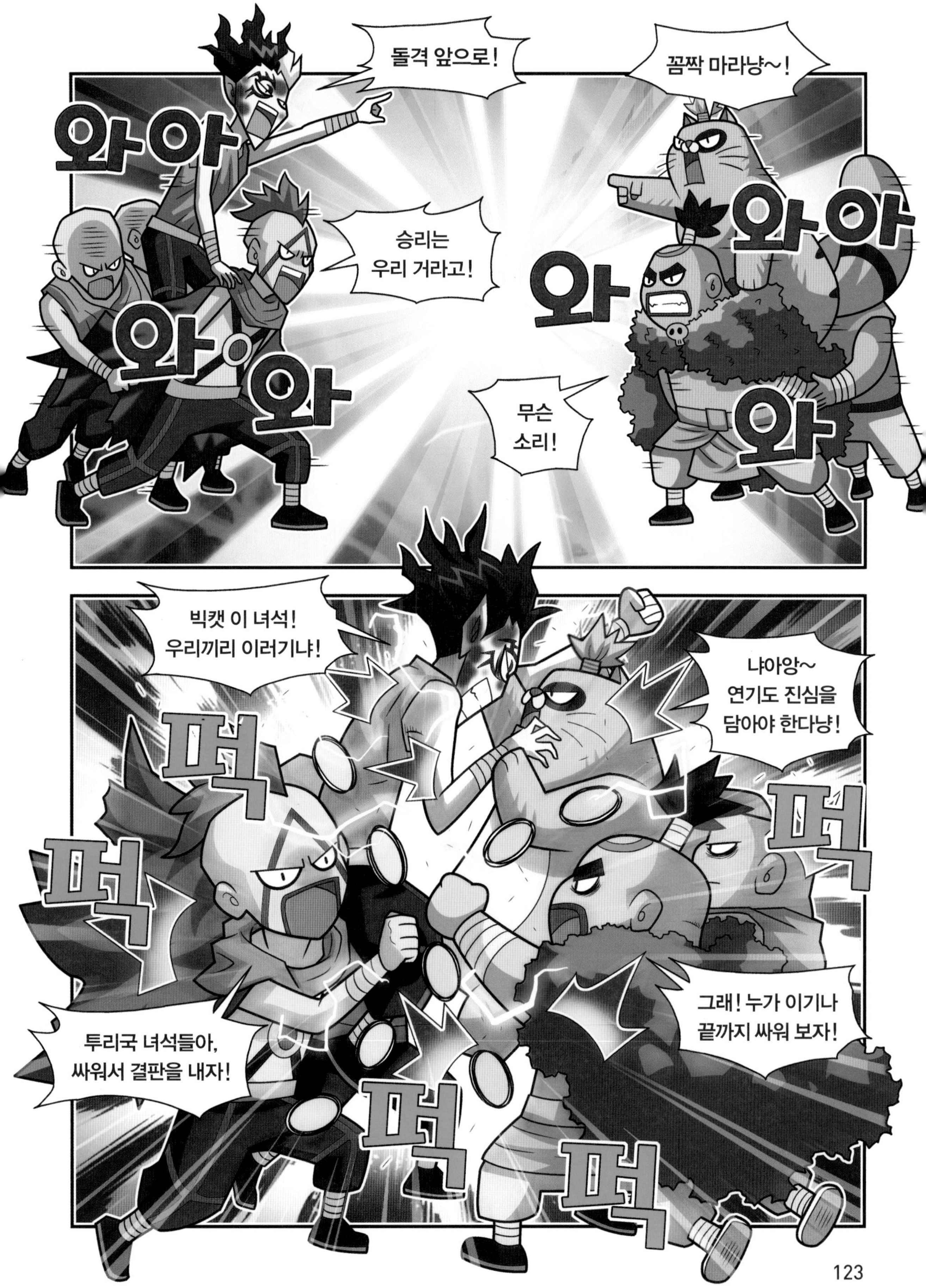
돌격 앞으로!
꼼짝 마라냥~!
와아
와아
승리는 우리 거라고!
와
와아와
무슨 소리!
와
빅캣 이 녀석! 우리끼리 이러기냐!
냐아앙~ 연기도 진심을 담아야 한다냥!
퍽
퍽
퍽
그래! 누가 이기나 끝까지 싸워 보자!
투리국 녀석들아, 싸워서 결판을 내자!
퍽
퍽

Chapter 6

평화 유지군의 눈부신 활약

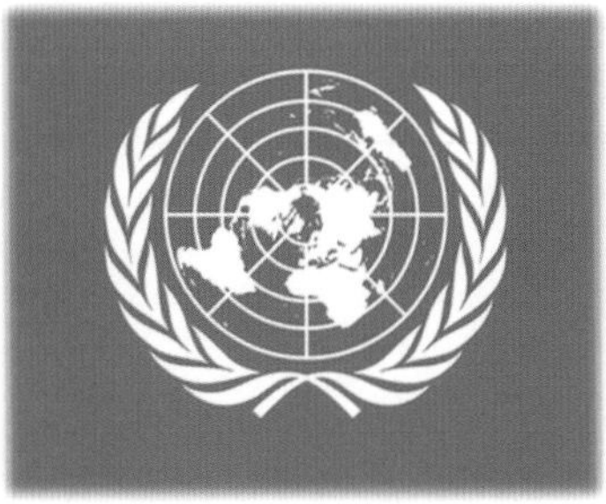

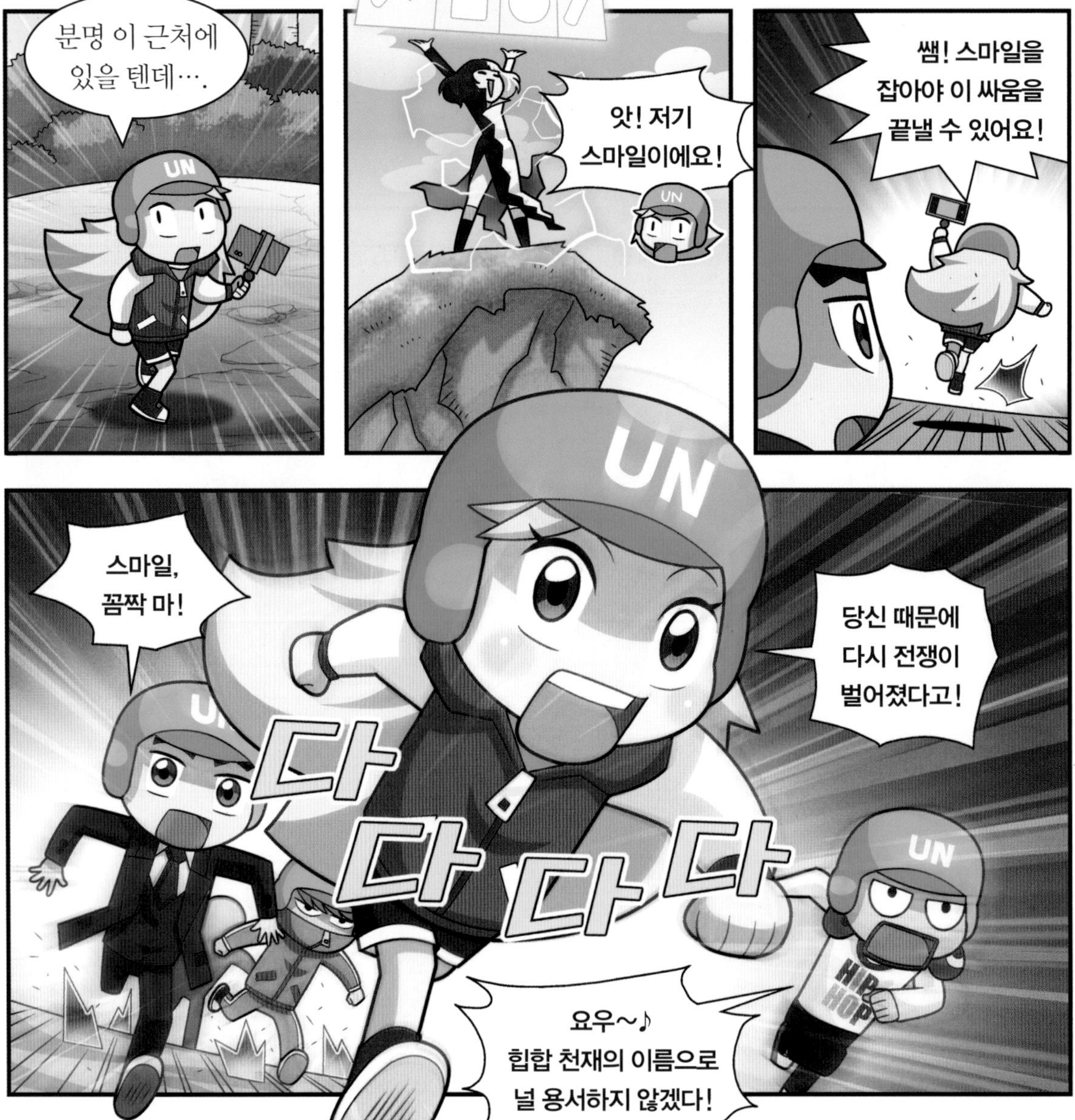

분명 이 근처에 있을 텐데….
앗! 저기 스마일이에요!
쌤! 스마일을 잡아야 이 싸움을 끝낼 수 있어요!
스마일, 꼼짝 마!
당신 때문에 다시 전쟁이 벌어졌다고!
다다다다
요우~♪ 힙합 천재의 이름으로 널 용서하지 않겠다!

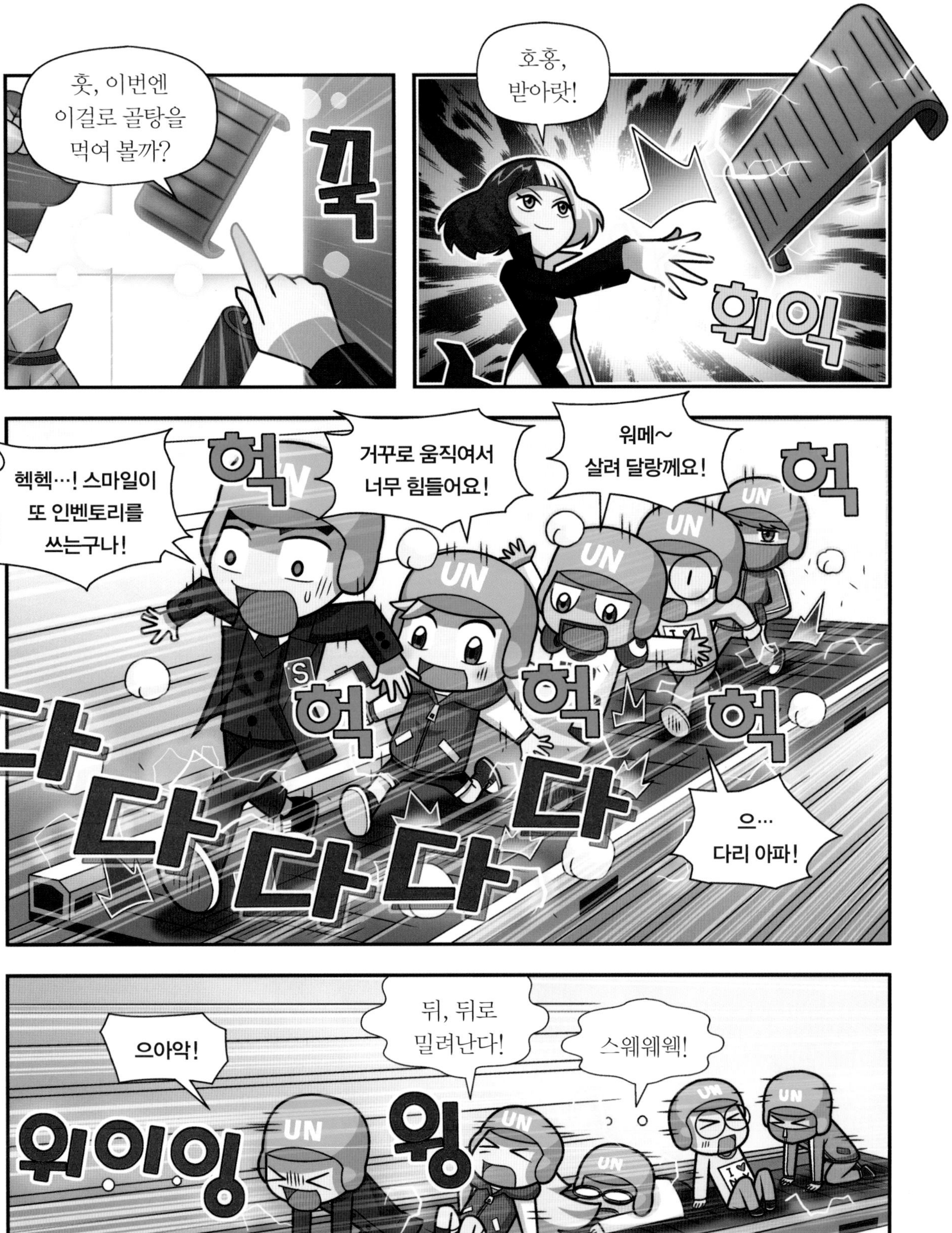

훗, 이번엔 이걸로 골탕을 먹여 볼까?
꾹
호홍, 받아랏!
휘익
헥헥…! 스마일이 또 인벤토리를 쓰는구나!
헉
거꾸로 움직여서 너무 힘들어요!
워메~ 살려 달랑께요!
헉
헉
헉
헉
다다다다다
으… 다리 아파!
으아악!
뒤, 뒤로 밀려난다!
스웨웨웩!
위이잉
윙
위이잉

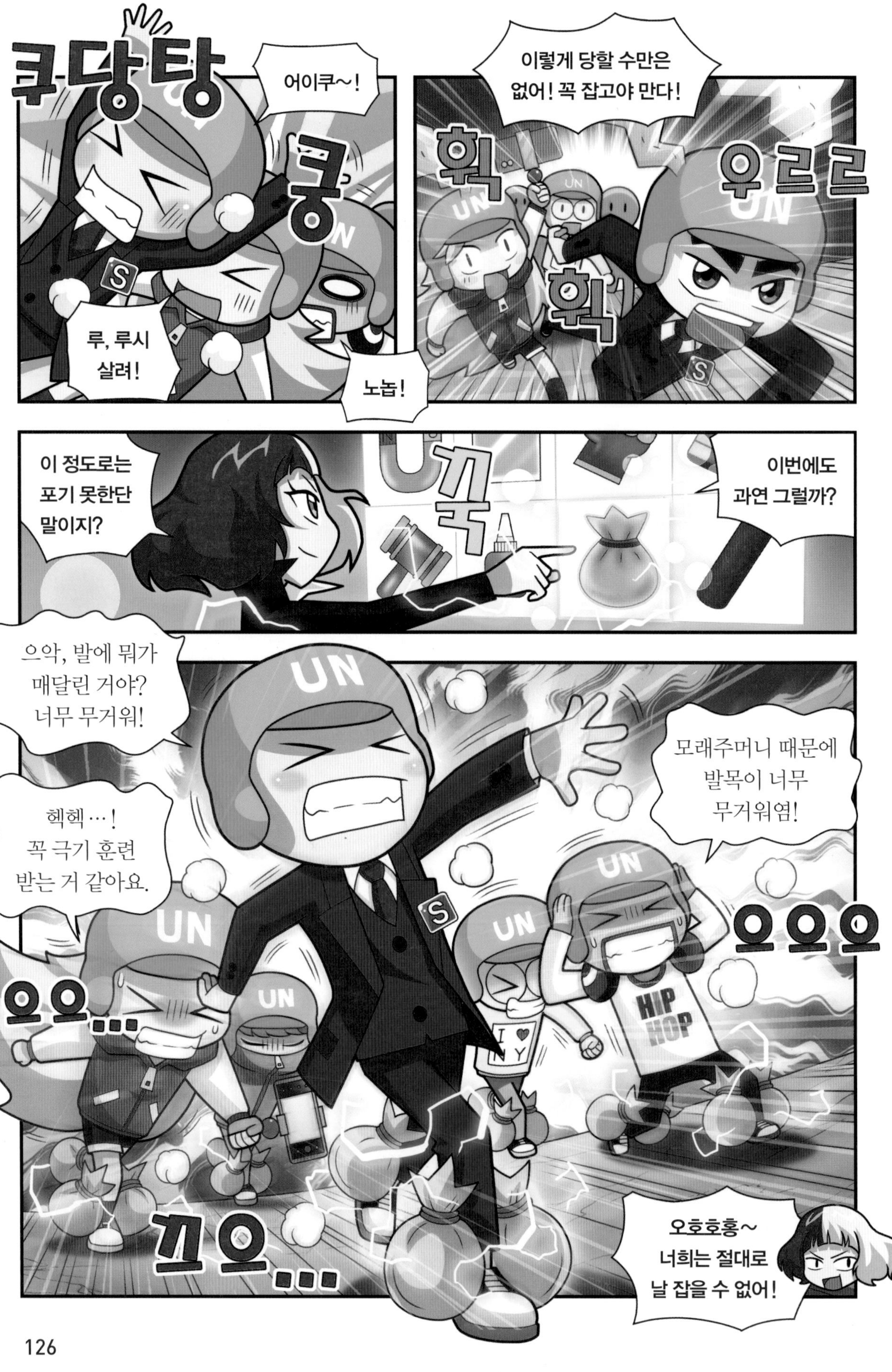

쿠당탕
어이쿠~!
쿵
루, 루시 살려!
노놉!
이렇게 당할 수만은 없어! 꼭 잡고야 만다!
휙
휙
우르르
이 정도로는 포기 못한단 말이지?
꾹
이번에도 과연 그럴까?
으악, 발에 뭐가 매달린 거야? 너무 무거워!
모래주머니 때문에 발목이 너무 무거워염!
헥헥…! 꼭 극기 훈련 받는 거 같아요.
으으으
으으…
끄으…
오호호홍~ 너희는 절대로 날 잡을 수 없어!

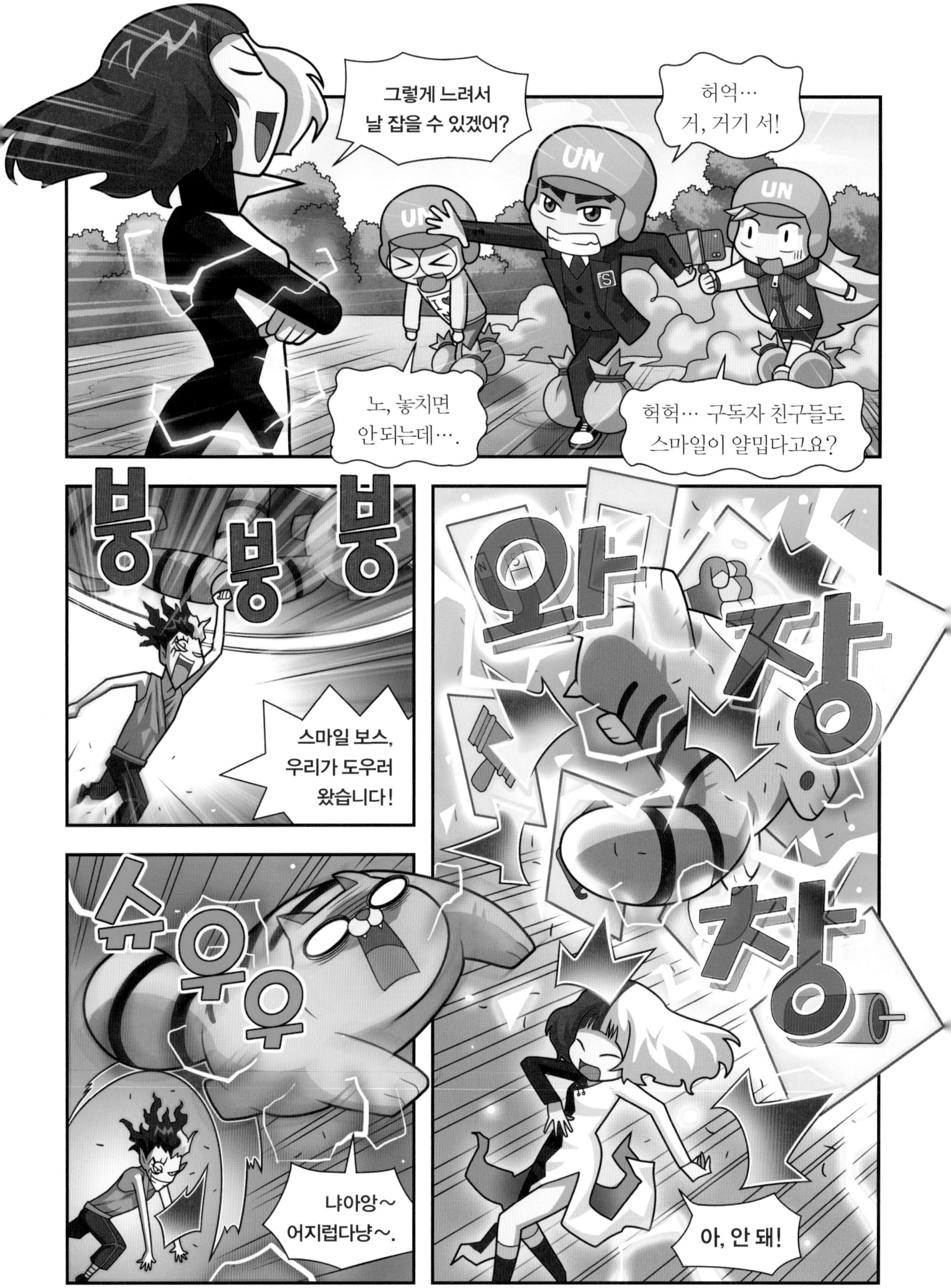
그렇게 느려서
날 잡을 수 있겠어?
허억…
거, 거기 서!
노, 놓치면
안 되는데….
헉헉… 구독자 친구들도
스마일이 얄밉다고요?
붕 붕 붕
스마일 보스,
우리가 도우러
왔습니다!
와장창
슈우우
냐아앙~
어지럽다냥~.
아, 안 돼!

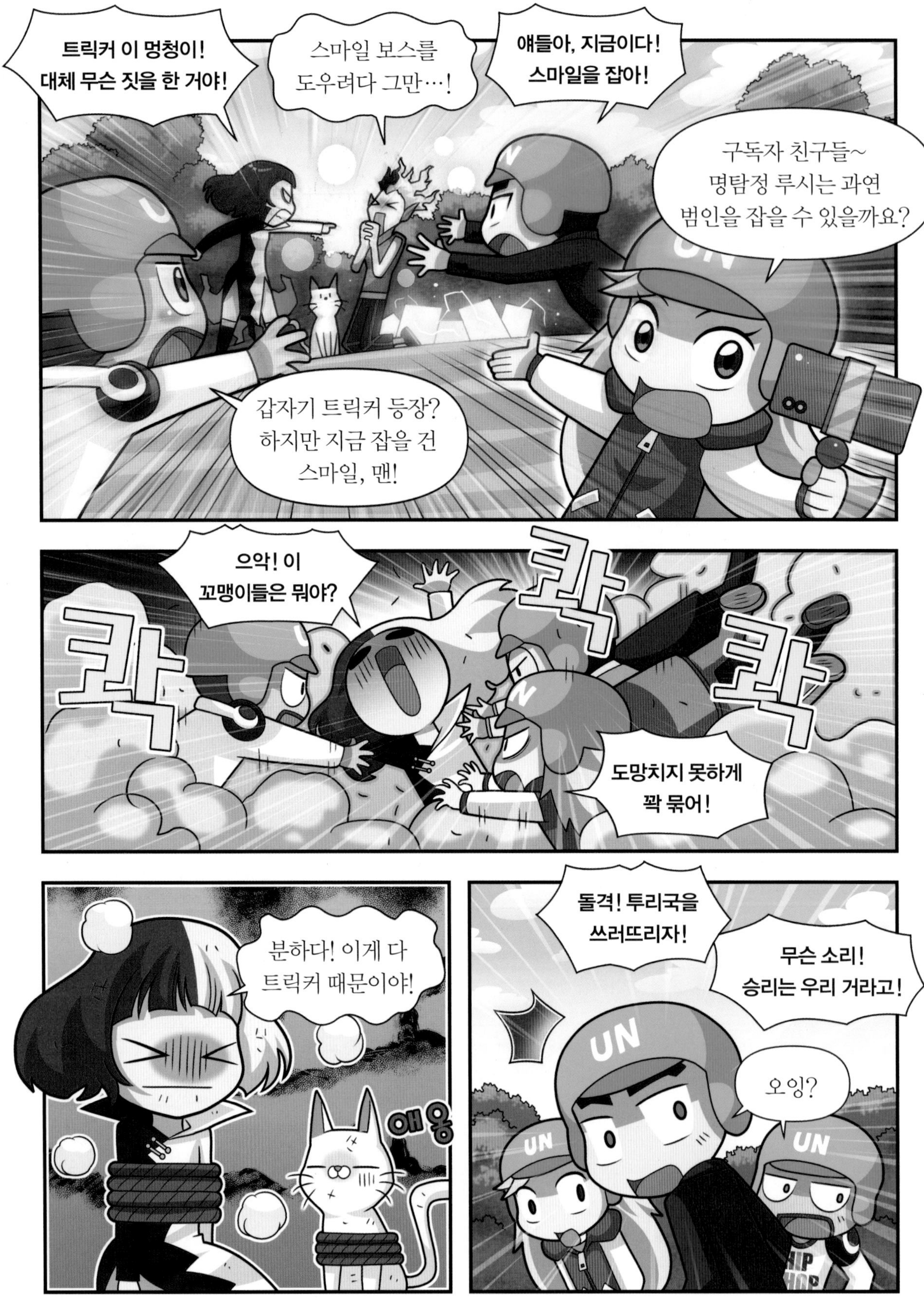
트릭커 이 멍청이! 대체 무슨 짓을 한 거야!
스마일 보스를 도우려다 그만…!
얘들아, 지금이다! 스마일을 잡아!
구독자 친구들~ 명탐정 루시는 과연 범인을 잡을 수 있을까요?
갑자기 트릭커 등장? 하지만 지금 잡을 건 스마일, 맨!
으악! 이 꼬맹이들은 뭐야?
콱
콱
콱
도망치지 못하게 꽉 묶어!
분하다! 이게 다 트릭커 때문이야!
애옹
돌격! 투리국을 쓰러뜨리자!
무슨 소리! 승리는 우리 거라고!
오잉?

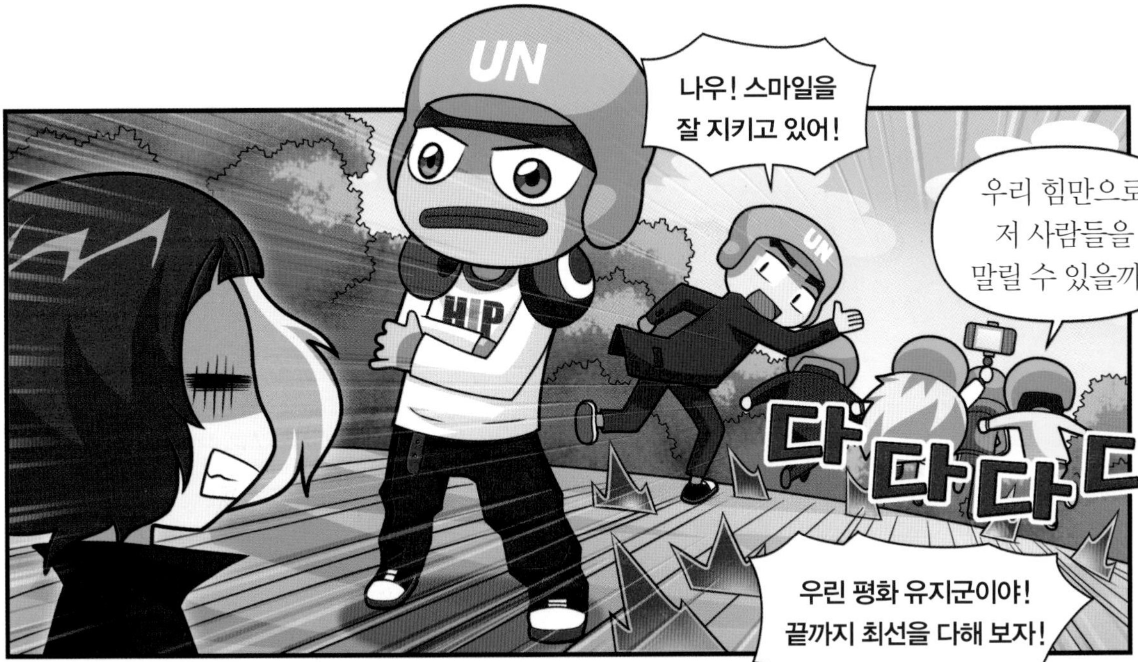
나우! 스마일을 잘 지키고 있어!
우리 힘만으로 저 사람들을 말릴 수 있을까?
다다다다
우린 평화 유지군이야! 끝까지 최선을 다해 보자!

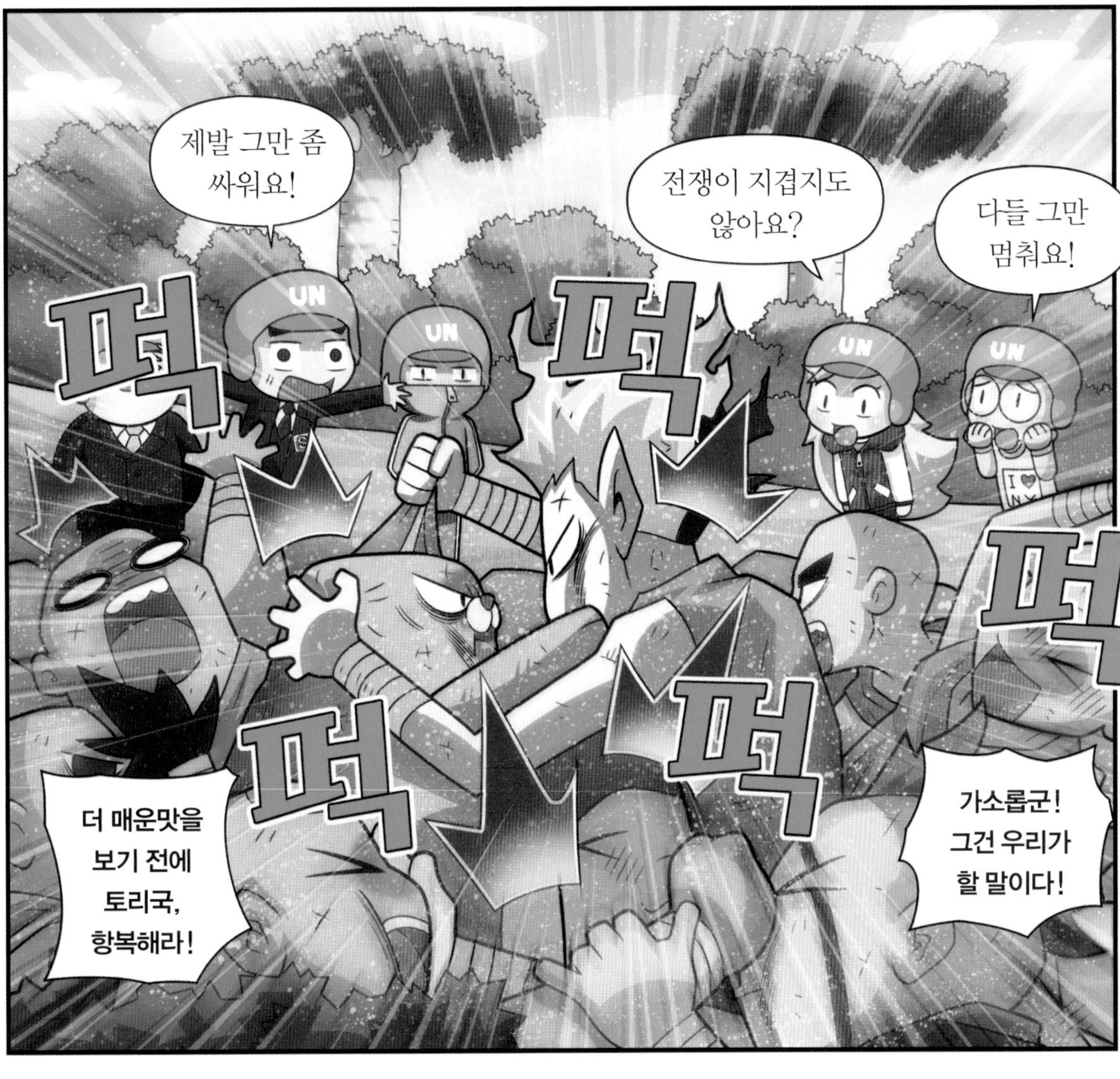
제발 그만 좀 싸워요!
전쟁이 지겹지도 않아요?
다들 그만 멈춰요!
퍽
퍽
퍽
퍽
퍽
더 매운맛을 보기 전에 토리국, 항복해라!
가소롭군! 그건 우리가 할 말이다!

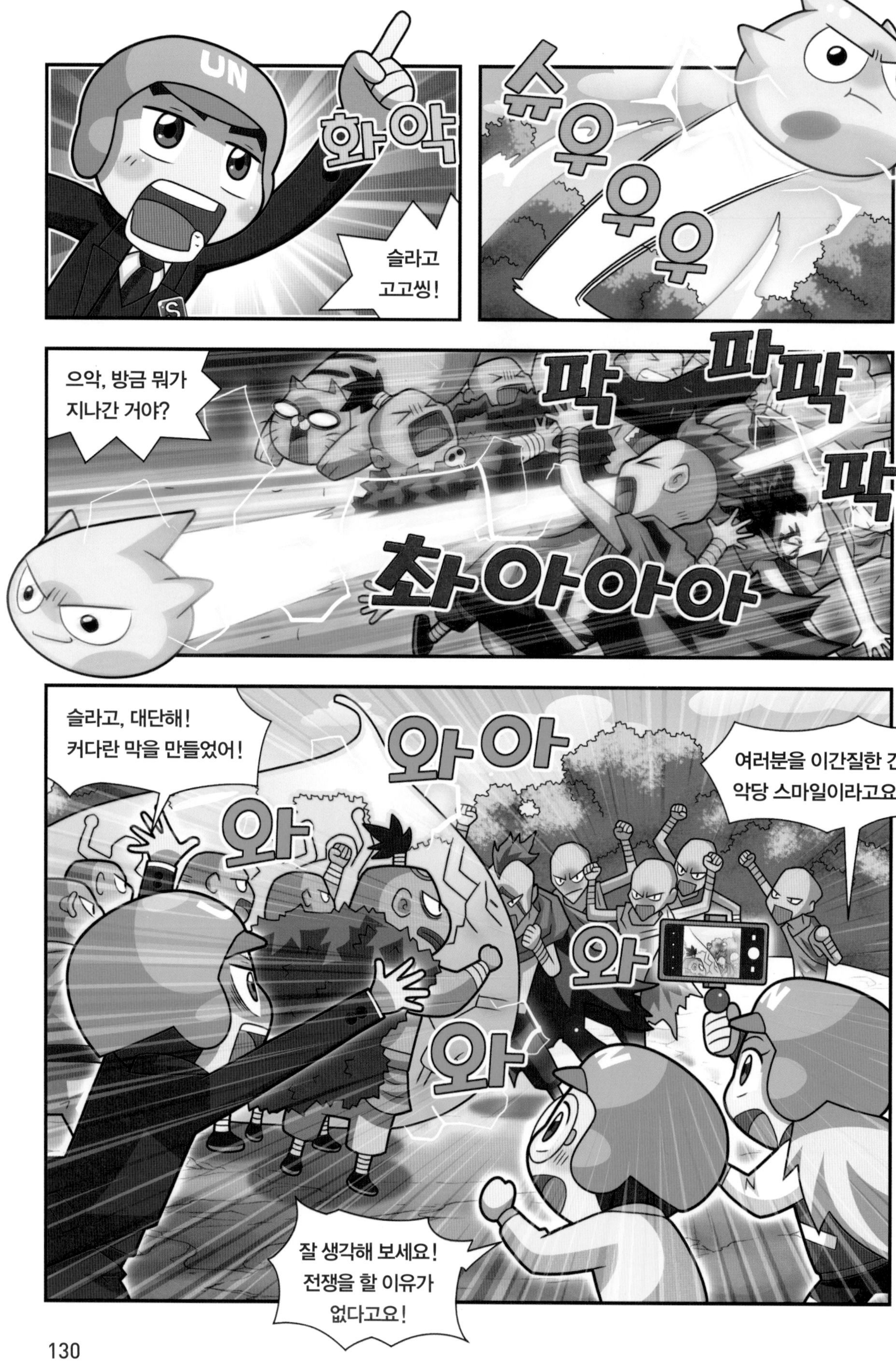
화악
슬라고 고고씽!
슈우우우
으악, 방금 뭐가 지나간 거야?
팍
파팍
팍
촤아아아
슬라고, 대단해! 커다란 막을 만들었어!
와아
여러분을 이간질한 건 악당 스마일이라고요!
와
와
와
잘 생각해 보세요! 전쟁을 할 이유가 없다고요!

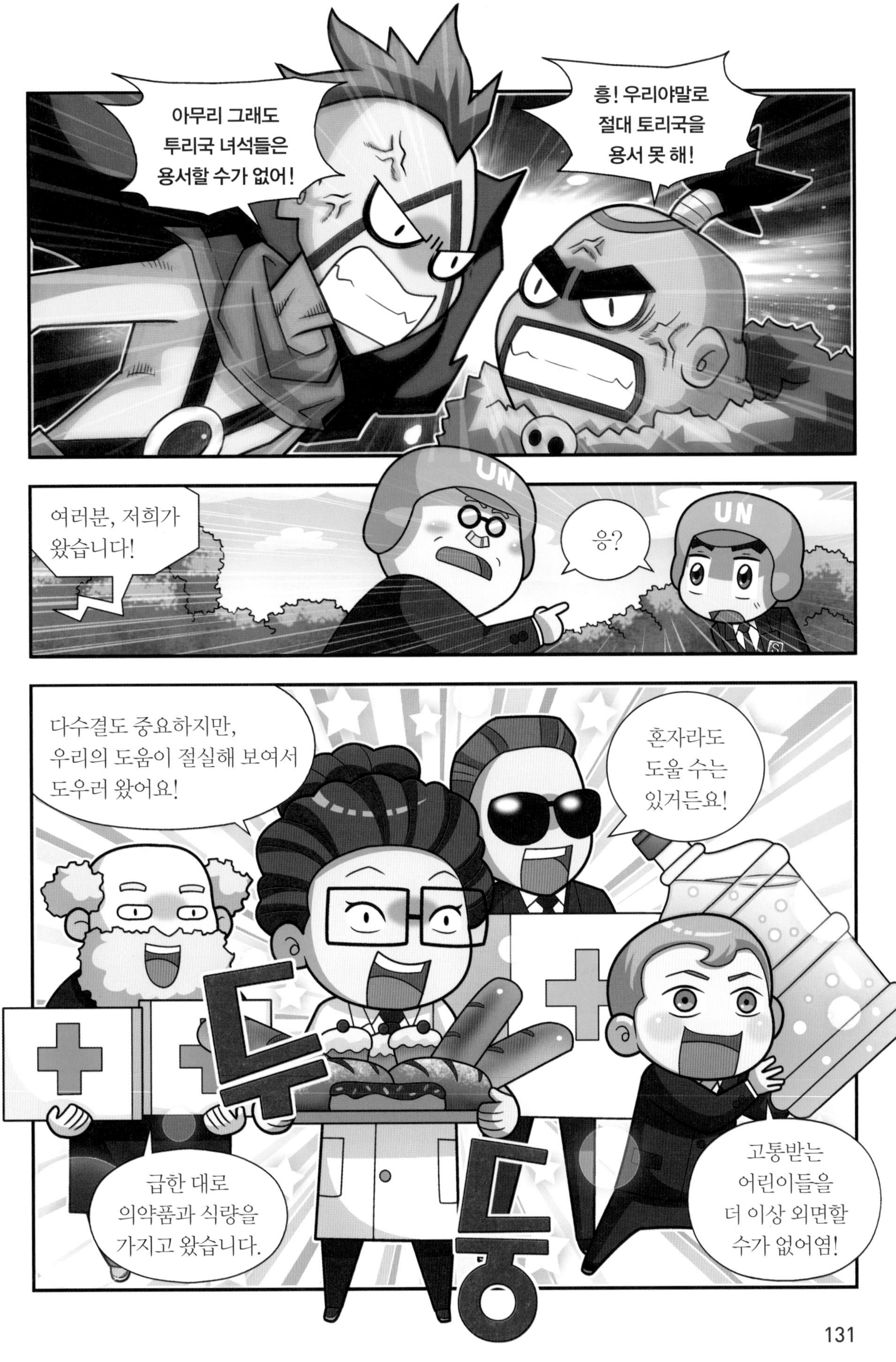
아무리 그래도 투리국 녀석들은 용서할 수가 없어!
흥! 우리야말로 절대 토리국을 용서 못 해!
UN
여러분, 저희가 왔습니다!
응?
UN
다수결도 중요하지만, 우리의 도움이 절실해 보여서 도우러 왔어요!
혼자라도 도울 수는 있거든요!
두둥
급한 대로 의약품과 식량을 가지고 왔습니다.
고통받는 어린이들을 더 이상 외면할 수가 없어염!

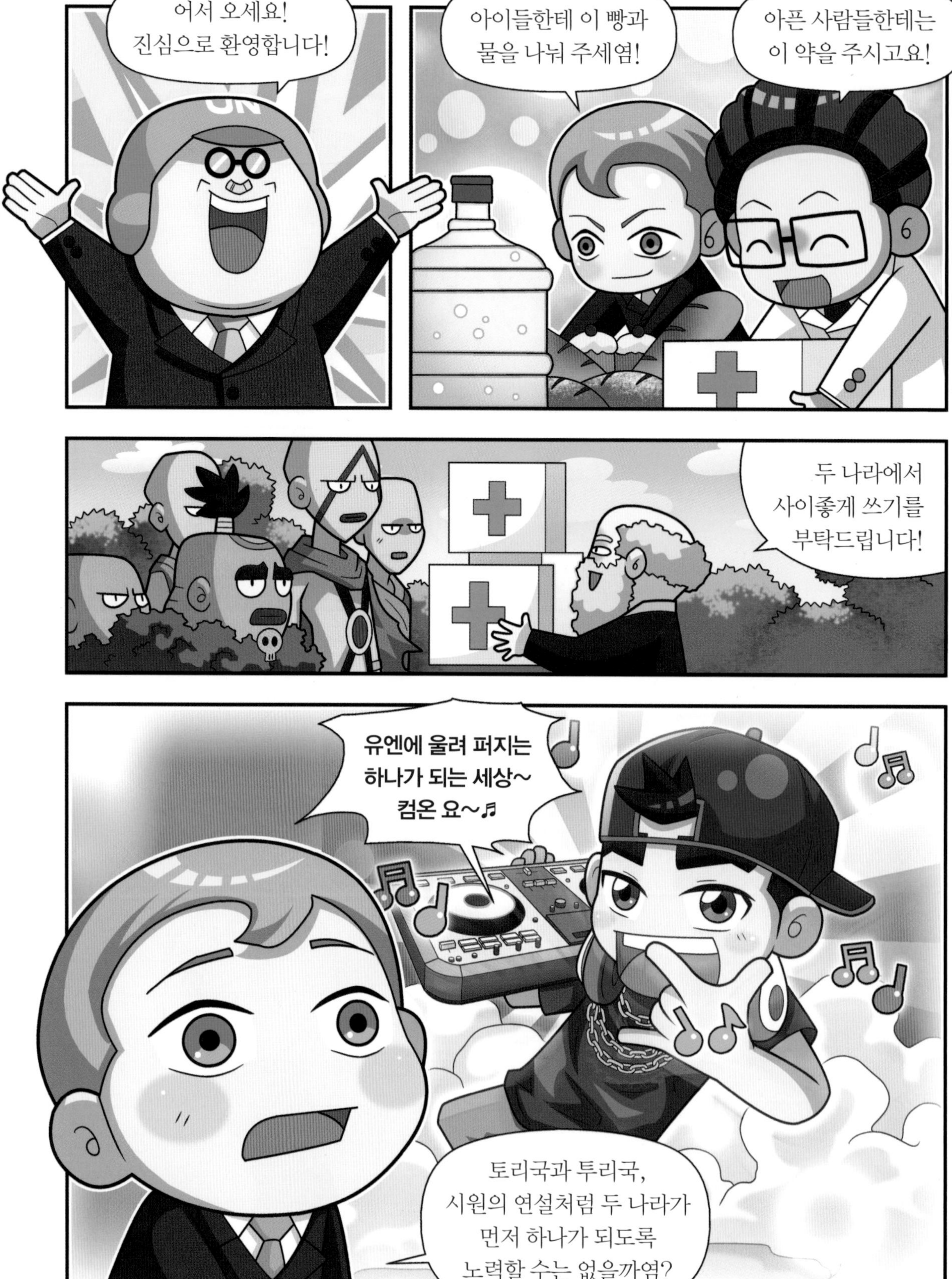
어서 오세요!
진심으로 환영합니다!
아이들한테 이 빵과
물을 나눠 주세염!
아픈 사람들한테는
이 약을 주시고요!
두 나라에서
사이좋게 쓰기를
부탁드립니다!
유엔에 울려 퍼지는
하나가 되는 세상~
컴온 요~♬
토리국과 투리국,
시원의 연설처럼 두 나라가
먼저 하나가 되도록
노력할 수는 없을까염?

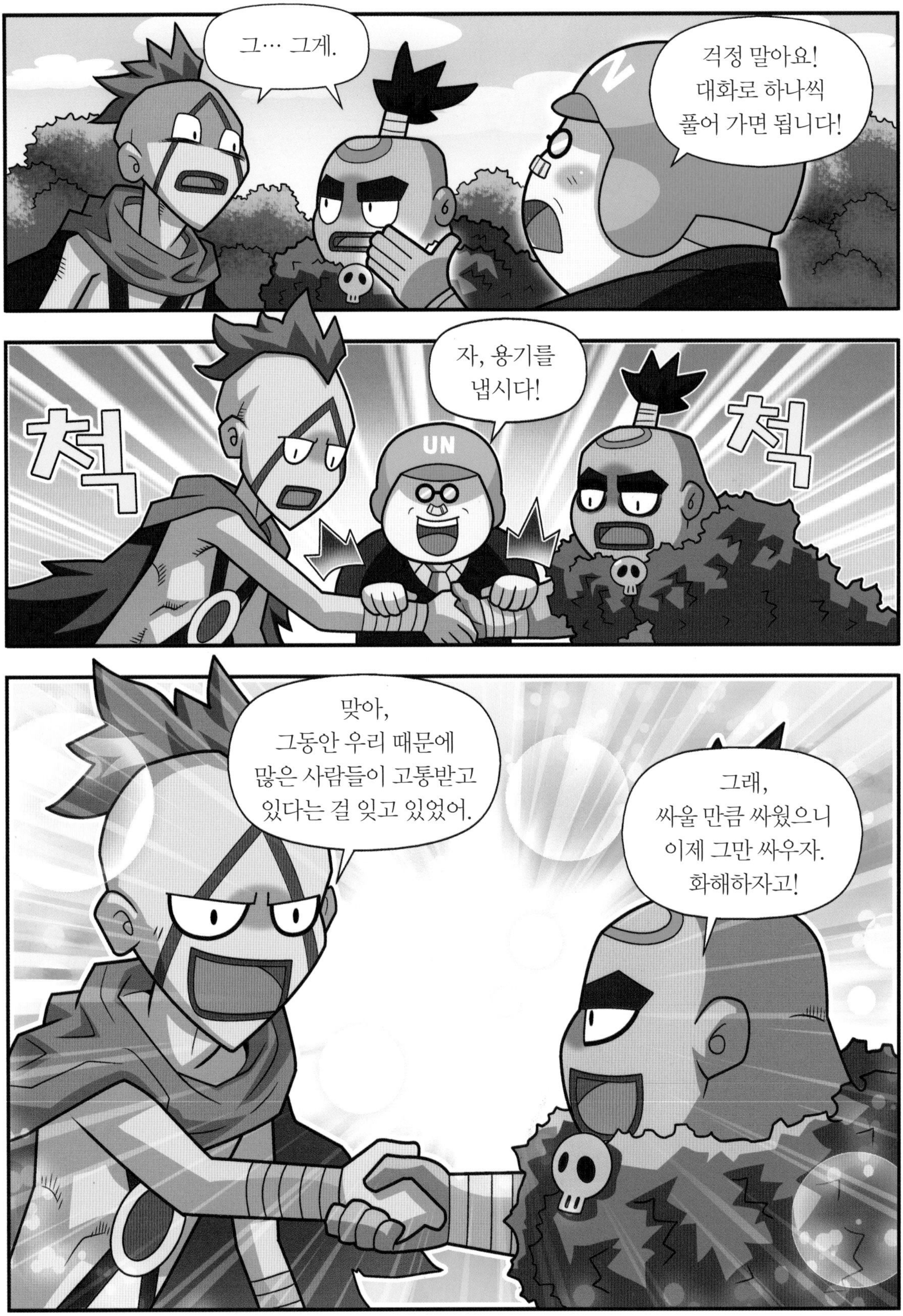

그… 그게.
걱정 말아요!
대화로 하나씩
풀어 가면 됩니다!
척
자, 용기를
냅시다!
UN
척
맞아,
그동안 우리 때문에
많은 사람들이 고통받고
있다는 걸 잊고 있었어.
그래,
싸울 만큼 싸웠으니
이제 그만 싸우자.
화해하자고!

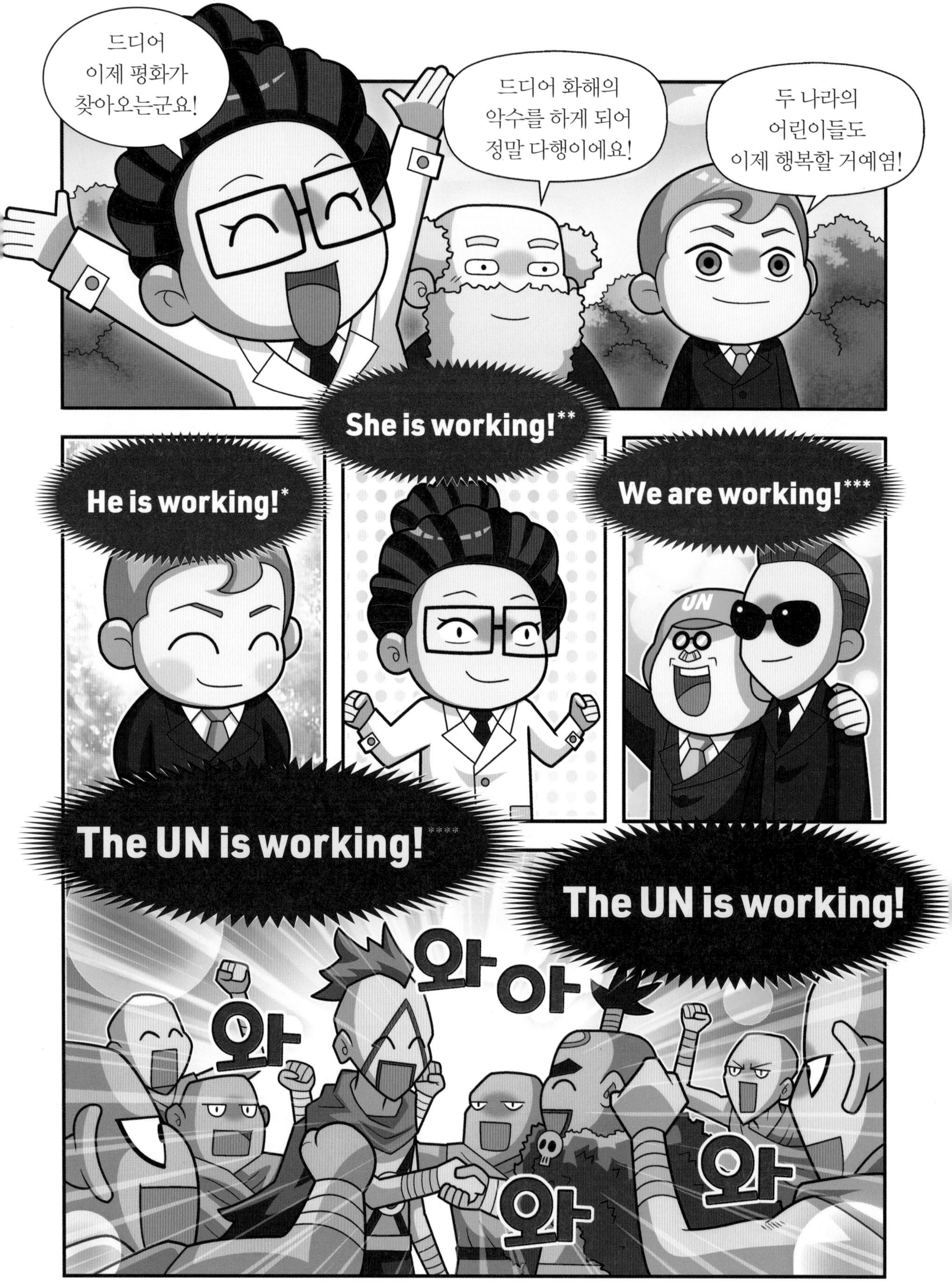
드디어 이제 평화가 찾아오는군요!
드디어 화해의 악수를 하게 되어 정말 다행이에요!
두 나라의 어린이들도 이제 행복할 거예염!
He is working!*
She is working!**
We are working!***
UN
The UN is working!****
The UN is working!
와아
와
와
와

* 그는 일하고 있어! ** 그녀도 일하고 있어! *** 우리는 일하고 있어! **** 유엔은 일하고 있어!

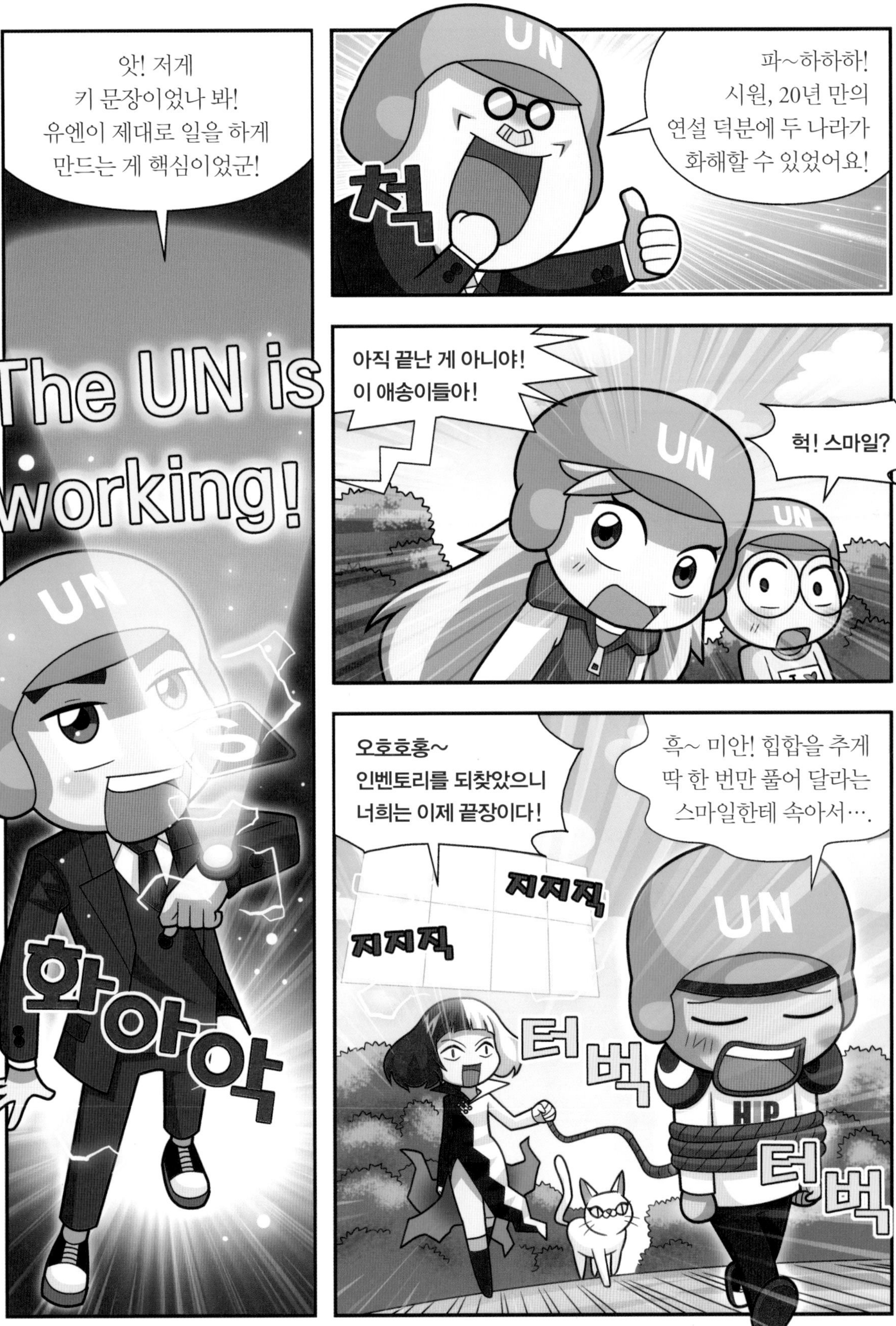
앗! 저게
키 문장이었나 봐!
유엔이 제대로 일을 하게
만드는 게 핵심이었군!
The UN is working!
화아악
파~하하하!
시원, 20년 만의
연설 덕분에 두 나라가
화해할 수 있었어요!
척
아직 끝난 게 아니야!
이 애송이들아!
헉! 스마일?
오호호홍~
인벤토리를 되찾았으니
너희는 이제 끝장이다!
흑~ 미안! 힙합을 추게
딱 한 번만 풀어 달라는
스마일한테 속아서….
지지직
지지직
터벅
터벅

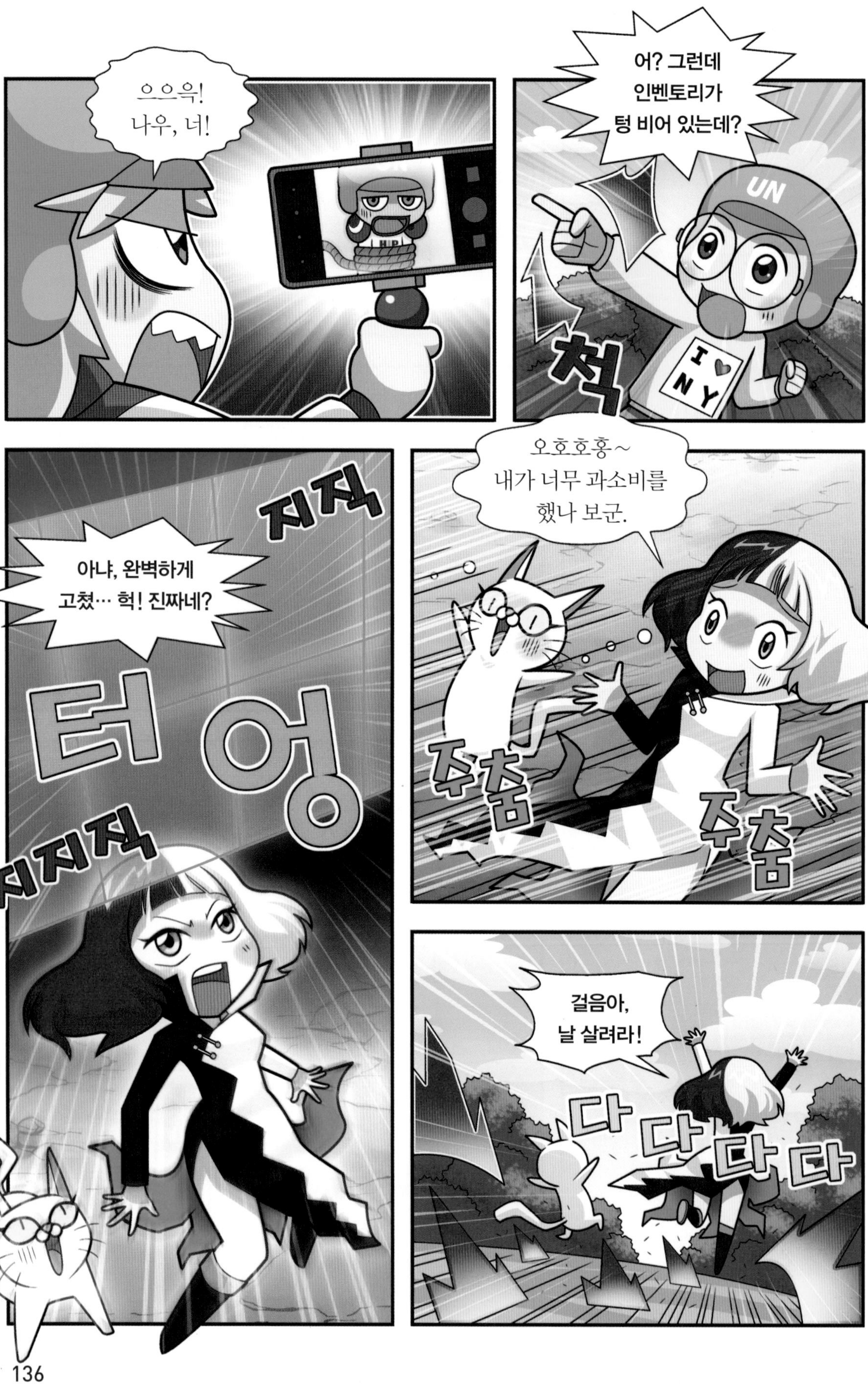

으으윽!
나우, 너!
어? 그런데
인벤토리가
텅 비어 있는데?
UN
척
I ♥ NY
지직
아냐, 완벽하게
고쳤… 헉! 진짜네?
터엉
지지직
오호호홍~
내가 너무 과소비를
했나 보군.
주춤
주춤
걸음아,
날 살려라!
다다다다

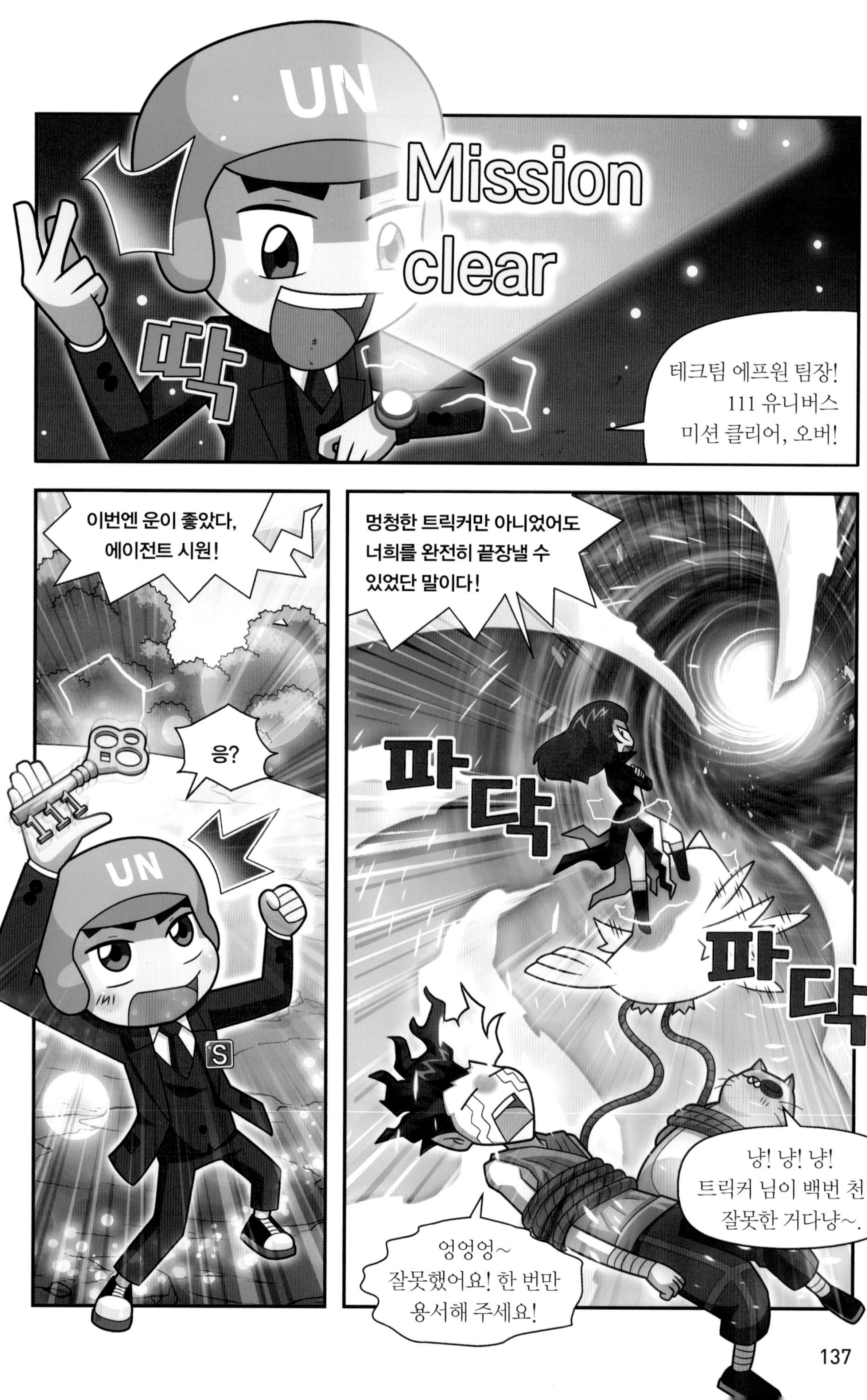
UN
Mission clear
딱
테크팀 에프원 팀장! 111 유니버스 미션 클리어, 오버!
이번엔 운이 좋았다, 에이전트 시원!
응?
UN
멍청한 트릭커만 아니었어도 너희를 완전히 끝장낼 수 있었단 말이다!
파닥
파닥
냥! 냥! 냥! 트릭커 님이 백번 천번 잘못한 거다냥~.
엉엉엉~ 잘못했어요! 한 번만 용서해 주세요!

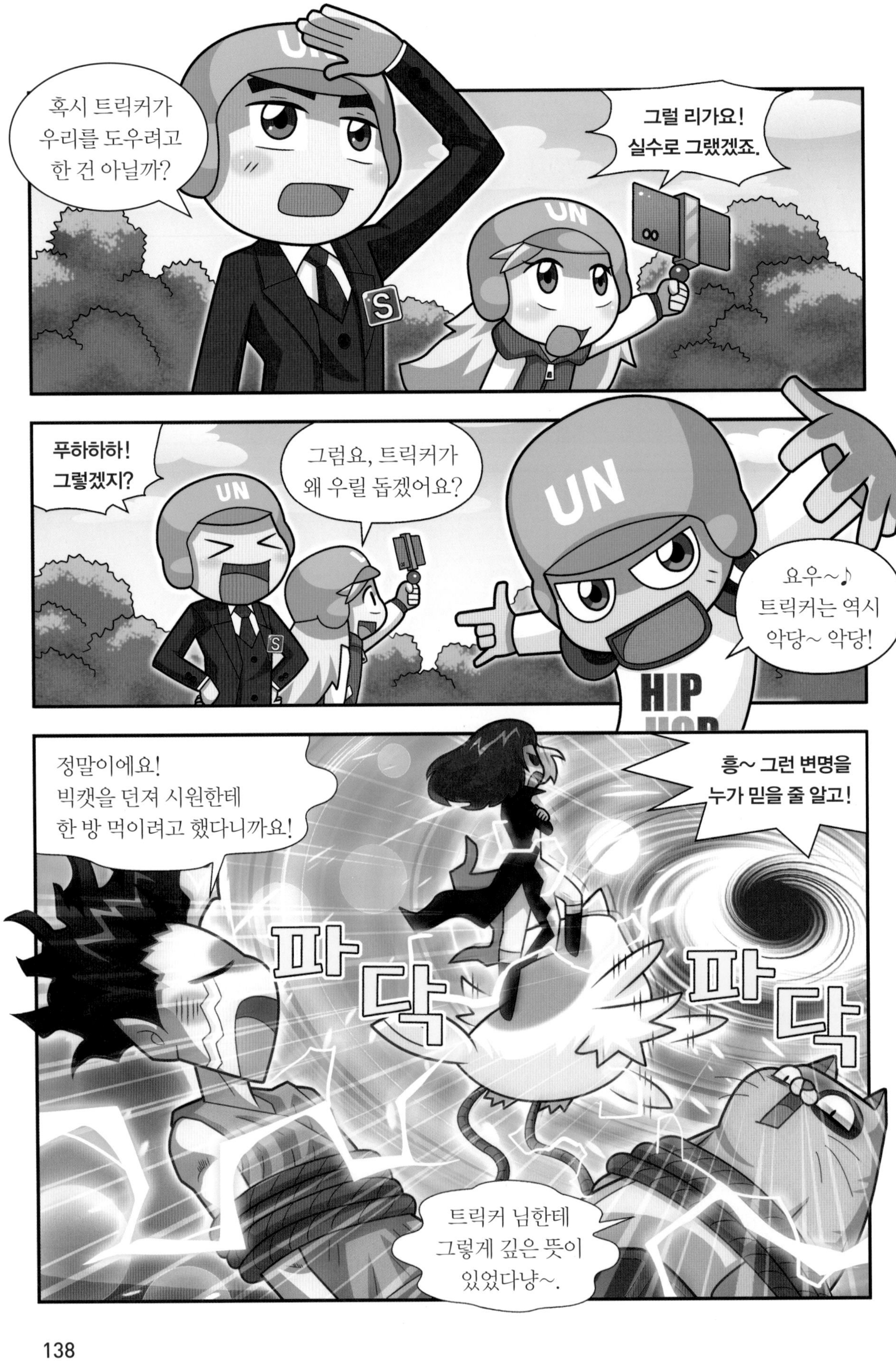
혹시 트릭커가 우리를 도우려고 한 건 아닐까?
그럴 리가요! 실수로 그랬겠죠.
UN
S
푸하하하! 그렇겠지?
그럼요, 트릭커가 왜 우릴 돕겠어요?
요우~♪ 트릭커는 역시 악당~ 악당!
HIP
정말이에요! 빅캣을 던져 시원한테 한 방 먹이려고 했다니까요!
흥~ 그런 변명을 누가 믿을 줄 알고!
파닥 파닥
트릭커 님한테 그렇게 깊은 뜻이 있었다냥~.

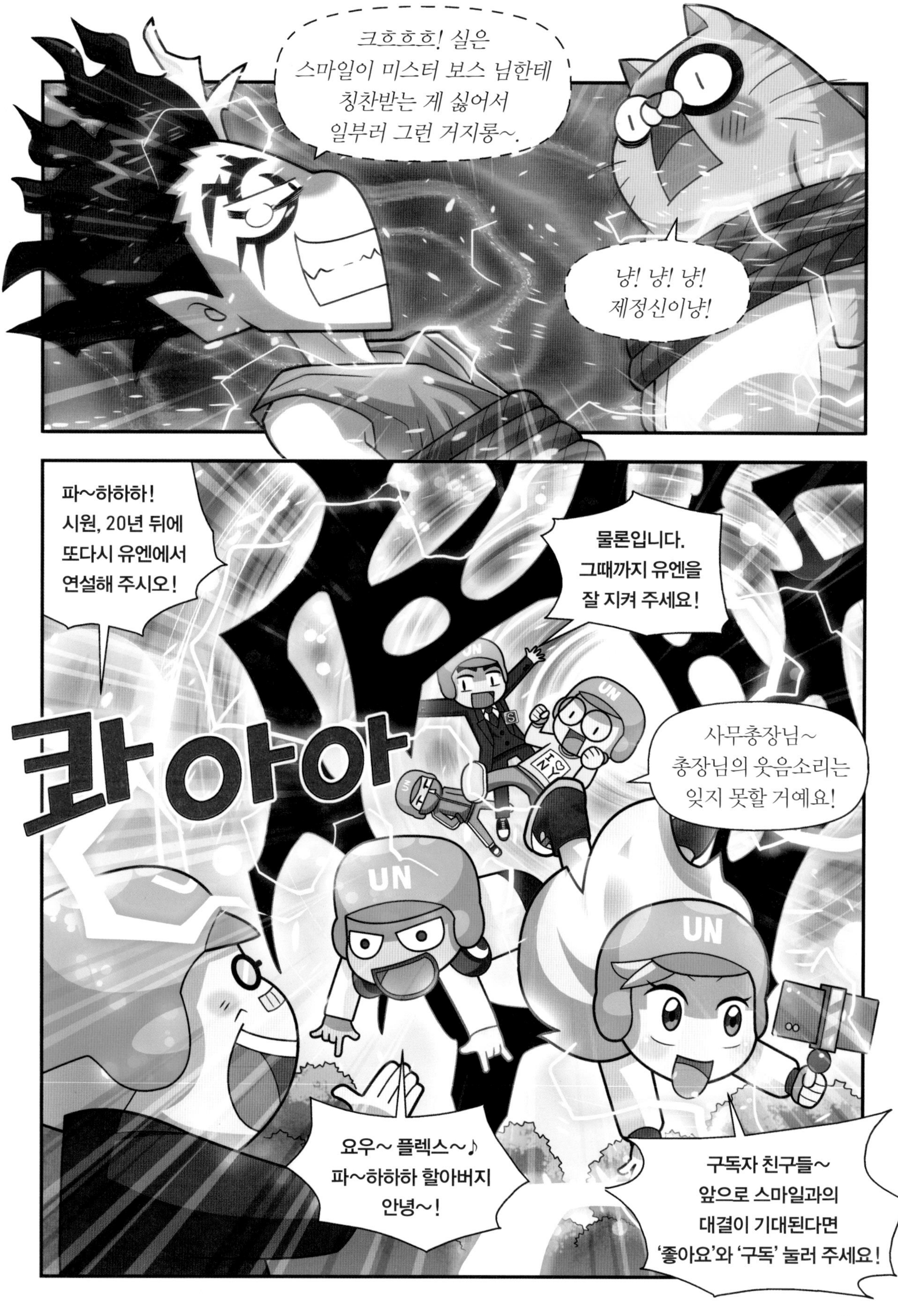
크흐흐흐! 실은 스마일이 미스터 보스 님한테 칭찬받는 게 싫어서 일부러 그런 거지롱~.
냥! 냥! 냥! 제정신이냥!
파~하하하! 시원, 20년 뒤에 또다시 유엔에서 연설해 주시오!
물론입니다. 그때까지 유엔을 잘 지켜 주세요!
콰아아
사무총장님~ 총장님의 웃음소리는 잊지 못할 거예요!
요우~ 플렉스~♪ 파~하하하 할아버지 안녕~!
구독자 친구들~ 앞으로 스마일과의 대결이 기대된다면 '좋아요'와 '구독' 눌러 주세요!

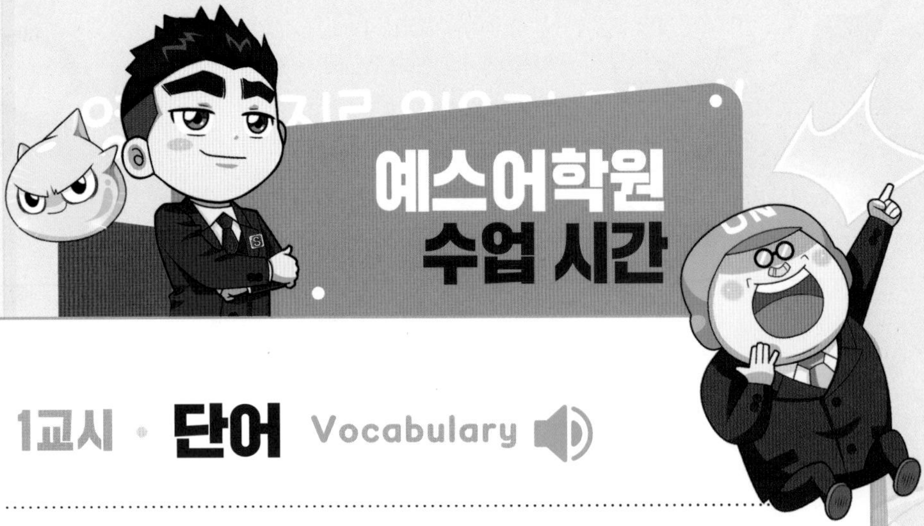

예스어학원 수업 시간

1교시	단어	Vocabulary
2교시	문법 1, 2, 3	Grammar 1,2,3
3교시	게임	Recess
4교시	읽고 쓰기	Reading & Writing
5교시	유니버스 이야기	Story
6교시	말하기	Speaking
7교시	쪽지 시험	Quiz

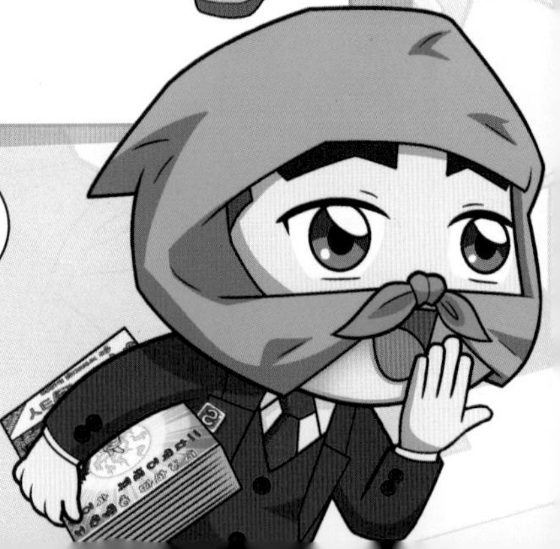

예스어학원의 수업 시간표야!
공부를 시작하기 전에
시간표 정도는 봐 둬야겠지?

예스잉글리시단 훈련 코스
4단계를 통과하면 너희는 예스잉글리시단 단원이 되어 영어를 지키는 유능한 전사가 될 것이다!
1단계 단어 훈련
영어 단어를 확실하게 외운다! 실시!
2단계 문법 훈련
영어 문법을 차근차근 배운다! 실시!
3단계 읽고 쓰기 훈련
영어 문장을 술술 읽고 쓴다! 실시!
4단계 말하기 훈련
영어로 자유롭게 대화한다! 실시!
사실 예스잉글리시단 훈련 코스라는 건 아무도 모르겠지? 큭큭!

1교시 단어 • Vocabulary

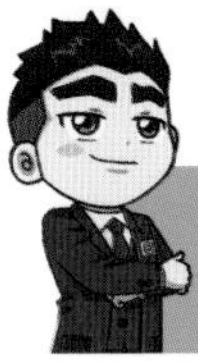

step 1. 단어 강의

영어의 첫걸음은 단어를 외우는 것에서부터 시작된단다.
단어를 많이 알아야 영어를 잘할 수 있어. 그럼 6권의 필수 단어를 한번 외워 볼까?

No.	행동	Actions
1	들어 올리다	lift
2	받다, 얻다	get
3	악수하다	shake hands
4	일하다	work
5	돌다	turn
6	흔들다	shake
7	씻다	wash
8	빗다	comb
9	자르다	cut
10	쓰다	write

No.	행동	Actions
11	지우다	erase
12	그리다	draw
13	색칠하다	color
14	페인트를 칠하다	paint
15	듣다	listen
16	웃다	laugh
17	깡충깡충 뛰다	skip
18	가지다	take
19	보다	look
20	놓다	put

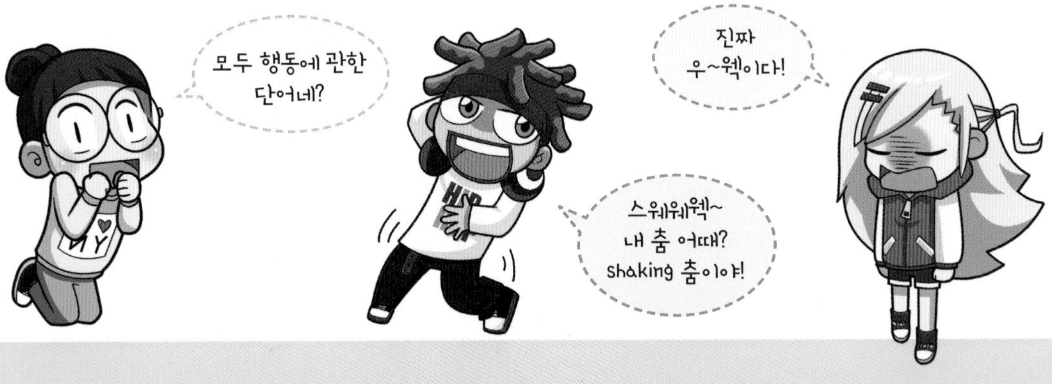
모두 행동에 관한 단어네?
스웨웨웩~ 내 춤 어때? Shaking 춤이야!
진짜 우~웩이다!

원어민 발음 듣기
QR코드를 찍어 봐!

No.	법과 사회	Law and Society
21	교육	education
22	법	law
23	결정	ruling
24	평화	peace
25	전쟁	war

No.	법과 사회	Law and Society
26	투표하다	vote
27	보호하다	protect
28	민주주의	democracy
29	정치	politics
30	나라	country

하나의 단어를 외우더라도
확실하게 내 것으로
만들어야 하는 거 알지?

step 2. 단어 시험

단어를 확실하게 외웠는지 한번 볼까? 빈칸을 채워 봐.

• 일하다 _____

• 쓰다 _____

• 씻다 _____

• 듣다 _____

• 보다 _____

• 법 _____

• 평화 _____

• 전쟁 _____

• 교육 _____

• 나라 _____

• 정답은 162~163쪽에 있습니다.

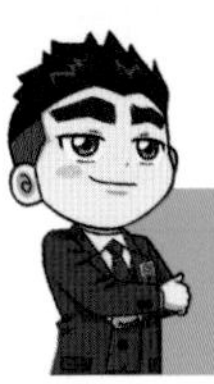

step 1. 문법 강의

우리는 지금 무엇을 하고 있지? 맞아! 영어를 공부하고 있어!
현재 시점에서 어떤 동작이 계속 진행되고 있는 상황을 현재 진행형이라고 해.
'~하고 있다', '~하고 있는 중이다'로 해석할 수 있어.
현재 진행형 문장은 주어 + Be 동사 + 동사 원형ing로 만들면 돼.
이때 Be 동사는 주어에 따라 적절하게 골라 쓰면 돼.

주어 | Be 동사 (am / are / is) | 동사 원형ing

그리고 동사에 ing를 붙일 때는 동사 형태에 따라 동사의 모양을 바꾸어 줘야 해.

시원 쌤표 영어 구구단

현재 진행형 동사의 형태 변화	
대부분의 동사 동사 원형 + ing	**wear** 입다 ···› **wearing** 입고 있다 **open** 열다 ···› **opening** 열고 있다
-e로 끝나는 동사 동사의 -e를 빼고 + ing	**write** 쓰다 ···› **writing** 쓰고 있다 **come** 오다 ···› **coming** 오고 있다
-ie로 끝나는 동사 동사의 -ie를 y로 바꾸고 + ing	**tie** 묶다 ···› **tying** 묶고 있다 **lie** 눕다 ···› **lying** 눕고 있다
단모음 + 단자음으로 끝나는 동사 동사의 마지막 자음을 한 번 더 쓰고 + ing (w, x, y로 끝나는 경우는 예외)	**cut** 자르다 ···› **cutting** 자르고 있다 **run** 달리다 ···› **running** 달리고 있다

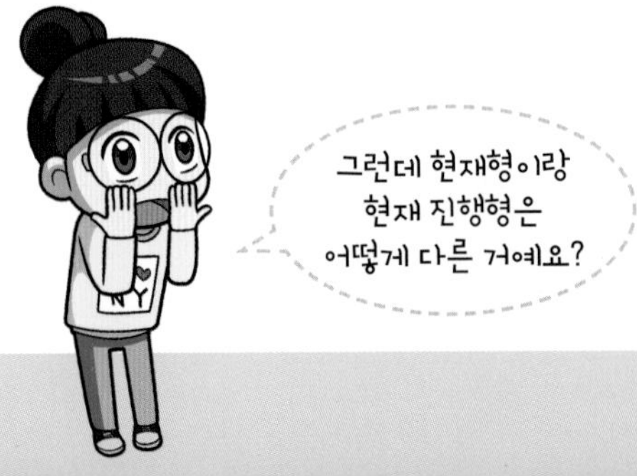
그런데 현재형이랑 현재 진행형은 어떻게 다른 거예요?

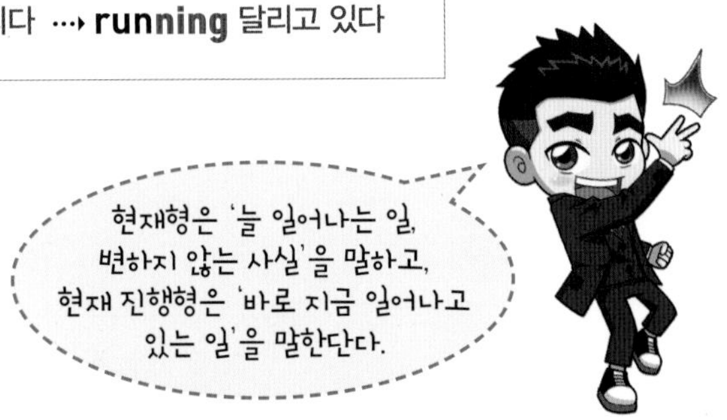
현재형은 '늘 일어나는 일, 변하지 않는 사실'을 말하고, 현재 진행형은 '바로 지금 일어나고 있는 일'을 말한단다.

동영상 강의 보기
QR코드를 찍어 봐!

step 2. 문법 정리

현재형 문장을 현재 진행형 문장으로 바꾸어 봐!

현재형		···›	현재 진행형	
나는 걷는다.	**I walk.**	···›	나는 걷고 있다.	**I am walking.**
우리는 노래한다.	**We sing.**	···›	우리는 노래하고 있다.	**We are singing.**
리아는 웃는다.	**Lia smiles.**	···›	리아는 웃고 있다.	**Lia is smiling.**
시원은 운전한다.	**Siwon drives.**	···›	시원은 운전하고 있다.	**Siwon is driving.**
그들은 눕는다.	**They lie.**	···›	그들은 누워 있다.	**They are lying.**
그는 수영한다.	**He swims.**	···›	그는 수영하고 있다.	**He is swimming.**
그녀는 달린다.	**She runs.**	···›	그녀는 달리고 있다.	**She is running.**

step 3. 문법 대화

현재 진행형이 나온 대화를 한번 들어 봐!

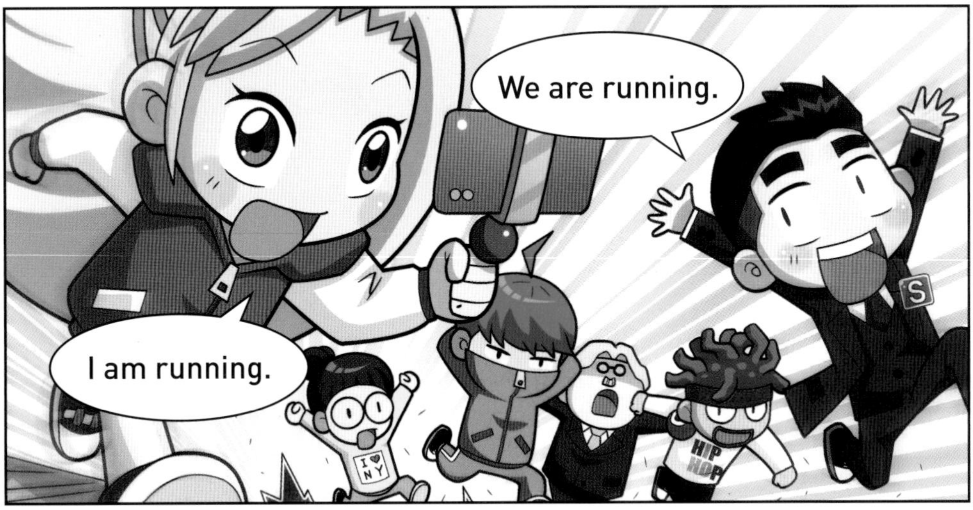
We are running.
I am running.
I ♥ NY
HIP HOP

2교시 ·g· 문법 2 • Grammar 2

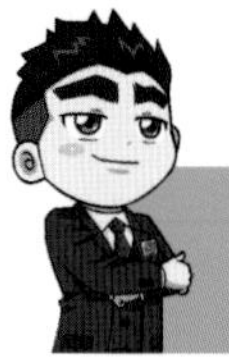

step 1. 문법 강의

현재 진행형 부정문은 Be 동사와 동사 원형ing 사이에 not만 붙이면 돼.
그러면 '~하고 있지 않다' 라는 뜻이 돼. 어때? 간단하지?

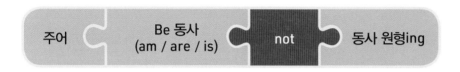

주어	Be 동사 (am / are / is)	not	동사 원형ing

현재 진행형 긍정문을 부정문으로 바꾸어 보자. 주어에 따라 Be 동사를 적절하게 골라 쓰고,
Be 동사가 쓰이니까 do not 이나 does not은 올 수 없다는 거 잊지 마!

현재 진행형 긍정문			···	현재 진행형 부정문		
주어 I	Be 동사+행동 am studying	대상 English.	···	주어 I	Be 동사+not+행동 am not studying	대상 English.

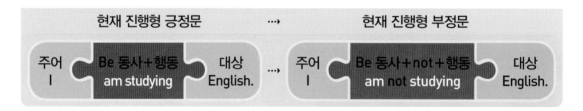

그리고 꼭 알아 두어야 할 게 있어! 현재 진행형으로 잘 쓰지 않는 동사들도 있는데,
감정이나 생각, 소유 상태 등을 나타내는 동사들이야. 이들을 상태 동사라고 해.

상태 동사 종류	
감정을 나타내는 상태 동사	**like** 좋아하다, **love** 사랑하다, **hate** 싫어하다, **fear** 두려워하다
생각을 나타내는 상태 동사	**believe** 믿다, **know** 알다, **want** 원하다, **forget** 잊다
소유를 나타내는 상태 동사	**belong** 속하다, **own** 소유하다

이 중에 현재 진행형 형태로 본 동사들도 있을 수 있지만, 그럴 때는 일반 동사일 때와
현재 진행형 형태일 때가 뜻이 다른 경우가 많아. '사랑하다'라는 뜻을 가진 'love'라는 동사는
'loving'으로 쓰면 '사랑하고 있다'가 아니라 '다정한'이라는 뜻을 가진 형용사로 쓰여.
신기하지?

동영상 강의 보기
QR코드를 찍어 봐!

step 2. 문법 정리

현재 진행형 긍정문을 부정문으로 바꾸어 봐!

현재 진행형 긍정문	···›	현재 진행형 부정문
나는 영어 공부를 하고 있다. **I am studying English.**	···›	나는 영어 공부를 하고 있지 않다. **I am not studying English.**
그는 책을 읽고 있다. **He is reading a book.**	···›	그는 책을 읽고 있지 않다. **He is not reading a book.**
리아는 공을 차고 있다. **Lia is kicking a ball.**	···›	리아는 공을 차고 있지 않다. **Lia is not kicking a ball.**
그녀는 편지를 쓰고 있다. **She is writing a letter.**	···›	그녀는 편지를 쓰고 있지 않다. **She is not writing a letter.**
그들은 나무들을 자르고 있다. **They are cutting down trees.**	···›	그들은 나무들을 자르고 있지 않다. **They are not cutting down trees.**

step 3. 문법 대화

현재 진행형 부정문이 나온 대화를 한번 들어 봐!

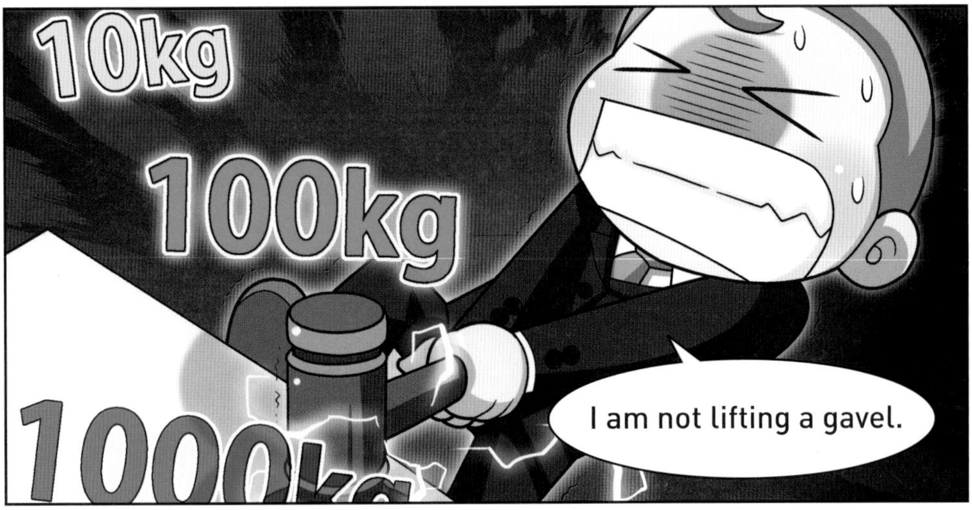
10kg
100kg
I am not lifting a gavel.

2교시 ·g· 문법 3 • Grammar 3

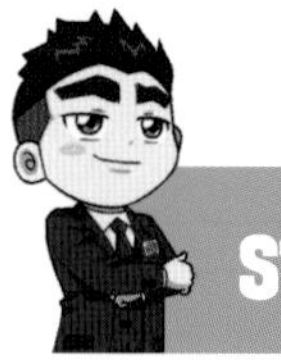

step 1. 문법 강의

현재 진행형 의문문은 Be 동사 의문문과 마찬가지로 Be 동사와 주어의 위치를 바꾸면 돼. 그러면 ~ 하고 있니?라는 뜻이 돼.

Be 동사 (Am / Are / Is)	주어	동사 원형ing?

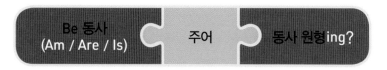

현재 진행형 긍정문을 의문문으로 바꾸어 보자. Be 동사와 주어의 위치만 바꾸면 되니까 정말 쉽지?

현재 진행형 긍정문 ···› 현재 진행형 의문문

주어	Be 동사+행동	대상	···›	Be 동사	주어	행동	대상
I	am studying	English.	···›	Am	I	studying	English?

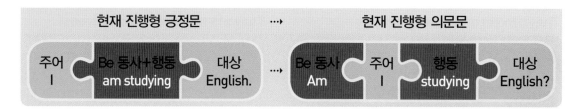

대답도 Be 동사 의문문 때와 똑같아.

현재 진행형 의문문에 대한 답	
긍정일 때	부정일 때
Yes, 주어 + **Be** 동사.	**No**, 주어 + **Be** 동사 + **not**.

Are you studying English?
Yes, I am.
거짓말!
I ♥ NY
HIP HOP

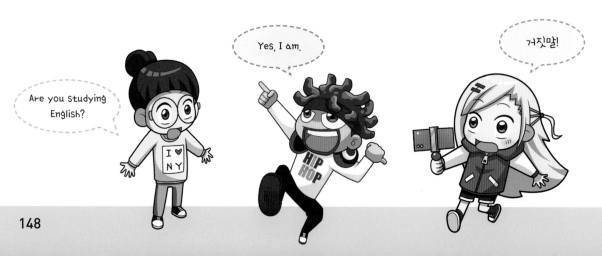

동영상 강의 보기
QR코드를 찍어 봐!

step 2. 문법 정리

현재 진행형 긍정문을 의문문으로 바꾸어 봐!

현재 진행형 긍정문	···›	현재 진행형 의문문
그녀는 그녀의 방을 치우고 있다. **She is cleaning her room.**	···›	그녀는 그녀의 방을 치우고 있니? **Is she cleaning her room?**
그들은 점심을 먹고 있다. **They are eating lunch.**	···›	그들은 점심을 먹고 있니? **Are they eating lunch?**
그는 선물을 열고 있다. **He is opening the present.**	···›	그는 선물을 열고 있니? **Is he opening the present?**
그는 그의 손을 씻고 있다. **He is washing his hands.**	···›	그는 그의 손을 씻고 있니? **Is he washing his hands?**
그녀는 음악을 듣고 있다. **She is listening to music.**	···›	그녀는 음악을 듣고 있니? **Is she listening to music?**

step 3. 문법 대화

현재 진행형 의문문이 나온 대화를 한번 들어 봐!

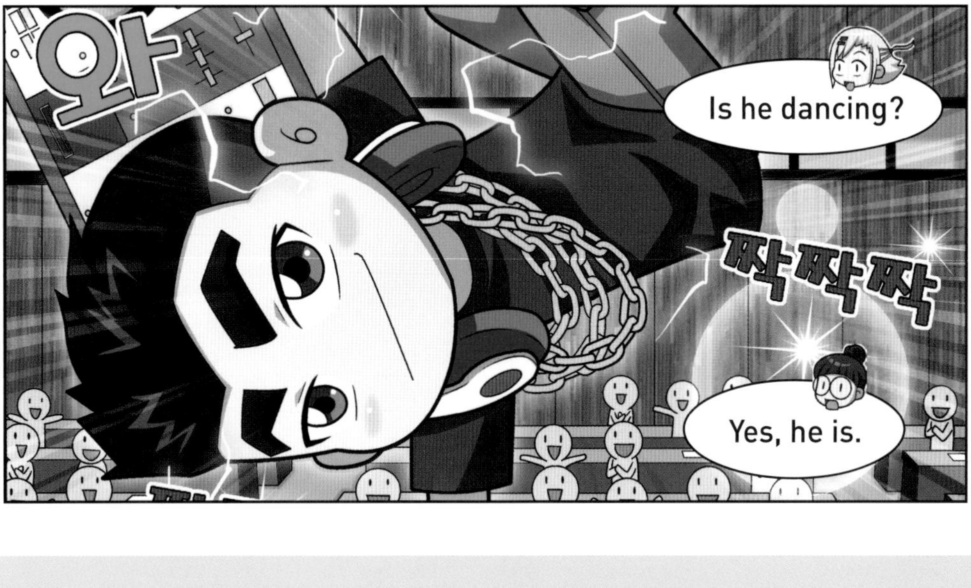
와
Is he dancing?
짝짝짝
Yes, he is.

게임 • Recess

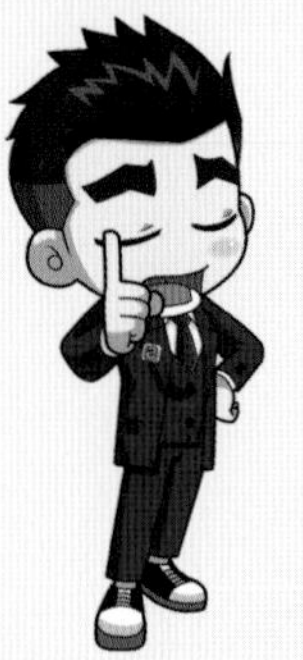
현재 진행형과 관련된 게임을 해 볼까?
지금 누군가 어떤 동작을 흉내 내면
다른 사람들이 그걸 알아맞히는 거야.

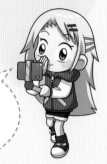

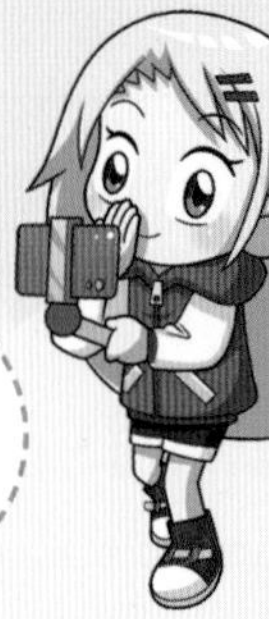
훗~ 재밌겠다!
쌤~ 저부터 할게요.
얘들아 맞혀 봐!
점수는 후가 매긴대!

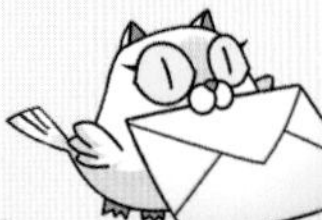

QUIZ TIME

Quiz 1.

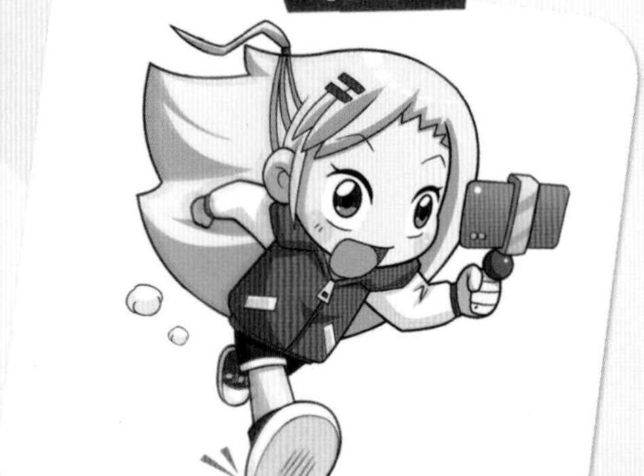

Quiz 2.

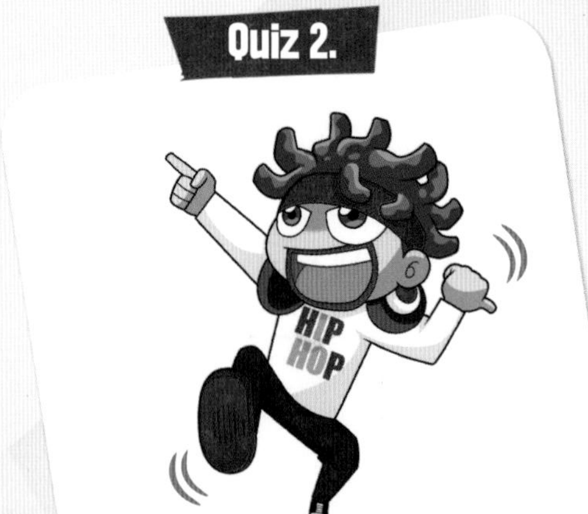
HIP
HOP

running

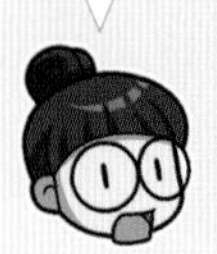

shaking

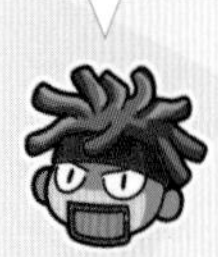

combing

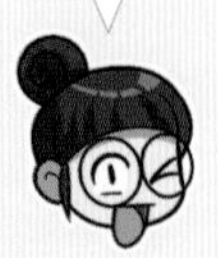

dancing

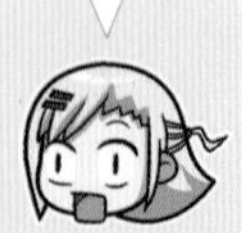

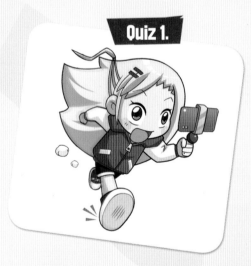

Quiz 3.

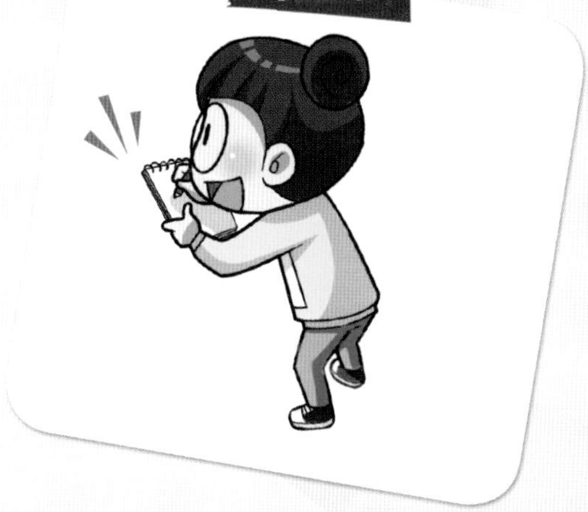

writing | washing

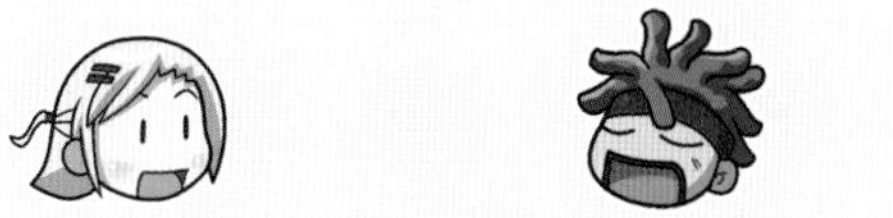

Quiz 4.

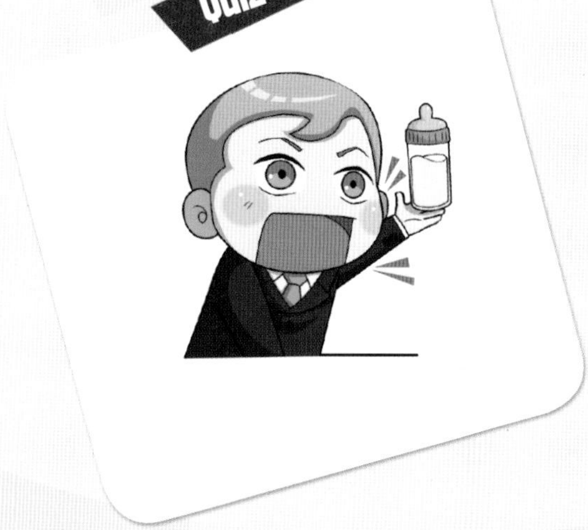

cutting | lifting

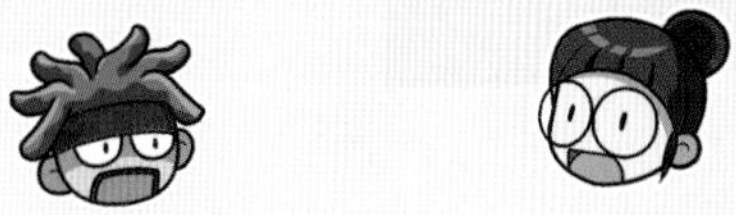

Quiz 5.

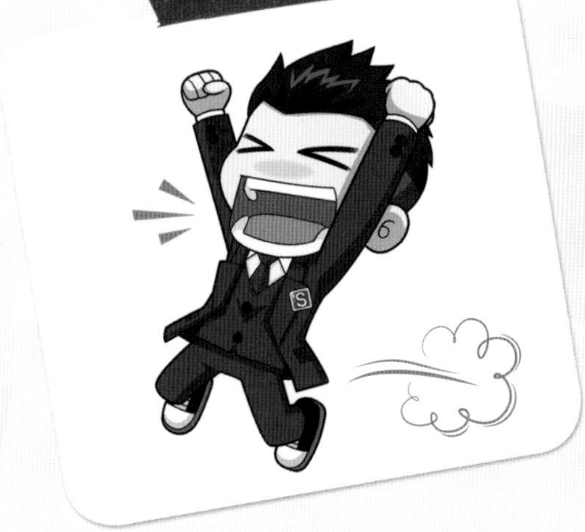

working | jumping

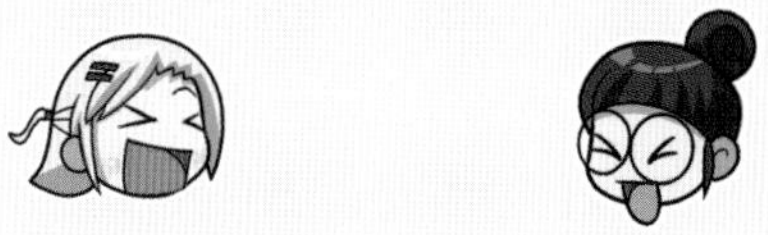

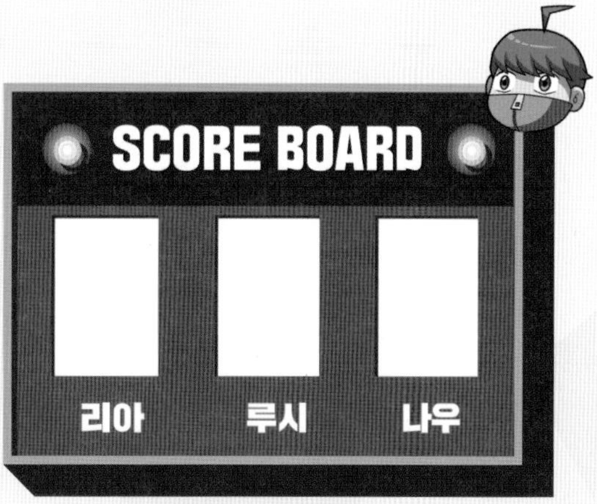
SCORE BOARD
리아
루시
나우

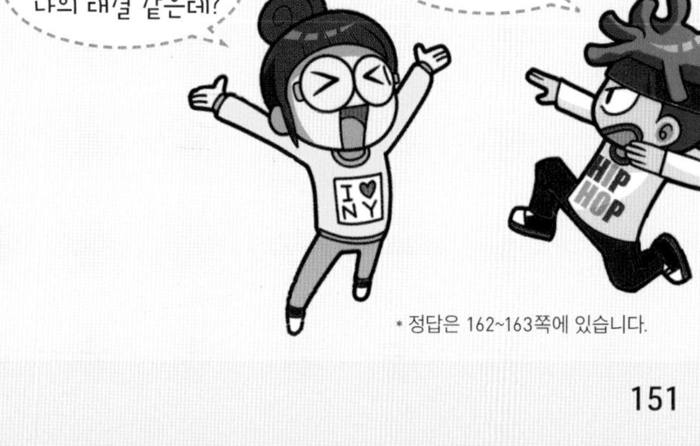
루시! 너와
나의 대결 같은데?
나 무시하는 거야!

* 정답은 162~163쪽에 있습니다.

4교시 읽고 쓰기 • Reading & Writing

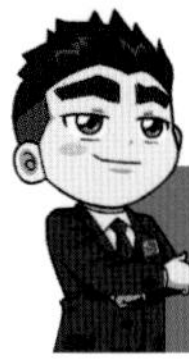

step 1. 읽기

자유자재로 영어를 읽고, 쓰고, 말하고 싶다면 문장 만들기 연습을 반복해야 하지.
먼저 다음 문장들이 익숙해질 때까지 읽어 볼까?

• 나는 걷고 있다.	**I am walking.**
• 우리는 노래하고 있다.	**We are singing.**
• 리아는 웃고 있다.	**Lia is smiling.**
• 시원은 운전하고 있다.	**Siwon is driving.**
• 그들은 누워 있다.	**They are lying.**
• 그는 수영하고 있다.	**He is swimming.**
• 그녀는 달리고 있다.	**She is running.**
• 그들은 요리하고 있다.	**They are cooking.**
• 나우와 루시는 깡충깡충 뛰고 있다.	**Nau and Lucy are skipping.**
• 그녀는 스케이트 타고 있다.	**She is skating.**
• 나는 영어 공부를 하고 있다.	**I am studying English.**
• 그는 책을 읽고 있다.	**He is reading a book.**
• 리아는 공을 차고 있다.	**Lia is kicking a ball.**
• 내 친구들은 축구를 하고 있다.	**My friends are playing soccer.**

문장 만들기 연습

1회 ☐ 2회 ☐ 3회 ☐

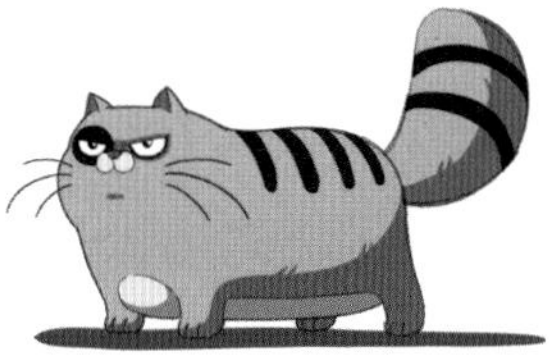

• 나는 영어 공부를 하고 있지 않다.	**I am not studying English.**
• 그녀는 스케이트를 타고 있지 않다.	**She is not skating.**
• 그는 책을 읽고 있지 않다.	**He is not reading a book.**
• 리아는 공을 차고 있지 않다.	**Lia is not kicking a ball.**
• 그녀는 편지를 쓰고 있지 않다.	**She is not writing a letter.**
• 그들은 나무들을 자르고 있지 않다.	**They are not cutting down trees.**
• 판사는 의사봉을 들어 올리고 있지 않다.	**The judge is not lifting a gavel.**
• 그들은 울타리를 칠하고 있지 않다.	**They are not painting the fence.**
• 그녀는 그녀의 방을 치우고 있니?	**Is she cleaning her room?**
• 그들은 점심을 먹고 있니?	**Are they eating lunch?**
• 그는 선물을 열고 있니?	**Is he opening the present?**
• 그는 그의 손을 씻고 있니?	**Is he washing his hands?**
• 그녀는 음악을 듣고 있니?	**Is she listening to music?**
• 그는 샤워를 하고 있니?	**Is he taking a shower?**
• 그들은 그들의 나라를 지키고 있니?	**Are they protecting their country?**
• 그녀는 놀이터에서 깡충깡충 뛰고 있니?	**Is she skipping in the playground?**

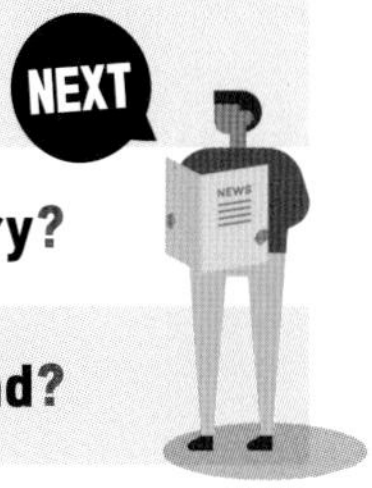
NEXT

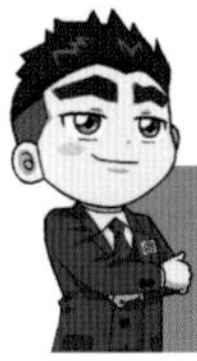

step 2. 쓰기

익숙해진 문장들을 이제 한번 써 볼까? 괄호 안의 단어를 보고, 순서에 맞게 문장을 만들어 보자.

❶ 나는 걷고 있다. **(I, walking, am)**

__________________________________ .

❷ 그녀는 달리고 있다. **(running, is, She)**

__________________________________ .

❸ 나는 영어 공부를 하고 있다. **(studying, I, English, am)**

__________________________________ .

❹ 그는 책을 읽고 있다. **(is, He, a, book, reading)**

__________________________________ .

❺ 리아는 공을 차고 있다. **(a, Lia, kicking, is, ball)**

__________________________________ .

❻ 그들은 요리하고 있다. **(cooking, are, They)**

__________________________________ .

❼ 내 친구들은 축구를 하고 있다. **(soccer, are, friends, My, playing)**

__________________________________ .

❽ 그는 수영하고 있다. **(is, swimming, He)**

__________________________________ .

이제 현재 진행형의 부정문과 의문문을 영어로 써 볼까? 영작을 하다 보면 실력이 훨씬 늘 거야. 잘 모르겠으면, 아래에 있는 WORD BOX를 참고해!

❶ 나는 영어 공부를 하고 있지 않다. _____ .

❷ 그녀는 스케이트를 타고 있지 않다. _____ .

❸ 그는 책을 읽고 있지 않다. _____ .

❹ 그녀는 편지를 쓰고 있지 않다. _____ .

❺ 그들은 점심을 먹고 있니? _____ ?

❻ 그는 그의 손을 씻고 있니? _____ ?

❼ 그녀는 음악을 듣고 있니? _____ ?

❽ 그는 샤워를 하고 있니? _____ ?

WORD BOX

• am	• not	• eating	• skating	• is	• I
• they	• Are	• lunch	• He	• writing	
• to	• listening	• letter	• washing	• hands	
• shower	• reading	• book	• a	• She	
• taking	• his	• music	• English	• studying	

• 정답은 162~163쪽에 있습니다.

5교시 유니버스 이야기 • Story

우리가 여섯 번째로 다녀온 곳은 바로 111 유니버스란다. 국제 평화 기구인 유엔이 있는 곳이지. 또한 이곳은 현재 진행형의 유니버스이기도 해. 어떤 곳인지 좀 더 자세히 알아볼까?

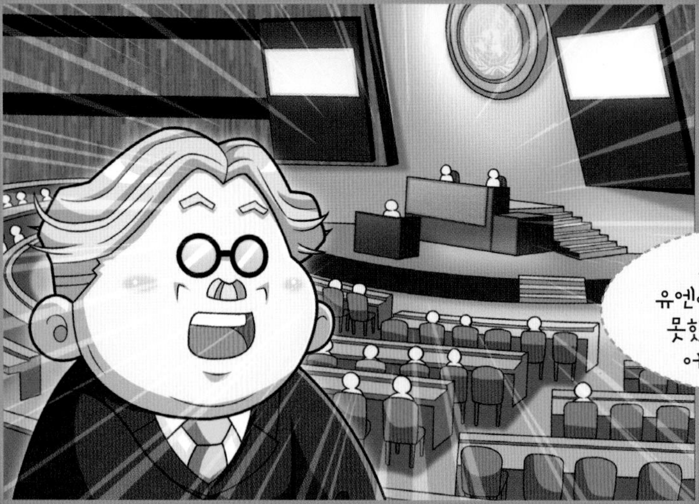

◀111 유니버스
위치 지구에서 그리 멀지 않은 곳
상황 유엔의 주요 기관들이 국제 평화와 안전, 국제 협력 등을 위해 애쓰고 있음.
키 문장 The UN is working!

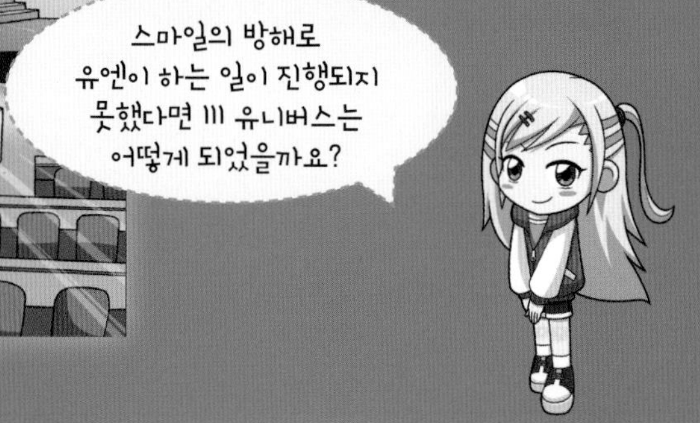
스마일의 방해로 유엔이 하는 일이 진행되지 못했다면 111 유니버스는 어떻게 되었을까요?

111 유니버스 이야기: 현재 진행형

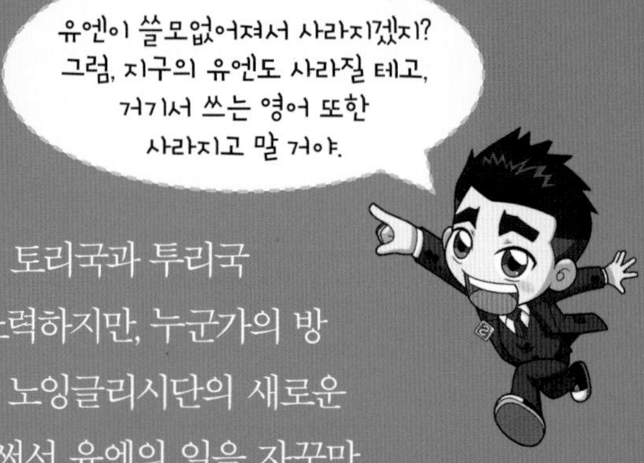
유엔이 쓸모없어져서 사라지겠지? 그럼, 지구의 유엔도 사라질 테고, 거기서 쓰는 영어 또한 사라지고 말 거야.

111 유니버스는 유엔이 있는 영어 유니버스예요. 유엔 총회, 유니세프, 세계 보건 기구, 국제 사법 재판소, 유엔 안전 보장 이사회가 국제 평화를 위해 일을 하고 있지요. 또한 111 유니버스에는 오랜 분쟁국인 토리국과 투리국이 있어요. 유엔은 이 두 나라의 문제를 해결하기 위해 노력하지만, 누군가의 방해로 자꾸 일이 엉망이 되고 말아요. 그 누군가는 바로 노잉글리시단의 새로운 중간 보스, 스마일이지요. 스마일은 마법의 인벤토리를 써서 유엔의 일을 자꾸만 방해해요. 결국 유엔은 두 나라의 전쟁을 끝내기 위해 유엔 평화 유지군을 파견하지요. 평화 유지군이 된 예스잉글리시단의 활약으로 두 국가는 극적으로 화해를 하지요. 현재 진행형 문장이 진행되지 못하는 바람에 유엔의 일이 지체되었지만, 결국 예스잉글리시단과 유엔의 각 기관들이 힘을 모아 일이 진행되게 했어요. 111 유니버스의 키 문장인 “The UN is working!”은 유엔이 다시 멋진 활약을 할 수 있게 도와준 고마운 말이에요.

우리 지구의 실제 이야기: 유엔

유엔은 1945년 10월 24일에 창립된 국제 평화 기구로, '국제 연합'이라고 해요. 이 명칭은 미국 32대 대통령, 프랭클린 루스벨트에 의해 고안되었어요. 제2차 세계 대전이 끝난 뒤 온 세계의 전쟁을 방지하고, 평화를 유지하며, 정치·경제·사회·문화 등의 분야에서 서로 협력하기 위해 유엔이 생겨났어요. 우리나라는 1991년에 가입하여 지금까지 활동하고 있어요. 유엔(UN)은 United Nations의 줄임말로, 유엔의 여러 기구들의 명칭은 다음과 같이 줄여 써요.

	주요 기구	유엔 총회(UNGA – United Nations General Assembly) 유엔 안전 보장 이사회(UNSC – United Nations Security Council) 경제 사회 이사회(ECOSOC – Economic and Social Council) 신탁 통치 이사회(TC – Trusteeship Council) 국제 사법 재판소(ICJ – International Court of Justice)
	보조 기구	유엔 아동 기금(UNICEF – United Nations Children's Fund) 유엔 환경 계획(UNEP – United Nations Environment Programme)
	전문 기구	국제 통화 기금(IMF – International Monetary Fund) 세계 보건 기구(WHO – World Health Organization) 세계 무역 기구(WTO – World Trade Organization)

두문자어

유엔처럼 첫머리에 오는 글자를 뽑아 만든 말을 '두문자어'라고 해요. 민간단체가 중심이 되어 만들어진 비정부 기구인 NGO도 Non-Governmental Organization의 두문자어지요. 두문자어지만, 새로운 단어로 굳어져 하나의 단어로 쓰이는 경우도 있어요. 대표적으로 레이저(laser), 스쿠버(scuba), 레이더(radar)가 있지요.

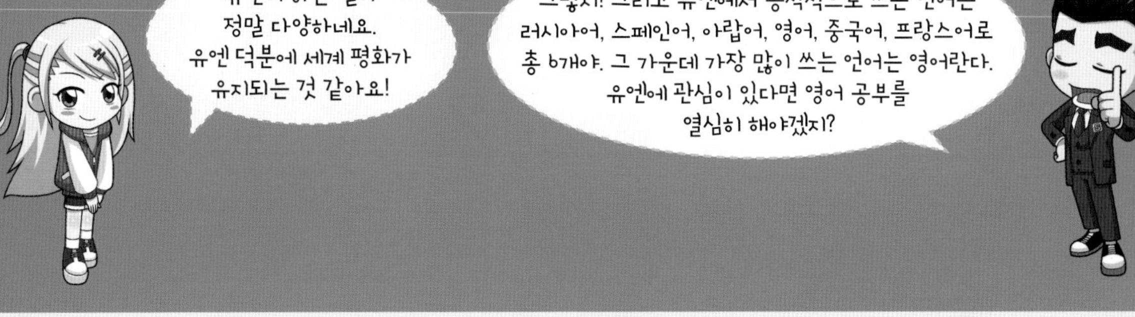

유엔이 하는 일이 정말 다양하네요. 유엔 덕분에 세계 평화가 유지되는 것 같아요!

그렇지! 그리고 유엔에서 공식적으로 쓰는 언어는 러시아어, 스페인어, 아랍어, 영어, 중국어, 프랑스어로 총 6개야. 그 가운데 가장 많이 쓰는 언어는 영어란다. 유엔에 관심이 있다면 영어 공부를 열심히 해야겠지?

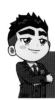

6교시 말하기 • Speaking

step 1. 대화 보기

만화에서 나오는 대사, '오 마이 가쉬(Oh my gosh)!'는 어떨 때 쓰는 걸까?

쭈욱
오 마이
가쉬!
오 마이
가스레인지!
촤아악

오 마이
가스레인지!
오 마이
가스레인지가 뭐야!
오마이 가쉬지!

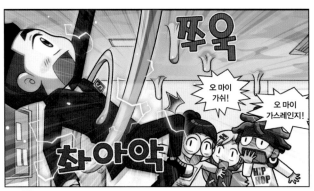

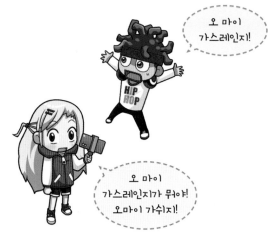

step 2. 대화 더하기

'오 마이 가쉬(Oh my gosh)!'는 '맙소사!' 또는 '세상에!'라는 뜻으로, 뜻밖의 일이 생겨 놀라거나 감탄할 때 쓰는 말이야. 이와 비슷한 말로 '오 마이 갓(Oh my god)!'도 있지만, 신을 나타내는 'god' 단어 때문에 미국에서는 잘 안 쓰거나 가려 써야 해. 그렇다면 이와 비슷한 의미로 쓰이는 영어 표현들은 뭐가 있을까? 친구들이 하는 말을 듣고 따라 해 보렴.

Oh my!
Holy moly!
Oh my goodness!
Oh my days!
Oh my word!

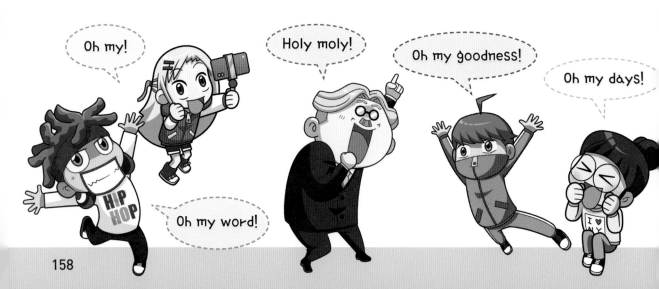

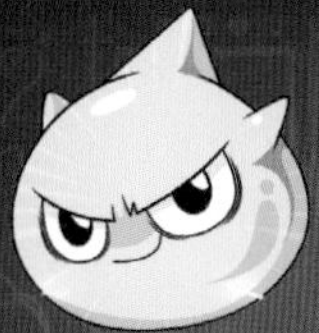

한눈에 보는 이번 수업 핵심 정리

여기까지 열심히 공부한 여러분 모두 굿 잡!
어떤 걸 배웠는지 떠올려 볼까?

1. 현재 진행형을 배웠어.

현재 진행형은 현재 시점에서 어떤 동작이
계속 진행되고 있는 상황을 말해.

주어 + Be 동사 (am / are / is) + 동사 원형ing

2. 현재 진행형의 부정문과 의문문을 배웠어.

부정문을 만들 때는 Be 동사와 동사 원형ing 사이에
not을 붙이면 되고, '~하고 있지 않다'라는 뜻이 돼.
의문문을 만들 때는 Be 동사와 주어의 위치를 바꾸면
되고, '~하고 있니?'라는 뜻이 되지.

어때, 쉽지? 다음 시간에 또 보자!

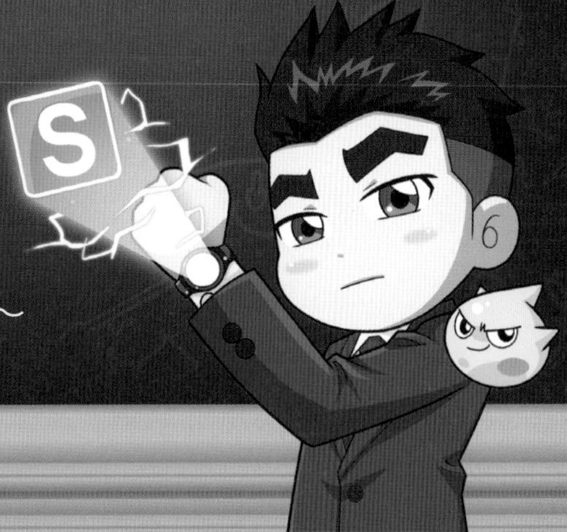
S

수업 시간에 잘 들었는지 쪽지 시험을 한번 볼까?

1. 행동을 나타내는 단어가 아닌 것은 무엇일까요?

work   **laugh**   **ruling**   **look**

2. 동사를 현재 진행형으로 바꿀 때 형태 변화가 다른 것은 무엇일까요?

wear   **open**   **draw**   **cut**

3. 동사를 현재 진행형으로 바꿀 때 잘못 바꾼 것은 무엇일까요?

write ⋯ writing   **come ⋯ coming**   **tie ⋯ tieing**   **run ⋯ running**

   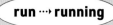

4. 다음 중 틀린 말은 어느 것일까요?

① 대부분의 동사는 동사 원형에 ing를 붙이면 된다.

② -e로 끝나는 동사는 e를 빼고 ing를 붙인다.

③ -ie로 끝나는 동사는 ie를 s로 바꾸고 ing를 붙인다.

④ 단모음 + 단자음으로 끝나는 동사는 마지막 자음을 한 번 더 쓰고 ing를 붙인다.

5. 다음 중 올바른 문장은 무엇일까요?

① I am studying not English.
② He is read a book.
③ He is swimming.
④ She not is writing a letter.

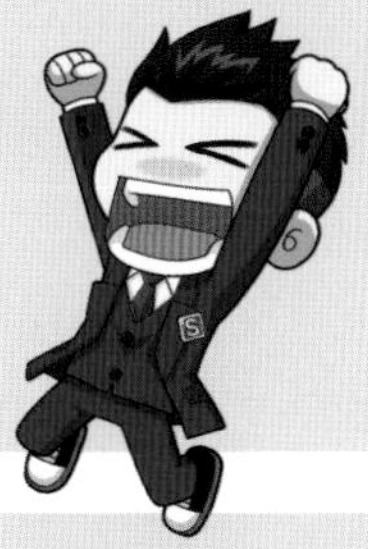

6. 다음 중 틀린 문장은 무엇일까요?

① I am walking.
② They are cutting down trees.
③ She is not skating.
④ Are eating they lunch?

7. 문장의 빈칸을 완성해 보세요.

① 그는 수영하고 있다. He ( ) ( ).
② 그는 책을 읽고 있다. He ( ) ( ) a book.
③ 그녀는 편지를 쓰고 있지 않다. She is ( ) writing a letter.
④ 그는 그의 손을 씻고 있니? ( ) ( ) ( ) his hands?

8. 다음 문장을 완성해 보세요.

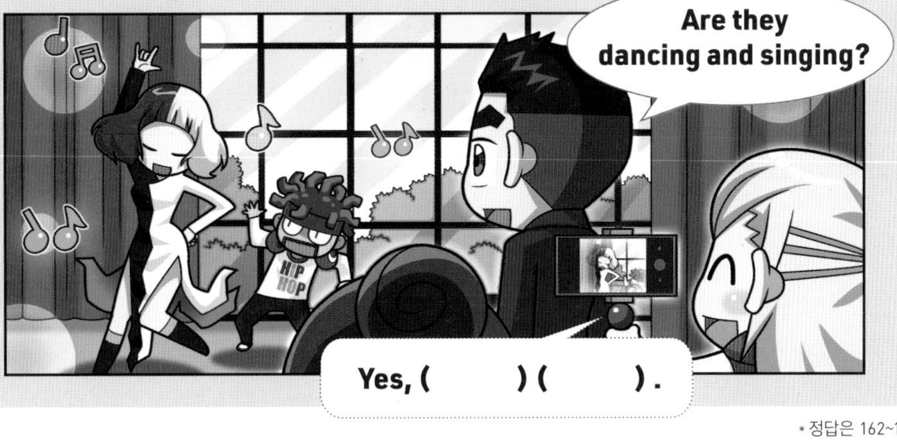
Are they dancing and singing?
HIP HOP
Yes, ( ) ( ).

* 정답은 162~163쪽에 있습니다.

정답 • Answer

P 143

• 일하다	work	• 법	law
• 쓰다	write	• 평화	peace
• 씻다	wash	• 전쟁	war
• 듣다	listen	• 교육	education
• 보다	look	• 나라	country

P 150~151

Quiz 1. running

Quiz 2. dancing

Quiz 3. writing

Quiz 4. lifting

Quiz 5. jumping

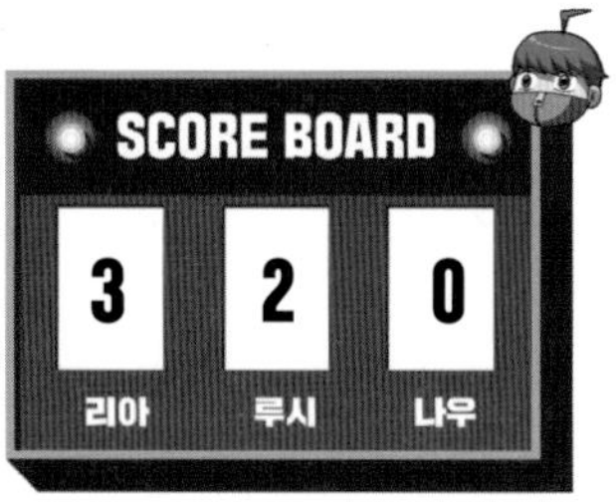
SCORE BOARD
3
2
0
리아
루시
나우

P 154

❶ I am walking

❷ She is running

❸ I am studying English

❹ He is reading a book

❺ Lia is kicking a ball

❻ They are cooking

❼ My friends are playing soccer

❽ He is swimming

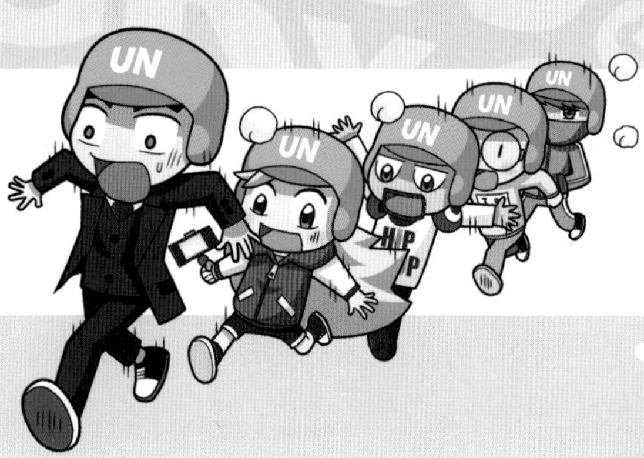
UN
UN
UN
UN
UN

P 155

❶ I am not studying English
❷ She is not skating
❸ He is not reading a book
❹ She is not writing a letter
❺ Are they eating lunch
❻ Is he washing his hands
❼ Is she listening to music
❽ Is he taking a shower

P 160

1.
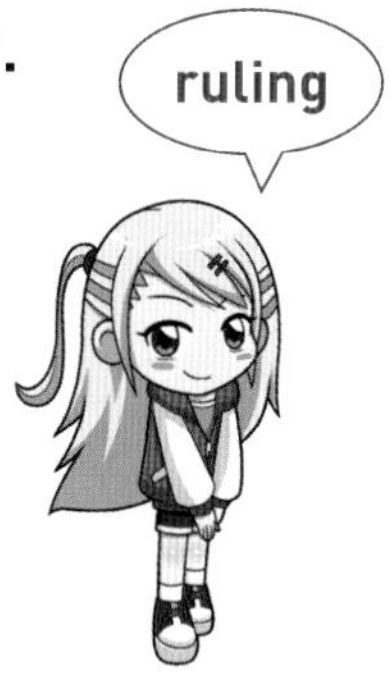
ruling

2.
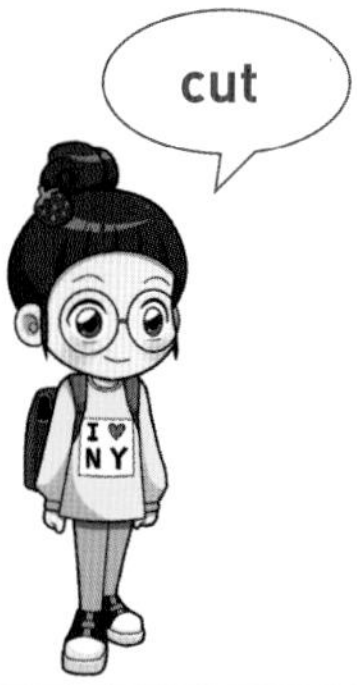
cut

3.
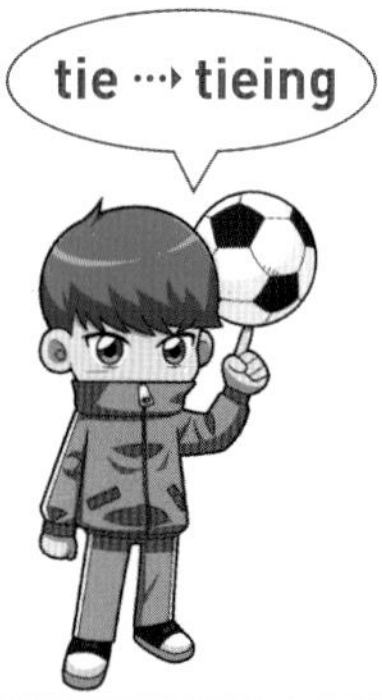
tie ··· tieing

4. ③

P 161

5. ③

6. ④

7. ❶ (is) (swimming)
❷ (is) (reading)
❸ (not)
❹ (Is) (he) (washing)

8. (they) (are)

다음 권 미리 보기

지령서

노잉글리시단의 중간 보스 스마일!
다음 목적지는 444 유니버스다! 당장 떠나라!

목적지 : 444 유니버스
위치 : 지구에서 그리 멀지 않은 곳
특징 : 어떤 전염병이 유행하는 유니버스로,
　　　 많은 사람들이 고통받고 있다.

▶▶▶▶ 보스가 주는 지령 ▶▶▶▶

444 유니버스가 어떤 곳인지는 잘 알고 있겠지?
그곳의 전염병을 잘 이용만 한다면,
영어를 사라지게 만들 수 있을 거란 말씀!
예스잉글리시단도 주목하고 있는 유니버스지만,
우리 노잉글리시단이 있는 한 유니버스는 평온하지 못할 것이다!
444 유니버스 사람들은 이것저것 믿기를 좋아한다고 하니
그걸 이용할 방법을 찾아내라. 러브를 잘 활용한다면
괜찮은 방법을 찾을 수 있을 것이다.
다만, 그 사람들이 절대 의사의 말을 믿게 해서는
안 된다. 그러면 모든 것이 물거품이 되고 말 테니까!

추신 : 그럴싸하고 효과 없는 치료법을
　　　 다음 주까지 12가지 정도 생각해서
　　　 보고서로 제출하도록! 이상!

노잉글리시단
Mr. 보스

감기 때문에 위기에 빠진 시원 쌤.jpg

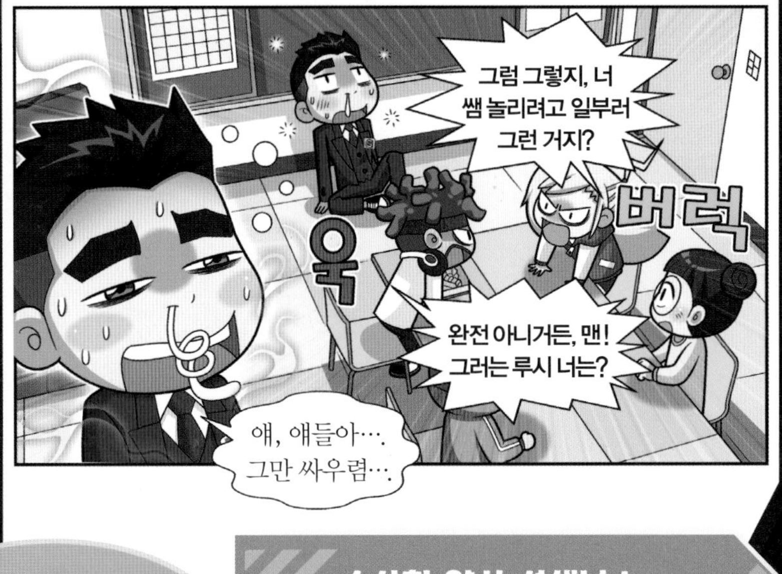

그럼 그렇지, 너 쌤 놀리려고 일부러 그런 거지?
버럭
욱
완전 아니거든, 맨! 그러는 루시 너는?
얘, 얘들아…. 그만 싸우렴….

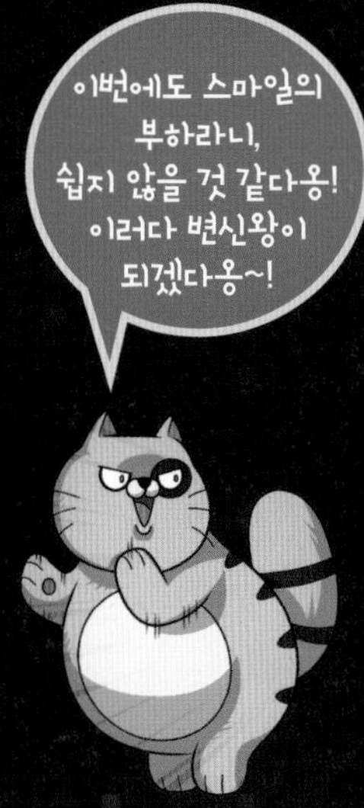

이번에도 스마일의 부하라니, 쉽지 않을 것 같다옹! 이러다 변신왕이 되겠다옹~!

수상한 약사 선생님.jpg

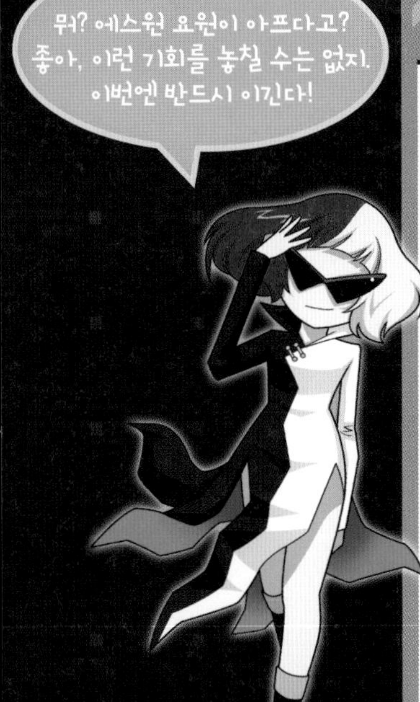

뭐? 에스원 요원이 아프다고? 좋아, 이런 기회를 놓칠 수는 없지. 이번엔 반드시 이긴다!

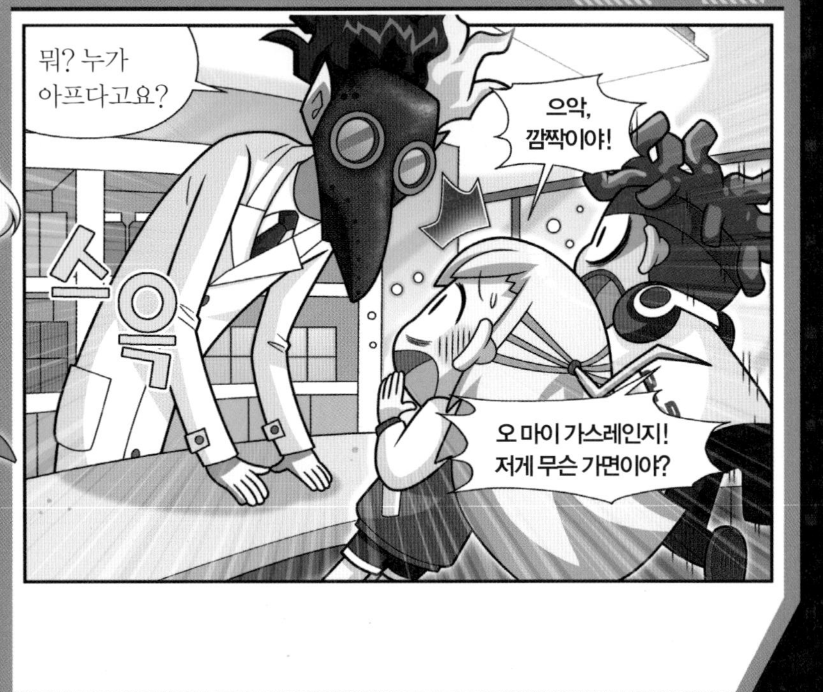

뭐? 누가 아프다고요?
으악, 깜짝이야!
스윽
오 마이 가스레인지! 저게 무슨 가면이야?

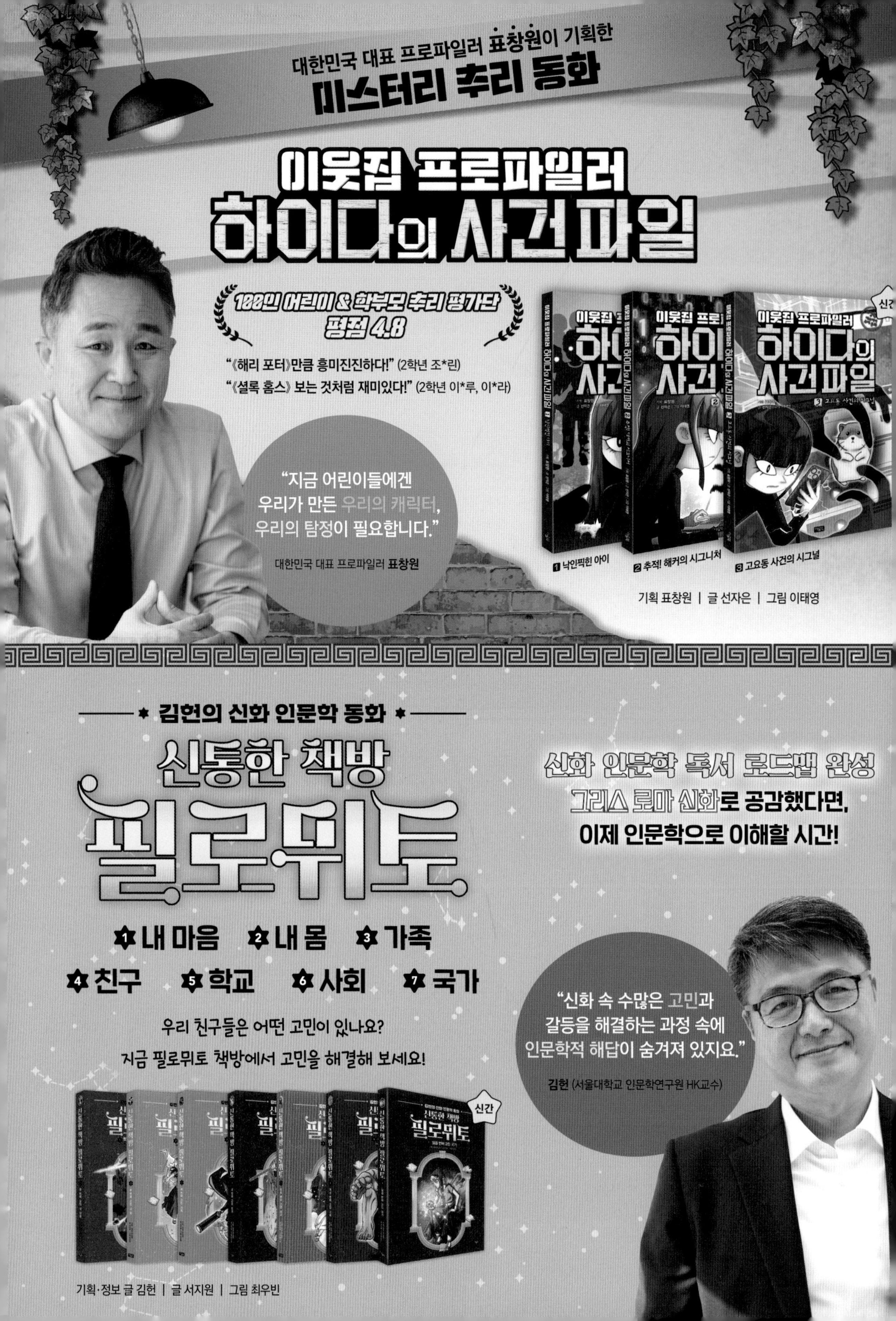

대한민국 대표 프로파일러 표창원이 기획한
미스터리 추리 동화
이웃집 프로파일러
하이다의 사건파일
100인 어린이 & 학부모 추리 평가단
평점 4.8
"《해리 포터》만큼 흥미진진하다!" (2학년 조*린)
"《셜록 홈스》 보는 것처럼 재미있다!" (2학년 이*루, 이*라)
"지금 어린이들에겐
우리가 만든 우리의 캐릭터,
우리의 탐정이 필요합니다."
대한민국 대표 프로파일러 표창원
신간
1 낙인찍힌 아이
2 추적! 해커의 시그니처
3 고요동 사건의 시그널
기획 표창원 | 글 선자은 | 그림 이태영
김헌의 신화 인문학 동화
신통한 책방
필로뮈토
1 내 마음 2 내 몸 3 가족
4 친구 5 학교 6 사회 7 국가
우리 친구들은 어떤 고민이 있나요?
지금 필로뮈토 책방에서 고민을 해결해 보세요!
신간
기획·정보 글 김헌 | 글 서지원 | 그림 최우빈
신화 인문학 독서 로드맵 완성
그리스 로마 신화로 공감했다면,
이제 인문학으로 이해할 시간!
"신화 속 수많은 고민과
갈등을 해결하는 과정 속에
인문학적 해답이 숨겨져 있지요."
김헌 (서울대학교 인문학연구원 HK교수)

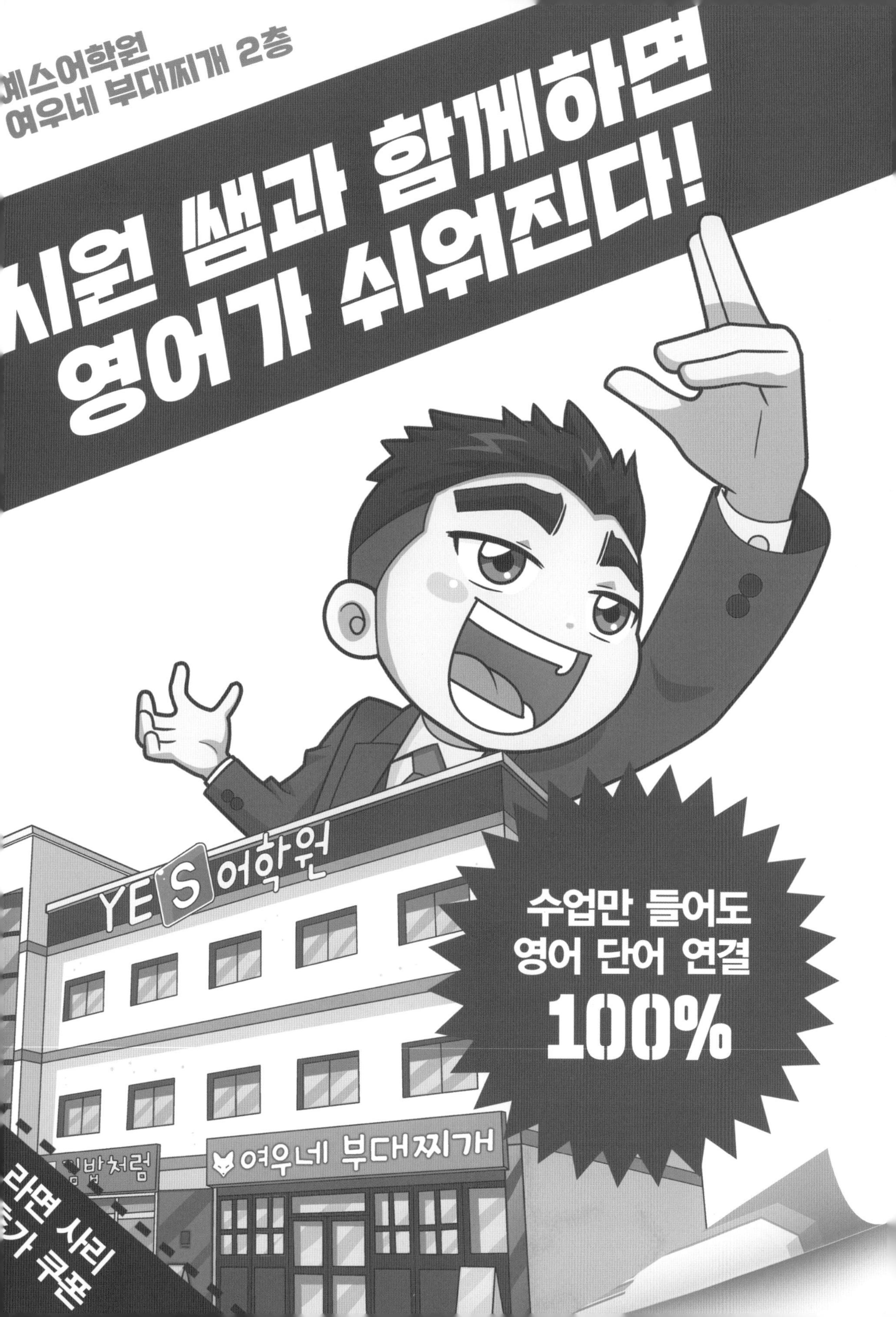
예스어학원
여우네 부대찌개 2층
시원 쌤과 함께하면
영어가 쉬워진다!
YES 어학원
수업만 들어도
영어 단어 연결
100%
김밥처럼
여우네 부대찌개
라면 사리
가 쿠폰

예스잉글리시 신입 단원 모집

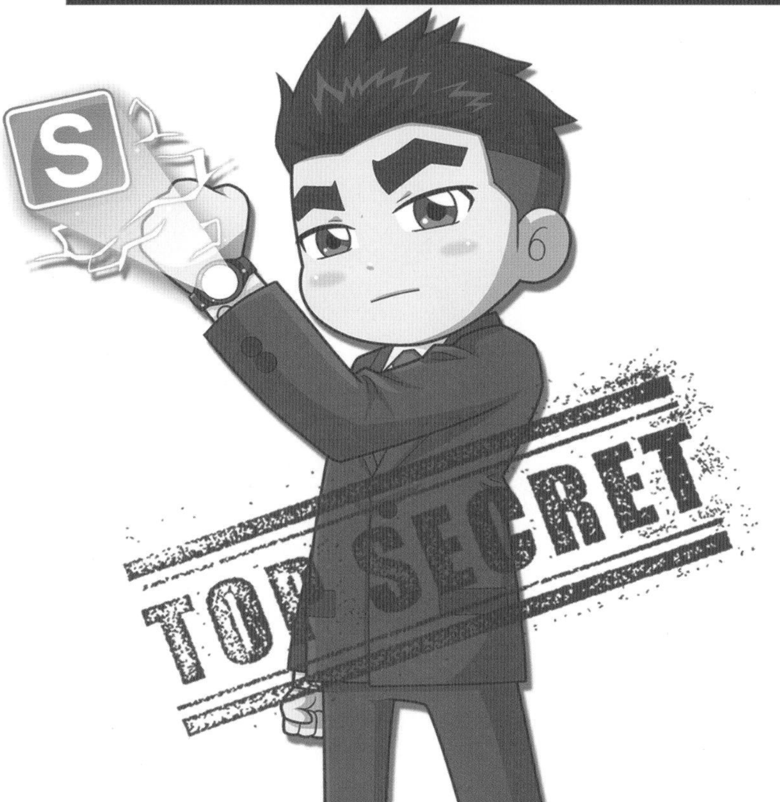
S
TOP SECRET

코드 네임 : 에스원 요원과 영어 유니버스를 구하라!

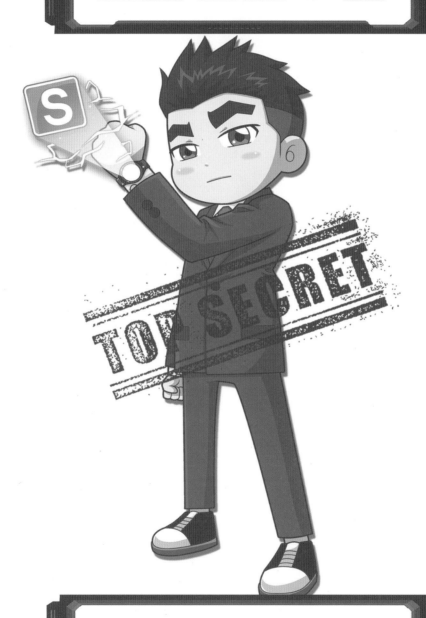